U0680324

高校

形势与政策

GAOXIAO XINGSHI YU ZHENGCE

倪新兵 孙国徽 胡振健◎主编

精品教学课件
+学生无纸化考试平台

配套

中共中央党校出版社
The Central Party School Publishing House

图书在版编目（CIP）数据

高校形势与政策 / 倪新兵，孙国徽，胡振健主编
.-- 北京：中共中央党校出版社，2018.7
ISBN 978-7-5035-6383-6

Ⅰ.①高… Ⅱ.①倪… ②孙… ③胡… Ⅲ.①时事政
策教育－高等学校－教材 Ⅳ.① G641.41

中国版本图书馆 CIP 数据核字（2018）第 087612 号

高校形势与政策

责任编辑 宗　边
版式设计 李　平
责任校对 洪思思
责任印制 衷娟花

出版发行 中共中央党校出版社
（北京市海淀区长春桥路 6 号）
邮政编码 100089
网　　址 www.dxcbs.net
电　　话 （010）62808912　　（010）68929899（发行部）
经　　销 全国各地新华书店
印　　刷 三河市越阳印务有限公司
字　　数 235 千字
版　　次 2018 年 7 月第 1 版　2020 年 8 月第 5 次印刷
开　　本 787 毫米 ×1092 毫米　1/16
印　　张 12
定　　价 33.80 元

版权所有·侵权必究
如发现印装质量问题，请与本社发行部联系

编 委 会

主　编：倪新兵　孙国徽　胡振健

副主编：吴　罡　刘立丰　张新光　陈　愉

编　委：峻　松　李冬华　陈秋霞　熊淑媛

　　　　张翌日　王明翠　陶成玉　陈银平

　　　　刘　春　赵红珍　赵雪玲　于战明

　　　　谢小云　曹莹映

前　言

　　教育是国之大计、党之大计，承担着立德树人的根本任务。思想政治理论课是落实立德树人根本任务的关键课程，发挥着不可替代的作用。办好思想政治理论课，要放在世界百年未有之大变局、党和国家事业发展全局中来看待，要从坚持和发展中国特色社会主义、建设社会主义现代化强国、实现中华民族伟大复兴的高度来对待。思想政治理论课建设只能加强、不能削弱，必须切实增强办好思想政治理论课的信心，全面提高思想政治理论课质量和水平。

　　"形势与政策"课是理论武装时效性、释疑解惑针对性、教育引导综合性都很强的一门高校思想政治理论课，是帮助大学生正确认识新时代国内外形势，深刻领会党的十八大以来党和国家事业取得的历史性成就、发生的历史性变革、面临的历史性机遇和挑战的核心课程，是第一时间推动党的理论创新成果进教材进课堂进学生头脑，引导大学生准确理解党的基本理论、基本路线、基本方略，明确自身历史使命的重要渠道。

　　2020年伊始，一场突如其来的新冠肺炎疫情打乱了所有人的生活节奏，严重危害人民的生命安全，也深刻影响了中国和世界的经济、社会和政治等形势。为尽早打赢这场疫情防控阻击战，党和国家及时制定一系列防控措施，广大人民群众众志成城、共克时艰，终于使疫情得到了有效控制。但其对中国和世界形势的影响还在继续深入，这在客观上为大学生对形势与政策的学习、认识和判断提供了丰富的素材，成为大学生学习"形势与政策"课的生动课堂。为了帮助大学生学好这门生动的"形势与政策"课，我们编写了本书。

　　在本书的编写过程中，我们始终怀着强烈的责任感，在确保基本功能定位的前提下，及时把握国内外社会、经济发展的形势与热点，紧密结合新时代大学生的知识水平及个性特点，兼顾当前高校其他思想政治理论课课程所涉及的展示内容体系，力求内容的科学性、时效性和生动性，紧紧围绕学习贯彻习近平新时代中国特色社会主义思想这个首要任务，深入贯彻党的十九大和十九届二中、三中、四中全会精神，帮助学生深刻把握习近平新时代中国特色社会主义思想的重大意义、科学体系、精神实质、实践要求，增强"四个意识"，坚定"四个自信"，坚决做到"两个维护"，培养德智体美劳全面发展的社会主义建设者和接班人。

本书主要讲述国内、国际时事及热点问题，以及中国在国际事务中的立场和主张。每个专题除了主要内容外，我们还精心设计了"知识链接""相关链接""拓展阅读""阅读推荐"及"思考题"辅助模块。"知识链接"对正文中提到的相关知识点进行介绍；"相关链接"采用二维码展现，以视频或图文的形式丰富本专题的内容；"拓展阅读"选取与本专题相关的文章，供学生多方面了解本专题知识；"阅读推荐"为学生推荐若干相关文章资料，供学生在课下查阅学习，加深理解；"思考题"提出本章相关问题，启发学生进行思考。本书图文并茂，视听结合，形式多样，时效性、针对性、趣味性和可读性强，希望能为大学生学习和掌握国内国际基本形势、认识和理解国家相关政策提供帮助。

本书由广州城市职业学院、广州涉外经济职业学院、广东信息工程职业学院等多所高校思想政治理论课教师共同编写，其中孙国徽教授负责全书的统稿工作。在本书的编写过程中，我们参考了大量专家、学者编写的相关文献资料，查阅了大量权威网站、书刊和报纸的有关内容，听取和吸收了相关学科专家的宝贵建议，在此一并表示诚挚的感谢。尽管我们力求完美，但因水平所限，书中难免存在不足或疏漏之处，敬请广大读者朋友提出宝贵意见，以便我们在今后的工作中不断完善和提高。

编　者

2020 年 8 月

目　录

认清形势 把握政策

绪论

《教育部关于加强新时代高校"形势与政策"课建设的若干意见》（教社科〔2018〕1号）中指出，"形势与政策"课是理论武装时效性、释疑解惑针对性、教育引导综合性都很强的一门高校思想政治理论课，是帮助大学生正确认识新时代国内外形势，深刻领会党的十八大以来党和国家事业取得的历史性成就、发生的历史性变革、面临的历史性机遇和挑战的核心课程，是第一时间推动党的理论创新成果进教材进课堂进学生头脑，引导大学生准确理解党的基本理论、基本路线、基本方略的重要渠道。

在大学生中进行形势与政策的教育，有利于大学生全面、准确地了解世情、国情、党情和民情，从而加深对社会主义事业的热爱，增进爱国主义情怀的培养，同时也有利于大学生形成正确的世界观、人生观和价值观。

形势与政策课程由形势与政策两部分内容组成。其中，形势是指国内国际社会政治、经济、文化等发展的状况和态势；政策是指党和国家为实现一定时期的目标和任务而制定的行为准则。政策的制定要以国内外形势的发展为依据，而形势的发展必然导致政策的相应调整。因此，这两部分的教育活动是紧密相连的。

形势与政策课程的开设，有利于大学生全面认识国内国际形势的变化，从而调动大学生了解形势与政策的自觉性和主动性，培养大学生独立思考、辩证看待时政问题的能力。对大学生进行形势与政策的教育是系统的、渐进的、具有鲜明时代特色的工作，其最终目的是培养大学生科学认识、准确判断形势的能力，培养大学生正确的时局观，树立正确的形势认知观。

一、形势与政策概述

（一）形势与政策的概念

简单地说，"形势"就是事物发展的形态和趋势，"政策"就是政党或国家为实现一定的目标而制定的行为准则，是一系列谋略、法令、措施、办法、方法、条例等的总称。总有一些人们不希望出现的形势存在，因此，在一定条件下，人们根据对形势的了解、分析和判断，可以发挥主观能动性，人为地改变某些影响因素，或充分利用某些客观条件，采取一些干预措施，从而主动地控制或改变形势的发展方向，促进事物向符合人们主观愿望的方向发展。

1. 形势的内涵

形势是指客观事物发展的基本状况和趋势，是客观事物在诸种矛盾运动过程中所呈现出来的一种态势。任何客观事物都会受其内在影响因素和外在影响因素制约，形势就是事物诸多内在因素、外在因素的综合反映。形势的产生和事物总体发展趋势是不以人的意志为转移的，人们的思想或行为可以在一定时期、一定程度上对形势产生影响，但形势由简单到复杂、由低级到高级发展的客观规律性是无法改变的。由于影响形势形成的各种因素相互联系，所以各种形势也是紧密联系、彼此影响的，同时随着影响因素在不同时期的变化，形势会发生相应的变化，并呈现出不同的表现形式，这使形势体现出鲜明的关联性、复杂性和阶段性。

不同时间、空间和内容会形成不同类型的形势。如在时间上，可分为过去（某个节点或时期）形势、当前形势和未来形势；在空间上，可分为国际形势、国内形势和地区形势等；在内容上，可分为经济形势、政治形势、文化形势等。如同人的价值观念中必定有一种居于核心主导地位一样，在各方面形势中同样有一种起主导作用的形势决定着全局的形势，这是因为事物存在主要矛盾和次要矛盾。因此形势还可以分为主要形势和一般形势。

人们应用一定的思想方法，在对形势进行科学分析并作出一定的事实判断和价值判断的过程中形成的基本观点、原则和方法（即关于分析形势的思想观点的总称），就是所谓的形势观。全面而准确地观察、分析、把握形势，其实质是认识世界的过程，而这个过程有利于人们在变化多端的形势下保持清醒的头脑，在更宽广的领域了解现实，正确分析、判断形势及其规律，把握时代、把握机遇、因势利导、预见未来，从而主动控制或改变形势的发展方向和程度，促进事物向符合某种主观愿望的方向发展。

2. 政策的内涵

政策是国家机关、政党及其他社会团体在特定时期为实现或服务于一定社会政治、经济、文化目标所采取的政治行为或规定的行为准则，它是一系列谋略、法令、措施、办法、方法、条例等的总称。就我国而言，政策正确与否直接关系到中国特色社会主义事业的兴衰成败。

在阶级社会中，政策只代表特定阶级的利益，从来不代表全体社会成员的利益，不反映所有人的意志。中国共产党作为中国特色社会主义事业的领导核心，代表中国最广大人民的根本利益，解决民众最关心的公共问题，这是政策阶级性和公共性的重要体现。任何政策哪怕在同一时期、同一范围内，针对不同受众，都有正确与错误之分，但政策一旦被制定和执行，对全社会来说，便成为一种有约束力的行为准则和行为规范，除非经过法定程序修订方能改变，这也体现了政策的非绝对正确性、权威性、原则性与灵活性。在一定的时段、历史和国情条件下，政策才能发挥相对的作用，这也体现了政策的时效性。政策属于上层建筑范畴，建立在不同经济基础之上的政策，在各自存在和活动的领域内具有相对的稳定性。正是这种稳定性使社会经济能够持续发展，社会政治能够健康发展，社会文化能够繁荣发展。

政策的实质是统治阶级利益和意志的反映，含有统治、治理、管理国家一切行为的谋略或策略的意思，它以权威形式标准化地规定在一定的历史时期内，应该达到的奋斗目标、遵循的行动原则、完成的明确任务、实行的工作方式、采取的一般步骤和具体措施。国家作为阶级统治的工具，其维护统治所具有的政治和社会经济的双重性职能，决定了政策的最终目的是解决社会利益分配的问题，服务社会经济的发展。

政策制定者根据某一客观形势和发展目标的需要，结合性质各异、错综复杂的社会关系，利用国家管理的手段、工具和杠杆（即政策）影响公众的看法、观念或思想意识，促进公众对政策的认同，规范人们的行为准则，对社会中人们的行为或事物的发展起到制约或促进作用，协调各种利益关系，保证整个社会生活和谐进行，引导人们的行为或事物朝着期望的方向发展。在这一过程中，政策体现出鲜明的导向、控制和协调等功能。

（二）形势与政策的关系

形势与政策互为因果，相互影响制约。明确两者之间的关系，有利于深入分析、掌握和判断形势，科学、有效地制定政策，贯彻落实政策精神，对事件和问题的处理也有积极的促进作用。

从存在与认识的角度分析，形势与政策分属于不同的范围。形势属于存在领域，具有客观性；政策属于认识领域，具有主观性。经实践考察，形势与政策之间存在十分密切的联系。这种联系主要表现在形势对政策的决定作用与政策对形势的反作用。

1. 形势对政策的决定作用

形势是科学制定政策的依据。列宁指出:"实际的政治形势就是如此,我们首先应该力求尽量客观、准确地判明这一形势,以便把马克思主义的策略建立在它应当依据的唯一牢固的基础上,即建立在事实的基础上。"制定政策,从客观实际出发,还是从主观臆断出发,反映了两种对立的世界观和方法论,前者是唯物主义的,后者是唯心主义的。要科学地制定有效的政策,必须遵循唯物主义的要求,从客观存在的形势出发来考虑问题,只有如此,才有可能制定出正确的政策;反之,则可能制定出错误的即不会产生任何积极作用的政策。需要指出的是,形势对政策的影响作用,不是一种自发的直接的作用过程,而是必须经过人这一中介来实现的。正因为如此,人对形势的认识和判断对于政策的制定具有重大意义。

形势是检验政策的客观尺度。一项政策是否科学有效,仅凭人的主观判断是很难确证的,必须通过实践和实践的结果进行检验。形势作为一种客观存在,最能反映政策的实际效果,正确的政策一般总是能够促进形势朝着政策追求的方向发展;反之,则可能使形势的发展背离政策所追求的发展方向。从这种意义上说,形势完全可以成为检验政策的一种客观尺度。

2. 政策对形势的反作用

依据唯物辩证法关于思维与存在的关系原理,人的认识不仅受客观存在的影响和制约,同时,认识还对客观存在具有巨大的能动的反作用。政策作为人认识的产物,在指导、规范人的行动过程中,必然对社会及社会形势的发展产生重大影响。可以说,世界上没有不影响政策的形势,也没有不作用于形势的政策。值得注意的是,政策对形势的影响作用,不仅表现在政策对形势的正面影响方面,还表现在政策对形势的负面影响方面,因此,制定科学的政策对形势具有十分重要的意义。

二、形势与政策课程的基本内容及学习方法

(一)形势与政策课程的基本内容

《教育部关于加强新时代高校"形势与政策"课建设的若干意见》指出:"要紧密围绕学习贯彻习近平新时代中国特色社会主义思想,把坚定'四个自信'贯穿教学全过程,重点讲授党的理论创新最新成果,重点讲授新时代坚持和发展中国特色社会主义的生动实践,引导学生正确认识世界和中国发展大势,正确认识中国特色和国际比较,正确认识时代责任和历史使命,正确认识远大抱负和脚踏实地。要开设好全面从严治党形势与政策的专题,重点讲授党的政治建设、思

想建设、组织建设、作风建设、纪律建设以及贯穿其中的制度建设的新举措新成效；开设好我国经济社会发展形势与政策的专题，重点讲授党中央关于经济建设、政治建设、文化建设、社会建设、生态文明建设的新决策新部署；开设好港澳台工作形势与政策的专题，重点讲授坚持'一国两制'、推进祖国统一的新进展新局面；开设好国际形势与政策专题，重点讲授中国坚持和平发展道路、推动构建人类命运共同体的新理念新贡献。"因此，高校形势与政策教育内容可分为以下四个部分。

1. 基本理论

基本理论即马克思主义的形势观和方法论。马克思列宁主义、毛泽东思想、邓小平理论、"三个代表"重要思想、科学发展观、习近平新时代中国特色社会主义思想对认识形势的论述，党和国家重要会议的重要决议与纲领性文件，党的路线、方针和政策的重要内容等，都是基本理论的重要组成部分。

2. 基本形势与政策

形势与政策是变化的，但在一定时期内，形势发展与政策调整有其规律性和必然性。如当代世界政治经济格局及总体发展趋势，国际关系的基本走向及我国政府的外交原则立场和政策，我国的基本国情、国力和国策，国内改革开放的总趋势等，这些内容在相当长的时期内是相对稳定的，其发展变化具有规律性和必然性，可以构成形势与政策课程的基本框架。

3. 当前形势与政策

国际国内形势的新变化、新发展是形势与政策课程教学的主要内容，也是大学生十分关注的部分。如国际社会发生的重大事件及发展变化趋势、国内政治经济形势的新变化、党和政府的重要会议精神以及重大改革发展举措等，都是对大学生进行形势与政策教育的重要内容。行业形势也是形势与政策教育的重要内容，一个行业的现状、发展趋势及经济地位会受到相关专业学生的关注。

4. 热点问题

形势发展变化是必然性和偶然性的统一。有时形势受偶然因素影响突然发生较大变化，引起人们广泛关注，这类问题被称为热点问题。这一部分内容虽然也遵循形势发展变化大趋势和总的变化规律，但由于其突发性和结果的不确定性，在一段时期内会引起社会关注。

（二）形势与政策课程的学习方法

形势与政策课程是一门综合性、实践性、针对性、科学性、应用性都很强的思想政治教育课程。一方面，对其相对稳定的内容和有关理论，要集中时间进行较为系统的学习；另一方面，要根据形势发展的需要和这门课程的特点，结合自己的思想实际，采取正确的灵活多样的学习方法和途径。

1. 把握重要性，领会政策性和追求合理性

把握重要性，是指在当年的形势与政策范围内，对国际国内发生事件的重点把握。国内外发生的重大事件大多纷乱而冗长，大学生要想在短时间内取得好的学习效果，不可能也没必要全面出击，而应该把握重点。实际上，每年国内的形势与政策都有一条主线，就是党的方针政策；而国际上的形势与政策需要注意一些与中国有关的重大国际问题。领会政策性，是指形势与政策的重点内容和范围主要是党和国家的方针政策。追求合理性，是指如何运用所学知识将这些重大的政策性问题进行梳理、分解并能够举一反三，拿过来分析、理解和解决现实中的问题。

2. 自觉学习马克思主义基本理论和党的最新理论

马克思主义是科学的世界观和方法论，是指导中国革命胜利的重要思想武器，也是我们立党立国的根本指导思想。从毛泽东思想、邓小平理论、"三个代表"重要思想、科学发展观到习近平新时代中国特色社会主义思想，都是马克思主义的基本原理与中国实际相结合的产物。因此，要深刻了解党和国家的方针政策，大学生必须认真学习马克思主义的基本理论和党的最新理论，自觉运用马克思主义的立场、观点、方法，分析、理解和解决现实中的问题。同时，学习形势与政策课程，认清形势、理解政策需要多种知识的综合运用，需要对大量的信息进行分析处理。因此，还必须努力学好各种科学文化知识，拓宽知识面，打好基础，把对形势与政策的学习建立在广博深厚的科学知识基础上；必须随时关心时事政治，注意收集和掌握大量、准确的事实材料，把对形势与政策的学习建立在大量丰富翔实的客观材料基础上。

3. 参加社会实践，坚持理论联系实际

大学生在学习形势与政策课程的过程中，往往会对形势与政策问题产生彷徨和疑惑，这是可以理解的。解决这些彷徨和疑惑的最好方法，就是积极参加社会实践，进行必要的社会调查，在社会实践和社会调查中了解国情、体察民意、认识社会、反省自身。此外，学习形势与政策课程，还要坚持理论联系实际，只有坚持马克思主义理论和党的先进理论的指导，才能正确认清形势的本质、规律和发展的必然趋势；只有坚持从实际出发，才能正确理解党和政府的各项方针政策。

4. 积极参加多种形式的课外学习

形势与政策这门课程的特点，决定了师生在教学过程中不宜采取完全单一的课堂讲授形式，而应当在课堂系统学习的基础上，辅之以各种课外学习活动，就课内外的学习内容，做读书笔记、写学习心得体会等。这样，就能不断提高正确分析形势和深刻理解政策的能力，使这门课程的学习取得事半功倍的效果。

三、大学生学习形势与政策课程的重要意义

社会历史的大发展决定了个人发展的最大环境、最高上限，制约着个人的可选择度，决定着大学生成功的概率，影响很具体，也很深远。作为一名大学生，深刻、全面地了解国内外形势是非常必要的。它可以帮助大学生正确认识和分析党和国家面临的政治、经济形势以及现实社会、经济中存在的问题，增强大学生辨别是非的能力，引导大学生正确认识社会热点和难点问题，巩固马克思主义在意识形态领域中的指导地位。因此，大学生学会正确认识和把握形势与政策，对自身具有重大意义。

（一）有助于大学生明确自身历史使命

和平与发展是当今时代的主题，世界多极化进程不可逆转，经济全球化趋势日益增强，高科技领域竞争日趋激烈……形势与政策课程是一个很好的学习窗口，它不仅可以帮助大学生了解国内外大事，认识和把握当前形势，还可以坚定大学生走中国特色社会主义道路的理想信念，从而激发大学生的爱国主义精神，使大学生能够在形势与政策的学习中树立正确的思想，形成正确的形势观和政策观。让大学生认清当今时代的特征是形势与政策教育的基础内容，只有掌握时代特征，才能树立正确的人生目标。如果不了解国内外政治、经济、意识形态的历史、现状和发展趋势，就无法了解时代需要什么、国家需要什么、人民需要什么。只有懂得制定和实施政策的基础知识，了解党和国家现行的路线、方针、政策以及它们的生命力，才能更为深刻地理解和切实地担当起时代责任。未来属于青年一代，当代大学生承担着全面建成小康社会，不断推进中国特色社会主义事业，实现国家富强、民族振兴、人民富裕和幸福等重要历史使命。形势与政策教育有助于大学生认清当前国内国际形势，使大学生明确自身历史使命，立志成才，不辜负时代的重托。

（二）有助于培养大学生解决实际问题的能力

形势与政策课程的本质任务是教育大学生学会掌握和运用科学的方法，学会运用矛盾的观点、联系的观点、发展的观点和全面的观点来观察形势、分析问题，透过纷繁复杂的表象看其内在本质；教育大学生全面、准确地了解党在制定路线、方针、政策时所依据的马克思主义基本原理和方法论原则，从而提高自己理解政策的水平和政治觉悟，自觉地和党中央在政治上保持一致。实现这样的教学目标，不是靠简单的说教，而是着眼于提高大学生的辩证思维能力，使其能够正确区分什么是主流、什么是支流，哪些是现象、哪些是本质，从而有效地帮助

大学生正确地看待历史与现实、全局与局部的关系，学会从规律性上认识和把握形势。形势与政策教育，可以有效地提高大学生自身的理论水平、辨别分析能力，进一步树立科学的世界观，把握正确的政治方向，使大学生学会用正确的方法，站在正确的立场去分析问题，理解社会主义事业的曲折性，理解党的各项方针政策制定的依据，自觉地贯彻党的方针和路线，为社会主义事业竭尽全力。形势与政策课程是促进大学生由理论学习到实际应用的重要途径。大学生可以通过形势与政策教育，把课堂知识与社会形势、政策发展结合起来，达到真正的融会贯通，提升自身的学识乃至综合素质。

（三）有助于提高大学生思想政治素质

随着我国政治、经济的长足发展，以权谋私、贪污腐化等社会现象也在不断滋生。如何看待这些社会现象呢？不能正确看待这些问题的人，思想容易产生动荡，对政策持怀疑态度，个别人甚至有抵触情绪。形势作为事物存在和发展的情况与态势，是客观的，但是看待形势的不同的立场和观点，即具有不同的形势观的人对形势的看法，必然会得出不同的结论。通过横向、纵向地对比国内外形势后能够得出这样的结论：不存在社会矛盾的国家是没有的，任何政策都有利有弊，都有人支持，有人反对……形势与政策教育可以使大学生开阔政治视野和政治胸怀，确立正确的政治立场、成熟的政治思维，正确了解国内国际大事，把握形势发展趋势，进而对纷繁复杂的新情况、新问题进行科学分析，深刻、正确地观察形势、理解政策，避免在复杂的政治环境下迷失方向，从而提高大学生理解政策的水平和政治觉悟。形势与政策教育坚持以马克思列宁主义、毛泽东思想、邓小平理论、"三个代表"重要思想、科学发展观、习近平新时代中国特色社会主义思想为指导，紧密结合全面建成小康社会的目标，针对大学生关注的热点问题和思想特点，帮助大学生认清国内外形势，教育和引导大学生全面、准确地理解党的路线、方针和政策，坚定在中国共产党领导下走中国特色社会主义道路的信心和决心，积极投身于改革开放和社会主义现代化建设的伟大事业。

形势与政策课程在思想政治教育中的作用是不可替代的，是对大学生进行形势与政策教育的主要渠道和主要阵地，是每个大学生必修的一门课程。当今国内外形势风云变幻，进入21世纪的中国正面临难得的机遇和巨大的挑战。在大学生中广泛开展形势与政策教育，能够提高大学生认识问题、分析问题和判断是非的能力，对当代大学生如何在纷繁复杂的国内外形势下，正视我国面临的机遇与挑战，坚定信念、振奋精神，努力学习、报效祖国，具有重大的现实价值与深远的历史意义。大学生进行形势与政策学习也是提高思想认识水平、开阔视野、增强责任感和大局意识的重要手段。

众志成城的中国战『疫』

专题 一

　　新型冠状病毒肺炎是近百年来人类遭遇的影响范围最广的全球性大流行病，对全世界是一次严重危机和严峻考验，是一场全人类与病毒的战争。面对前所未知、突如其来、来势汹汹的疫情，中国果断打响疫情防控阻击战。中国把人民生命安全和身体健康放在第一位，以坚定果敢的勇气和决心，采取最全面最严格最彻底的防控措施，有效阻断了病毒传播链条。14亿中国人民坚韧奉献、团结协作，构筑起同心战"疫"的坚固防线，彰显了人民的伟大力量，彰显了中国特色社会主义制度的显著优势。

没有一个伟大文明的成长，不曾历经无数艰难和曲折，不曾面对各种风险和考验。突如其来的新型冠状病毒肺炎疫情（以下简称"新冠肺炎疫情"），就是一次异常严峻的考验。新冠肺炎疫情发生后，党中央将疫情防控作为头等大事来抓，习近平总书记亲自指挥、亲自部署，坚持把人民生命安全和身体健康放在第一位，领导全党全军全国各族人民打好疫情防控的人民战争、总体战、阻击战。经过艰苦卓绝的努力，武汉保卫战、湖北保卫战取得了决定性成果，疫情防控阻击战取得了重大战略成果，统筹推进疫情防控和经济社会发展工作取得了积极成效。

一、中国战"疫"的艰辛历程

新冠肺炎疫情是新中国成立以来发生的传播速度最快、感染范围最广、防控难度最大的一次重大突发公共卫生事件，对中国是一次危机，也是一次大考。在此次新冠肺炎疫情抗击过程中，中国付出了巨大代价和牺牲，经过艰苦卓绝的努力，有力扭转了疫情局势，用一个多月的时间初步遏制了疫情蔓延势头，用两个月左右的时间将本土每日新增病例控制在个位数以内，用三个月左右的时间取得了武汉保卫战、湖北保卫战的决定性成果，疫情防控阻击战取得重大战略成果，维护了人民生命安全和身体健康，为维护地区和世界公共卫生安全作出了重要贡献。

截至 2020 年 5 月 31 日 24 时，31 个省、自治区、直辖市和新疆生产建设兵团累计报告确诊病例 83017 例，累计治愈出院病例 78307 例，累计死亡病例 4634 例，治愈率 94.3%，病亡率 5.6%。回顾前一阶段中国抗疫历程，大体分为五个阶段。

（一）第一阶段：迅即应对突发疫情（2019 年 12 月 27 日至 2020 年 1 月 19 日）

湖北省武汉市监测发现不明原因肺炎病例，中国第一时间报告疫情，迅速采取行动，开展病因学和流行病学调查，阻断疫情蔓延。及时主动向世界卫生组织以及美国等国家通报疫情信息，向世界公布新型冠状病毒基因组序列。武汉地区出现局部社区传播和聚集性病例，其他地区开始出现武汉关联确诊病例，中国全面展开疫情防控。

相关链接：

疫病突袭

（二）第二阶段：初步遏制疫情蔓延势头（1月20日至2月20日）

全国新增确诊病例快速增加，防控形势异常严峻。中国采取阻断病毒传播的关键一招，坚决果断关闭离汉离鄂通道，武汉保卫战、湖北保卫战全面打响。中共中央成立应对疫情工作领导小组，并向湖北等疫情严重地区派出中央指导组。国务院先后建立联防联控机制、复工复产推进工作机制。全国集中资源和力量驰援湖北省，驰援武汉市。各地启动重大突发公共卫生事件应急响应。最全面最严格最彻底的全国疫情防控正式展开，疫情蔓延势头初步遏制。

（三）第三阶段：本土新增病例数逐步下降至个位数（2月21日至3月17日）

湖北省和武汉市疫情快速上升势头均得到遏制，全国除湖北省以外疫情形势总体平稳，3月中旬每日新增病例控制在个位数以内，疫情防控取得阶段性重要成效。根据疫情防控形势发展，中共中央作出统筹疫情防控和经济社会发展、有序复工复产重大决策。

（四）第四阶段：取得武汉保卫战、湖北保卫战决定性成果（3月18日至4月28日）

以武汉市为主战场的全国本土疫情传播基本阻断，离汉离鄂通道管控措施解除，武汉市在院新冠肺炎患者清零，武汉保卫战、湖北保卫战取得决定性成果，全国疫情防控阻击战取得重大战略成果。境内疫情零星散发，境外疫情快速扩散蔓延，境外输入病例造成关联病例传播。中共中央把握疫情形势发展变化，确定了"外防输入、内防反弹"的防控策略，巩固深化国内疫情防控成效，及时处置聚集性疫情，分类推动复工复产，关心关爱境外中国公民。

（五）第五阶段：全国疫情防控进入常态化（4月29日以来）

境内疫情总体呈零星散发状态，局部地区出现散发病例引起的聚集性疫情，境外输入病例基本得到控制，疫情积极向好态势持续巩固，全国疫情防控进入常态化。加大力度推进复工复产复学，常态化防控措施经受"五一"假期考验。经中共中央批准，国务院联防联控机制派出联络组，继续加强湖北省疫情防控。

2020年6月1日，市民在武汉保成路夜市消费休闲。

二、中国战"疫"中防控和救治两个战场的协同作战

面对突发疫情侵袭，中国把人民生命安全和身体健康放在第一位，统筹疫情防控和医疗救治，采取最全面最严格最彻底的防控措施，前所未有地采取大规模隔离措施，前所未有地调集全国资源开展大规模医疗救治，不遗漏一个感染者，不放弃每一位病患，实现"应收尽收、应治尽治、应检尽检、应隔尽隔"，遏制了疫情大面积蔓延，改变了病毒传播的危险进程。

（一）建立统一高效的指挥体系

在以习近平同志为核心的党中央坚强领导下，建立中央统一指挥、统一协调、统一调度，各地方各方面各负其责、协调配合，集中统一、上下协同、运行高效的指挥体系，为打赢疫情防控的人民战争、总体战、阻击战提供了有力保证。

习近平总书记亲自指挥、亲自部署。习近平总书记高度重视疫情防控工作，全面加强集中统一领导，强调把人民生命安全和身体健康放在第一位，提出"坚定信心、同舟共济、科学防治、精准施策"的总要求，明确坚决打赢疫情防控的人民战争、总体战、阻击战。习近平总书记主持召开 14 次中央政治局常委会会议、4 次中央政治局会议以及中央全面依法治国委员会会议、中央网络安全和信息化委员会会议、中央全面深化改革委员会会议、中央外事工作委员会会议、党外人士座谈会等会议，听取中央应对疫情工作领导小组和中央指导组汇报，因时因势调整防控策略，对加强疫情防控、开展国际合作等进行全面部署；在北京就社区防控、防疫科研攻关等进行考察，亲临武汉一线视察指导，赴浙江、陕西、山西就统筹推进常态化疫情防控和经济社会发展工作、巩固脱贫攻坚成果进行考察调研；时刻关注疫情动态和防控进展，及时作出决策部署。

相关链接：

关键阶段，习近平作出全盘布局

加强统筹协调、协同联动。国务院总理、中央应对疫情工作领导小组组长李克强主持召开 30 余次领导小组会议，研究部署疫情防控和统筹推进经济社会发展的重大问题和重要工作，赴北京、武汉等地和中国疾病预防控制中心（简称"中国疾控中心"）、中国医学科学院病原生物学研究所、北京西站、首都机场及疫情防控国家重点医疗物资保障调度等平台考察调研。中央指导组指导湖北省、武汉市加强防控工作，以争分夺秒的战时状态开展工作，有力控制了疫情流行，守住了第一道防线。国务院联防联控机制发挥协调作用，持续召开例会跟踪分析研

判疫情形势，加强医务人员和医疗物资调度，根据疫情发展变化相应调整防控策略和重点工作。国务院复工复产推进工作机制，加强复工复产统筹指导和协调服务，打通产业链、供应链堵点，增强协同复工复产动能。

各地方各方面守土有责、守土尽责。全国各省、市、县成立由党政主要负责人挂帅的应急指挥机制，自上而下构建统一指挥、一线指导、统筹协调的应急决策指挥体系。在中共中央统一领导下，各地方各方面坚决贯彻中央决策部署，有令必行、有禁必止，严格高效落实各项防控措施，全国形成了全面动员、全面部署、全面加强，横向到边、纵向到底的疫情防控局面。

（二）构建全民参与严密防控体系

针对春节期间人员密集、流动性大的特点，中国迅速开展社会动员、发动全民参与，坚持依法、科学、精准防控，在全国范围内实施史无前例的大规模公共卫生应对举措，通过超常规的社会隔离和灵活、人性化的社会管控措施，构建联防联控、群防群控防控体系，打响抗击疫情人民战争，通过非药物手段有效阻断了病毒传播链条。

武汉市江岸区花桥街道志愿者在对街区进行消杀作业。

采取有力措施坚决控制传染源。以确诊患者、疑似患者、发热患者、确诊患者的密切接触者"四类人员"为重点，实行"早发现、早报告、早隔离、早治疗"和"应收尽收、应治尽治、应检尽检、应隔尽隔"的防治方针，最大限度降低传染率。关闭离汉通道期间，武汉对全市421万户居民集中开展两轮拉网式排查，以"不落一户、不漏一人"标准实现"存量清零"，确保没有新的潜在感染源发生。持续提升核酸检测能力，增强试剂盒供应能力，扩充检测机构，缩短检测周期，确保检测质量，实现"应检尽检""即收即检"。湖北省检测周期从2天缩短到4～6小时，日检测量由疫情初期的300人份提升到4月中旬的5万人份以上，缩短了患者确诊时间，降低了传播风险。在全国范围内排查"四类人员"，以社区网格为基础单元，采取上门排查与自查自报相结合的方式展开地毯式排查。全面实行各类场所体温筛查，强化医疗机构发热门诊病例监测和传染病网络直报，实行2小时网络直报、12小时反馈检测结果、24小时内完成现场流行病学调查，及时发现和报告确诊病例和无症状感染者。加强流行病学追踪调查，精准追踪和切断病毒传播途径，截至5月31日，全国累计追踪管理密切接触者74万余人。

第一时间切断病毒传播链。对湖北省、武汉市对外通道实施最严格的封闭和交通管控，暂停武汉及湖北国际客运航班、多地轮渡、长途客运、机场、火车站运营，全国暂停入汉道路水路客运班线发班，武汉市及湖北省多地暂停市内公共交通，阻断疫情向全国以及湖北省内卫生基础设施薄弱的农村地区扩散。对湖北以外地区实施差异化交通管控，湖北省周边省份筑牢环鄂交通管控"隔离带"，防止湖北省疫情外溢蔓延。全国其他地区实行分区分级精准防控，对城乡道路运输服务进行动态管控，加强国内交通卫生检疫。采取有效措施避免人员聚集和交叉感染，延长春节假期，取消或延缓各种人员聚集性活动，各类学校有序推迟开学；关闭影院、剧院、网吧以及健身房等场所；对车站、机场、码头、农贸市场、商场、超市、餐馆、酒店、宾馆等需要开放的公共服务类场所，以及汽车、火

2020年1月23日上午10点整，汉口火车站围栏准时关闭。

车、飞机等密闭交通工具，落实环境卫生整治、消毒、通风、"进出检"、限流等措施，进入人员必须测量体温、佩戴口罩；推行政务服务网上办、预约办，推广无接触快递等"不见面"服务，鼓励民众居家和企业远程办公，有效减少人员流动和聚集；在公共场所设置"一米线"并配以明显标识，避免近距离接触。全国口岸实施严格的出入境卫生检疫，防范疫情通过口岸扩散蔓延。实施最严边境管控，取消非紧急非必要出国出境活动。

牢牢守住社区基础防线。城乡社区是疫情联防联控的第一线，是外防输入、内防扩散的关键防线。充分发挥基层主体作用，加强群众自治，实施社区封闭式、网格化管理，把防控力量、资源、措施向社区下沉，组建专兼结合工作队伍，充分发挥街道（乡镇）和社区（村）干部、基层医疗卫生机构医务人员、家庭医生团队作用，将一个个社区、村庄打造成为严密安全的"抗疫堡垒"，把防控有效落实到终端和末梢。按照"追踪到人、登记在册、社区管理、上门观察、规范运转、异常就医"的原则，依法对重点人群进行有效管理，开展主动追踪、人员管理、环境整治和健康教育。武汉市全面实施社区24小时封闭管理，除就医和防疫相关活动外一律禁止出入，由社区承担居民生活保障。其他地方对城市社区、农村村落普遍实施封闭式管理，人员出入检查登记、测量体温。加强居民个人防护，广泛开展社会宣传，强化个体责任意识，自觉落实居家隔离以及跨地区旅行后隔离14天等防控要求，严格执行外出佩戴口罩、保持社交距离、减少聚集等防护措施，养成勤洗手、常通风等良好生活习惯。大力开展爱国卫生运

动，提倡文明健康、绿色环保的生活方式。

实施分级、分类、动态精准防控。全国推行分区分级精准施策防控策略，以县域为单位，依据人口、发病情况综合研判，划分低、中、高疫情风险等级，分区分级实施差异化防控，并根据疫情形势及时动态调整名单，采取对应防控措施。低风险区严防输入，全面恢复生产生活秩序；中风险区外防输入、内防扩散，尽快全面恢复生产生活秩序；高风险区内防扩散、外防输出、严格管控，集中精力抓疫情防控。本土疫情形势稳定后，以省域为单元在疫情防控常态化条件下加快恢复生产生活秩序，健全及时发现、快速处置、精准管控、有效救治的常态化防控机制。全力做好北京市疫情防控，确保首都安全。做好重点场所、重点单位、重点人群聚集性疫情防控和处置，加强老年人、儿童、孕产妇、学生、医务人员等重点人群健康管理，加强医疗机构、社区、办公场所、商场超市、客运场站、交通运输工具，托幼机构、中小学校、大专院校以及养老机构、福利院、精神卫生医疗机构、救助站等特殊场所的管控，覆盖全人群、全场所、全社区，不留死角、不留空白、不留隐患。针对输入性疫情，严格落实国境卫生检疫措施，强化从"国门"到"家门"的全链条、闭环式管理，持续抓紧抓实抓细外防输入、内防反弹工作。

为疫情防控提供有力法治保障。依法将新冠肺炎纳入《中华人民共和国传染病防治法》规定的乙类传染病并采取甲类传染病的预防、控制措施，纳入《中华人民共和国国境卫生检疫法》规定的检疫传染病管理，同时做好国际国内法律衔接。一些地方人大常委会紧急立法，在国家法律和法规框架下授权地方政府在医疗卫生、防疫管理等方面，规定临时性应急行政管理措施。严格执行传染病防治法及其实施办法等法律法规，出台依法防控疫情、依法惩治违法犯罪、保障人民生命健康安全的意见，加强治安管理、市场监管，依法惩处哄抬物价、囤积居奇、制假售假等破坏疫情防控的违法犯罪行为，强化防疫物资质量和价格监管，加大打击虚假违法广告力度，保障社会稳定有序。加强疫情防控期间行政执法监督，严格规范执法，公正文明执法，依法化解与疫情相关的法律纠纷，为疫情防控和企业复工复产提供法律保障和服务。加强普法宣传，引导公众依法行事。

遵循科学规律开展防控。新冠病毒是新病毒，对其认识需要有个过程。积极借鉴以往经验，紧密结合中国国情，遵循流行病学规律，探索行之有效的方法手段，用中国办法破解疫情防控难题。注重发挥病毒学、流行病学、临床医学等领域专家的作用，及时开展疫情形势分析研判，提出防控策略建议，充分尊重专家意见，增强疫情防控的科学性专业性。秉持科学态度，加强病毒感染、致病机理、传播途径、传播能力等研究，与世界卫生组织及其他国家和地区保持沟通交流。随着对病毒认识的不断深化，及时调整和优化工作措施，不断提升防控水平。根据疫情形势变化和评估结果，先后制修订6版新冠肺炎防控方案，科学规范开展病例监测、流行病学调查、可疑暴露者和密切接触者管理以及实验室检测等工作。针对重点人群、重点场所、重点单位发布15项防控技术方案、6项心理疏导工作方案，并细化形成50项防控技术指南，进一步提高疫情防控的科学性精准性。

（三）全力救治患者、拯救生命

医疗救治始终以提高收治率和治愈率、降低感染率和病亡率的"两提高""两降低"为目标，坚持集中患者、集中专家、集中资源、集中救治"四集中"原则，坚持中西医结合，实施分类救治、分级管理。对重症患者，调集最优秀的医生、最先进的设备、最急需的资源，不惜一切代价进行救治，大幅度降低病亡率；对轻症患者及早干预，尽可能在初期得以治愈，大幅度降低转重率。

集中优势资源加强重症救治。疫情突发导致武汉市医疗资源挤兑。针对疫情初期患者数量激增与床位资源不足的突出矛盾，集中资源和力量在武汉市建设扩充重症定点医院和救治床位，将全部重症危重症患者集中到综合实力最强且具备呼吸道传染性疾病收治条件的综合医院开展救治。建成火神山、雷神山两座各可容纳1000多张床位的传染病专科医院，改扩建一批定点医院，改造一批综合医院，使重症床位从1000张左右迅速增加至9100多张，解决了重症患者大规模收治难题。优化重症救治策略，制订个体化医疗救治方案。建立专家巡查制度，定期组织专家团队对武汉市定点医院重症患者救治进行巡诊，评估患者病情和治疗方案。针对超过80%的重症患者合并严重基础性疾病情况，实行"一人一策"，建立感染、呼吸、重症、心脏、肾脏等多学科会诊制度，并制定重症、危重症护理规范，推出高流量吸氧、无创和有创机械通气、俯卧位通气等措施。严格落实疑难危重症患者会诊制度、死亡病例讨论制度等医疗质量安全核心制度，强化对治愈出院患者健康监测，确保重症患者救治质量。开展康复者恢复期血浆采集和临床治疗工作，建立应急储备库，截至5月31日，全国共采集恢复期血浆2765人次，1689人次患者接受恢复期血浆治疗，取得较好治疗效果。

相关链接：
中国速度

对轻症患者及早干预治疗。及时收治轻症患者，及早实施医疗干预，尽量减少轻症转为重症。完善临床救治体系，全国共指定1万余家定点医院，对新冠肺炎患者实行定点集中治疗。建立全国医疗救治协作网络，通过远程会诊提供技术支持。武汉市针对患者数量急剧增长、80%左右是轻症的情况，集中力量将一批体育场馆、会展中心等改造成 16 家方舱医院，床位达到 1.4 万余张，使轻症患者应收尽收、应治尽治，减少了社区感染传播，减少了轻症向重症转化。16 家方舱医院累计收治患者 1.2 万余人，累计治愈出院 8000 余人、转院 3500 余人，实现"零感染、零死亡、零回头"。方舱医院是阻击重大传染病的重大创新，使"应收尽收""床位等人"成为现实，有力扭转了防控形势。

2020 年 3 月 8 日，休舱的武汉体育中心方舱医院。当日，武汉体育中心方舱医院送走最后一批痊愈患者，正式休舱。

及时总结推广行之有效的诊疗方案。坚持边实践、边研究、边探索、边总结、边完善，在基于科学认知和证据积累的基础上，将行之有效的诊疗技术和科技研究成果纳入诊疗方案。先后制修订 7 版新冠肺炎诊疗方案，3 版重型、危重型病例诊疗方案，2 版轻型、普通型管理规范，2 版康复者恢复期血浆治疗方案，1 版新冠肺炎出院患者主要功能障碍康复治疗方案，提高了医疗救治工作的科学性和规范性。最新的第 7 版新冠肺炎诊疗方案增加病理改变内容，增补和调整临床表现、诊断标准、治疗方法和出院标准等，并纳入无症状感染者可能具有感染性、康复者恢复期血浆治疗等新发现。目前，第 7 版诊疗方案已被多个国家借鉴和采用。强化治愈出院患者隔离管理和健康监测，加强复诊复检和康复，实现治疗、康复和健康监测一体化全方位医疗服务。注重孕产妇、儿童等患者差异性诊疗策略，实现不同人群诊疗方案的全覆盖。

充分发挥中医药特色优势。坚持中西医结合、中西药并用，发挥中医药治未病、辨证施治、多靶点干预的独特优势，全程参与深度介入疫情防控，从中医角度研究确定病因病基、治则治法，形成了覆盖医学观察期、轻型、普通型、重型、危重型、恢复期发病全过程的中医诊疗规范和技术方案，在全国范围内全面推广使用。中医医院、中医团队参与救治，中医医疗队整建制接管定点医院若干重症病区和方舱医院，其他方舱医院派驻中医专家。中医药早期介入、全程参与、分类救治，对轻症患者实施中医药早介入早使用；对重症和危重症患者实行中西医结合；对医学观察发热病人和密切接触者服用中药提高免疫力；对出院患者实施中医康复方案，建立全国新冠肺炎康复协作网络，提供康复指导。中医药参与救治确诊病例的占比达到 92%。湖北省确诊病例中医药使用率和总有效率超过 90%。筛选以金花清感颗粒、连花清瘟胶囊 / 颗粒、血必净注射液和清肺排毒汤、化湿败毒方、宣肺败毒方"三药三方"为代表的针对不同类型新冠肺炎的治疗中成药和方药，临床疗效确切，有效降低了发病率、转重率、病亡率，促进了核酸转阴，提高了治愈率，加快了恢复期康复。

实施患者免费救治。及时预拨疫情防控资金，确保患者不因费用问题影响就医，确保各地不因资金问题影响医疗救治和疫情防控。截至5月31日，全国各级财政共安排疫情防控资金1624亿元。及时调整医保政策，明确确诊和疑似患者医疗保障政策，对确诊和疑似患者实行"先救治，后结算"。对新冠肺炎患者（包括确诊和疑似患者）发生的医疗费用，在基本医保、大病保险、医疗救助等按规定支付后，个人负担部分由财政给予补助。异地就医医保支付的费用由就医地医保部门先行垫付。截至5月31日，全国确诊住院患者结算人数5.8万人次，总医疗费用13.5亿元，确诊患者人均医疗费用约2.3万元。其中，重症患者人均治疗费用超过15万元，一些危重症患者治疗费用几十万元甚至上百万元，全部由国家承担。

加强医疗机构感染控制和医务人员防护。制定感染控制技术指南和制度文件，明确医疗机构重点区域、就诊流程"三区两通道"建筑布局要求。加强对医务人员的感染控制培训，开展全国督导，确保感染控制措施落实。对疫情严重、院内感染风险高、医疗救治压力大的重点地区重点医院，有针对性地开展指导。加强医疗废物分类收集、运送贮存，做好病亡者遗体处置。在援鄂援汉医疗队中配置感染控制专家，全国支援湖北省和武汉市的医务人员没有感染病例。2月以后，全国医务人员感染病例报告数明显减少。关心关爱医务人员，制定一系列保障政策，开展心理疏导，妥善安排轮换休整，缓解身体和心理压力，保持一线医务人员战斗力。

知识链接

"三区两通道"是指传染科为隔离患者与易感者所划分的特殊区域和通道，"三区"即清洁区、污染区和半污染区，"两通道"是指医务人员通道和病人通道。

（四）依法及时公开透明发布疫情信息

在全力做好疫情防控的同时，中国以对生命负责、对人民负责、对历史负责、对国际社会负责的态度，建立最严格且专业高效的信息发布制度，第一时间发布权威信息，速度、密度、力度前所未有。持续、权威、清晰的疫情信息，有效回应了公众关切、凝聚了社会共识，也为其他国家提供了参考和借鉴。

建立严格的疫情发布机制。依法、及时、公开、透明发布疫情信息，制定严格规定，坚决防止瞒报、迟报、漏报。武汉市从2019年12月31日起依法发布疫情信息，并逐步增加信息发布频次。2020年1月21日起，国家卫生健康委每日在官方网站、政务新媒体平台发布前一天全国疫情信息，各省级卫生健康部门每日统一发布前一天本省份疫情信息。2月3日起，国家卫生健康委英文网站同步发布相关数据。

建立分级分层新闻发布制度。坚持国家和地方相结合、现场发布与网上发布相结合，建立多层次多渠道多平台信息发布机制，持续发布权威信息，及时回应国内外关注的疫情形势、疫情防控、医疗救治、科研攻关等热点问题。截至5月31日，国务院联防联控机制、国务院新闻办公室共举行新闻发布会161场，邀请50多个部门490余人次出席发布会，回答中外媒体1400多个提问；湖北省举行103场新闻发布会，其他省份共举行1050场新闻发布会。

依法适时订正病例数据。本土疫情得到控制后，为确保公开透明、数据准确，武汉市针对疫情早期因收治能力不足导致患者在家中病亡、医院超负荷运转、死亡病例信息登记不全等原因，客观上存在迟报、漏报、误报现象，根据相关法律规定，在深入开展涉疫大数据与流行病学调查的基础上，对确诊和死亡病例数进行了订正，并向社会公开发布。

多渠道多平台传播信息。国家卫生健康委中、英文官方网站和政务新媒体平台设置疫情防控专题页面，发布每日疫情信息，解读政策措施，介绍中国抗疫进展，普及科学防控知识，澄清谣言传言。各省（自治区、直辖市）政府网站及政务新媒体平台及时发布本地疫情信息和防控举措。大力开展应急科普，通过科普专业平台、媒体和互联网面向公众普及科学认知、科学防治知识，组织权威专家介绍日常防控常识，引导公众理性认识新冠肺炎疫情，做好个人防护，消除恐慌恐惧。加强社会舆论引导，各类媒体充分传递抗击疫情正能量，同时发挥舆论监督作用，推动解决疫情防控中出现的问题。

（五）充分发挥科技支撑作用

科学技术是人类同疾病较量的锐利武器，人类战胜大灾大疫离不开科学发展和技术创新。面对人类未知的新冠病毒，中国坚持以科学为先导，充分运用近年来科技创新成果，组织协调全国优势科研力量，以武汉市为主战场，统筹全国和疫情重灾区，根据疫情发展不同阶段确定科研攻关重点，坚持科研、临床、防控一线相互协同和产学研各方紧密

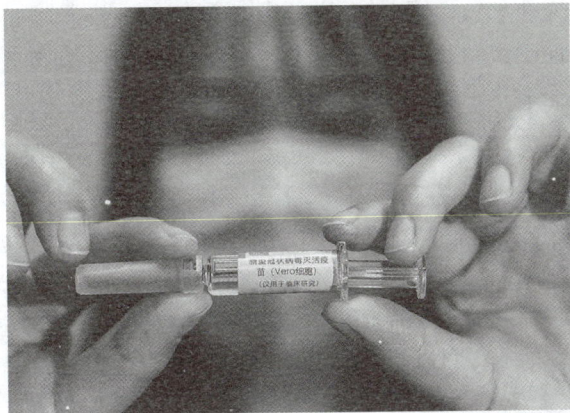

工作人员在国药集团中国生物新冠疫苗生产基地展示新型冠状病毒灭活疫苗样品。

配合，为疫情防控提供了有力科技支撑。

实施科研应急攻关。遵循安全、有效、可供的原则，加快推进药物、疫苗、新型检测试剂等研发和应用。适应疫情防控一线的紧迫需求，围绕"可溯、可诊、可治、可防、可控"，坚持产学研用相结合，聚焦临床救治和药物、疫苗研发、检测技术和产品、病毒病原学和流行病学、动物模型构建五大主攻方向，组织全国优势力量开展疫情防控科技攻关，加速推进科技研发和应用，部署启动 83 个应急攻关项目。按照灭活疫苗、重组蛋白疫苗、减毒流感病毒载体疫苗、腺病毒载体疫苗、核酸疫苗 5 条技术路线开展疫苗研发。截至 2020 年 6 月 7 日，已有 4 种灭活疫苗和 1 种腺病毒载体疫苗获批开展临床试验，总体研发进度与国外持平，部分技术路线进展处于国际领先。组织科研团队开展科学溯源研究。

坚持科研攻关和临床救治、防控实践相结合。第一时间研发出核酸检测试剂盒，推出一批灵敏度高、操作便捷的检测设备和试剂，检测试剂研发布局涵盖核酸检测、基因测序、免疫法检测等多个技术路径。坚持"老药新用"基本思路，积极筛选有效治疗药物，探索新的治疗手段，在严谨的体外研究和机制研究基础上，不断总结救治经验，推动磷酸氯喹、恢复期血浆、托珠单抗和中医药方剂、中成药等 10 种药物或治疗手段进入诊疗方案，获得 4 项临床批件，形成 5 项指导意见或专家共识。开展试验性临床治疗，加快推广应用临床验证有效的诊疗方法和药物。强化实验室生物安全监管，加强新冠病毒临床检测血液样本和实验室检测生物样本管理。

运用大数据、人工智能等新技术开展防控。充分利用大数据、人工智能等新技术，进行疫情趋势研判，开展流行病学调查，努力找到每一个感染者、穷尽式地追踪密切接触者并进行隔离。建立数据库，依法开展疫情防控风险数据服务，对不同风险人群进行精准识别，预判不同地区疫情风险，为促进人员有序流动和复工复产提供服务。通过 5G 视频实时对话平台，偏远山区的流行病学调查团队可以与几千公里之外的高级别专家实时互动交流。经公民个人授权，推广个人"健康码""通信大数据行程卡"作为出行、复工复产复学、日常生活及出入公共场所的凭证，根据查询结果进行管控通行和分类处置，实现分区分级的精准识别、精准施策和精准防控。利用大数据技术绘制"疫情地图"，通过社区名称、地址和位置，标明疫情传播具体地点、距离、人数等，为公众防范传染提供方便。

此次新冠肺炎疫情防控，为应对重大突发公共卫生事件积累了宝贵经验，同时也暴露出国家公共卫生应急管理体系存在的不足。中国将认真总结疫情防控和医疗救治经验教训，研究采取一系列重要举措，补短板、强弱项。改革完善疾病预防控制体系，建设平战结合的重大疫情防控救治体系，健全应急物资保障体系，加强构建关键核心技术攻关新型举国体制，深入开展爱国卫生运动，不断完善公共卫生体系，切实提高应对突发重大公共卫生事件的能力和水平，更好维护人民生命安全和身体健康。

三、中国战"疫"彰显中国特色社会主义制度优势

无论从新中国成立70多年的发展历程来看，还是从此次疫情防控来看，我国社会主义制度所具有的优越性无可置疑。在这次疫情防控斗争中，中国特色社会主义制度、国家治理体系和治理能力经受住了考验。实践再一次证明，更好地坚持和完善中国特色社会主义制度，不断增强中国特色社会主义制度优势，是我们进行具有许多新的历史特点的伟大斗争、实现中华民族伟大复兴中国梦的根本所在。

（一）彰显党的集中统一领导的制度优势

坚持党的集中统一领导，是国家政治稳定、社会和谐的根本保证。在疫情防控过程中，有党的集中统一领导，中国社会才有强大定力，才能同心同德、筑起保护人民生命健康的安全屏障。

中国共产党是国家和社会的领导核心，是为人民而执政的党。在任何困难和挑战面前，党都要对人民负责、对历史负责，不辜负人民的信任。面对重大突发事件，党更要承担起维护国家安全、维护社会稳定、维护人民利益的责任，更要把人民的生命安危放在首位。在这次疫情应对过程中，有的西方国家各党派争斗不止、相互推诿，导致疫情蔓延，酿成了更加严重的灾难性后果。在中国，因为有党的集中统一领导，保证了国家的政令统一、步调一致，使疫情在较短时间内得到有效遏制，保持了社会稳定、人心安定。

中国共产党的领导地位是中国人民通过长期的历史与现实比较而作出的政治选择，是党与人民同心同德、共同奋斗的结果。中国共产党没有自己的私利，是全体人民利益的代表。在推进社会发展或应对各种突发事件过程中，党制定各种政策、采取各种措施，都以实现和维护最广大人民的根本利益为目标，同时兼顾各方面的利益关系、不同利益要求，因而能够得到全社会的广泛认同和支持。在西方国家，政党大都是某一利益集团或利益群体的代表，每一个政党的背后都有一个同进共退的利益集团；在制定政策和法律过程中，各政党作为各利益集团的代表，往往会陷入讨价还价的相互撕扯中，甚至相互攻击、相互掣肘，这不仅使一些政策和法律制定变成了交易，随时可能发生变更，还会导致社会分裂的加剧。

在当代中国，党的集中统一领导的一个重要体现就是发挥总揽全局、协调

各方的领导核心作用。这样的制度优势，可以防止出现各自为政、各行其是的局面，减少社会内耗。面对疫情来袭，党中央迅速建立统一调动、上下协同、运行高效的指挥体系，为战胜疫情提供了有力保障。中国共产党是一个有着巨大政治能量、社会能量的政党。9000多万名党员、460多万个覆盖社会各个领域的基层党组织，这是世界上任何政党都无法比拟的政治力量。有众多的先进分子和社会优秀成员集中在中国共产党内，团结在中国共产党周围，使这个伟大政党有着不竭的智力源泉和强大的战斗力。在防控疫情过程中，全国3900多万名党员、干部战斗在抗疫一线，1300多万名党员参加志愿服务，近400名党员、干部为保卫人民生命安全献出了宝贵生命。在每一个社区，党的基层组织都全力维护民众的生命健康，维护社会公共秩序稳定；党员、干部带头落实疫情防控制度措施，带头服务基层民众。基层党组织战斗堡垒作用和党员、干部的先锋模范作用，不仅使党中央各项决策部署迅速落实到位，还凝聚了人心，保持了社会生活的稳定有序。

（二）彰显整体利益置于首位的制度优势

社会主义制度把整体利益置于社会首位，避免了个人利益至上导致的社会利益的分立分离，以及由此衍生的社会冲突。在防控疫情过程中，这一制度优势明确了正确处理社会整体、群体、个体之间利益关系的基本准则，同时也强化了社会成员的集体意识、国家观念。

社会主义制度强调整体利益至上，这同资本主义制度是完全不同的。资本主义制度是一种以个人主义为核心原则的社会制度，它强调个人利益高于国家利益和集体利益。个人主义最初是资产阶级反对封建专制主义的武器，在资产阶级上升为统治阶级以后，它便成为国家意识形态，成为资本主义制度建构的基本依据，也成为国家和社会生活的基本准则。个人主义无论何时何地都坚持以个人为中心来看待社会、处理人与人之间的关系。以自我为中心的个人主义不仅会造成人与人之间的疏离，也很容易衍生出利己主义。在疫情肆意蔓延期间，这种个人主义导致社会成员只关注自己的所谓"权利"和"自由"，不愿受任何约束，缺乏集体意识、整体观念，许多西方国家为此付出了高昂代价。

社会主义制度的建构和完善，始终把整体利益置于社会首位。坚持把国家、人民、集体利益放在首位，是社会主义制度坚持整体至上的中国表达。在维护整体利益的前提下，协调群体利益、保护个体利益，不仅从根本上克服了个人利益至上导致的各种利益对立及冲突，还有利于调动社会各个方面的积极性。这样的价值取向，促使了集体意识、国家意识的形成和不断强化，也为形成"全国一盘棋"的治理机制奠定了道义基础和思想基础。在疫情防控过程中，中国社会各个群体以及绝大多数社会成员之所以有那么强的大局观念，能够自觉承担起社会责任，为抗击疫情约束自我乃至牺牲自我，就是因为社会主义制度对整体利益的维护不断强化着人们的集体意识、国家观念，并使人们的家国情怀、天下情怀得到进一步升华。

（三）彰显坚持人民主体地位的制度优势

社会主义制度使人民成为国家和社会的主人，在获得社会尊严的同时也发挥着社会主体作用。在防控疫情过程中，这一制度优势集中体现为国家和社会全力守护人民生命健康安全，同时也依靠人民，把人民群众作为防控和战胜疫情的主体力量。习近平总书记指出：坚持以人民为中心的发展思想，体现了党的理想信念、性质宗旨、初心使命，也是对党的奋斗历程和实践经验的深刻总结。必须坚持人民至上、紧紧依靠人民、不断造福人民、牢牢植根人民，并落实到各项决策部署和实际工作之中，落实到做好统筹疫情防控和经济社会发展工作中去。

在社会主义制度下，国家和社会的发展始终坚持以人民为中心，着力保障人民的各项合法权益，满足人民的多样性需求，不断为人民的生存和发展创造更好的条件。在疫情防控过程中，党和国家坚持人民至上，把人民生命健康安全放在第一位，不惜一切代价维护人民生命安全和身体健康，不遗漏一个感染者，不放弃每一位病患，这是社会主义制度坚持人民主体地位、尊重人权和维护人的尊严的直接体现。而在有的以"人权卫士"自诩的国家，政府面对那么多生命受到病毒侵害时，却表现出迟钝、麻木，甚至是视而不见的冷漠。在中国，党和国家关注了人民的呼声、回应了人民的期盼、维护了人民的权益，自然就能获得人民群众的高度信任和全力支持，整个社会也就能够形成抗击疫情的强大力量。

相关链接：
习近平：把人民的生命和健康放在第一位

人民是我们党执政的最大底气。社会主义是人民群众自己的事业，其强大动力来自人民群众，其深厚基础也在人民群众之中。新中国成立70多年来，在所有历史重大关头和面临重大挑战的关键时期，党和国家都是依靠人民群众跨越了那些似乎难以逾越的险阻。习近平总书记指出，我们党要做到长期执政，就必须永远保持同人民群众的血肉联系，始终同人民群众想在一起、干在一起、风雨同舟、同甘共苦。面对疫情来袭，依靠和动员人民群众进行防控，这是社会主义制度的内在要求，也是社会主义制度的优势体现。中国之所以在比较短时间里使疫情得到迅速有效的控制，就是因为广泛发动和依靠人民群众，凝聚人民力量，构筑起了群防群控的严密防线，这是最终打赢这场疫情防控阻击战的决定性因素。

（四）彰显强大社会动员能力的制度优势

社会主义制度具有强大的社会动员和组织能力，在推进社会发展或进行社会治理过程中，能够有效进行社会动员和资源整合，形成集中力量办大事办难事的社会合力。在防控疫情过程中，正是这一制度优势把社会各方面的资源和力量迅速动员组织起来，形成统一指挥、按需配置、协同合作的防控体系。

社会主义制度下的社会动员，就是在党的领导下，通过多种方式引导社会成员和各个部门积极参与到社会实践中，形成推进社会发展或社会治理的合力。在当代中国，社会动员主要体现为党、政府、社会和公众等多个层面的协同参与。在不断总结社会发展和社会治理实践经验基础上，我们已创立了一套独特的社会治理体系，即党委领导、政府负责、民主协商、社会协同、公众参与、法治保障、科技支撑。这一治理体系内含民主精神，在推进社会发展、促进社会和谐等方面，发挥着十分重要的作用。

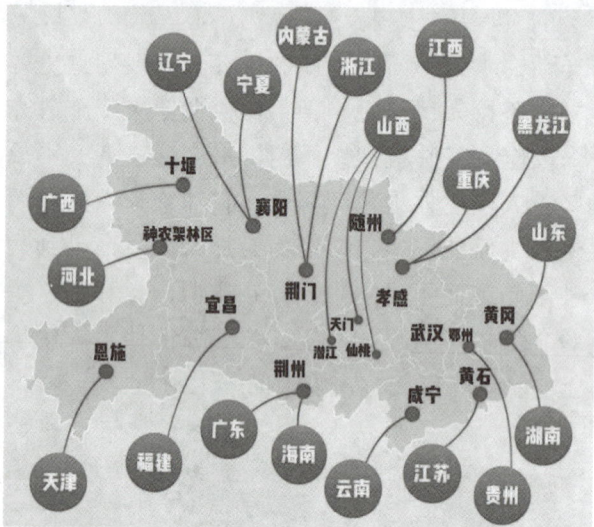

国家卫生健康委员会2月10日建立省际对口支援湖北省除武汉以外地市新冠肺炎医疗救治工作机制。

社会主义制度之所以有强大的社会动员和组织能力，其中至为重要的就是有公有制的主体地位和民主集中制。公有制的主体地位决定了关系国计民生的自然资源、经济资源、技术资源等大都由国家和集体来支配，这就为国家进行有效的社会动员、调动各方面积极性、形成资源和力量优势、集中力量办大事办难事，提供了制度上的保障。民主是社会主义制度的本质要求，也是保持国家和社会生机活力的根本。

但只有民主而没有集中，就没有效率。在民主的基础上实行集中，有利于统一意志、强化共识，保持政令畅通，使党和政府决策部署得到迅速有效的贯彻执行，也可以避免像一些国家在决策过程中出现的那种互相牵扯、议而不决、决而不行的现象。这对于维护国家安全、应对突发事件、完成重大任务意义尤为重要。

（五）彰显依法治国的制度优势

社会主义制度坚持依法治国，把国家和社会治理纳入法治轨道，有效避免了社会发展中的人治纷扰。在防控疫情过程中，这一制度优势迅速转化为规范高效的防控效能，使疫情防控工作更加精准科学、有力有序。

我们党在总结新中国法治建设经验的基础上，提出了依法治国、建设社会主义法治国家的目标要求，并制定、完善和实施了一系列法律法规，形成了中国特色社会主义法律体系。这其中就包括如《中华人民共和国传染病防治法》《中华人民共和国突发事件应对法》《突发公共卫生事件应急条例》《中华人民共和国政府信息公开条例》等法律法规。进入新时代，以习近平同志为核心的党中央进一步完善全面依法治国的重大战略思想，推出了一大批具有标志性、基础性、关键性的法律法规，使我国社会主义法律体系更加完备，使国家治理体系迈向了一个新的历史高度。

坚持依法治国，必然要运用法治思维和法治方式统筹推进疫情防控工作，保障各项防控工作顺利展开。在整个疫情防控过程中，党和国家作出的各项重大决策、发布的各种信息报告、推出的各种防控举措，都是于法有据、有章可循的。疫情防控期间，相关部门严格执行有关疫情防控法律法规，妥善处理防控工作中的各种问题，并加大对危害疫情防控行为的执法力度，依法打击严重违法乱纪行为，为抗击疫情营造了一个稳定有序的社会环境。与此同时，广泛进行疫情防控的法治宣传，引导广大人民群众增强法治意识和遵守法律法规的自觉性。

四、完善重大疫情防控体制机制，健全国家公共卫生应急管理体系

人民安全是国家安全的基石，人类健康是社会文明进步的基础。确保人民群众生命安全和身体健康，是我们党治国理政的一项重大任务。这次抗击新冠肺炎疫情，是对国家治理体系和治理能力的一次大考。疫情发生后，习近平总书记多次作出指示，要求研究和加强疫情防控工作，既要立足当前，科学精准打赢疫情防控阻击战，更要放眼长远，总结经验、吸取教训，针对这次疫情暴露出来的短板和不足，抓紧补短板、堵漏洞、强弱项，该坚持的坚持，该完善的完善，该建立的建立，该落实的落实，完善重大疫情防控体制机制，健全国家公共卫生应急管理体系。

（一）强化公共卫生法治保障

要全面加强和完善公共卫生领域相关法律法规建设，认真评估传染病防治法、野生动物保护法等法律法规的修改完善。引发这次疫情的病毒，包括此前的非典、高致病性禽流感等疫情的病毒，多数病原体来自野生动物或与之有关。生物安全问题已经成为全世界、全人类面临的重大生存和发展威胁之一，必须从保

护人民健康、保障国家安全、维护国家长治久安的高度，把生物安全纳入国家安全体系。要全面研究全球生物安全环境、形势和面临的挑战、风险，深入分析我国生物安全的基本状况和基础条件，系统规划国家生物安全风险防控和治理体系建设，全面提高国家生物安全治理能力。尽快推动出台生物安全法，加快构建国家生物安全法律法规体系、制度保障体系。

（二）改革完善疾病预防控制体系

预防是最经济最有效的健康策略。要坚决贯彻预防为主的卫生与健康工作方针，坚持常备不懈，将预防关口前移，避免小病酿成大疫。要健全公共卫生服务体系，优化医疗卫生资源投入结构，加强农村、社区等基层防控能力建设，织密织牢第一道防线。要加强公共卫生队伍建设，健全执业人员培养、准入、使用、待遇保障、考核评价和激励机制。要持续加强全科医生培养、分级诊疗等制度建设，推动公共卫生服务与医疗服务高效协同、无缝衔接，健全防治结合、联防联控、群防群治工作机制。要强化风险意识，完善公共卫生重大风险研判、评估、决策、防控协同机制。

相关链接：

一分部署 九分落实 | 织密"网"

（三）改革完善重大疫情防控救治体系

要健全重大疫情应急响应机制，建立集中统一高效的领导指挥体系，做到指令清晰、系统有序、条块畅达、执行有力，精准解决疫情第一线问题。要健全科学研究、疾病控制、临床治疗的有效协同机制，及时总结各地实践经验，形成制度化成果，完善突发重特大疫情防控规范和应急救治管理办法。要平战结合、补齐短板，健全优化重大疫情救治体系，建立健全分级、分层、分流的传染病等重大疫情救治机制，支持一线临床技术创新，及时推广有效救治方案。要鼓励运用大数据、人工智能、云计算等数字技术，在疫情监测分析、病毒溯源、防控救治、资源调配等方面更好发挥支撑作用。

（四）健全重大疾病医疗保险和救助制度

建立全民医保制度的根本目的，就是要解除全体人民的疾病医疗后顾之忧。这次疫情防控，在基本医保、大病保险、医疗救助的基础上，对医药费个人负担部分由中央和地方财政给予补助，有些地方还对异地就医患者实行先收治、费用财政兜底等政策，保证了患者不因费用问题而延误救治。这些行之有效的做法要及时总结，推动形成制度性成果。要健全应急医疗救助机制，在突发疫情等紧急情况时，确保医疗机构先救治、后收费，并完善医保异地即时结算制度。要探索建立特殊群体、特定疾病医药费豁免制度，有针对性免除医保支付目录、支付限额、用药量等限制性条款，减轻困难群众就医就诊后顾之忧。要统筹基本医疗保险基金和公共卫生服务资金使用，提高对基层医疗机构的支付比例，实现公共卫生服务和医疗服务有效衔接。

（五）健全统一的应急物资保障体系

这次疫情防控，医用设备、防护服、口罩等物资频频告急，反映出国家应急物资保障体系存在突出短板。要把应急物资保障作为国家应急管理体系建设的重要内容，按照集中管理、统一调拨、平时服务、灾时应急、采储结合、节约高效的原则，尽快健全相关工作机制和应急预案。要优化重要应急物资产能保障和区域布局，做到关键时刻调得出、用得上。对短期可能出现的物资供应短缺，建立集中生产调度机制，统一组织原材料供应、安排定点生产、规范质量标准，确保应急物资保障有序有力。要健全国家储备体系，科学调整储备的品类、规模、结构，提升储备效能。要建立国家统一的应急物资采购供应体系，对应急救援物资实行集中管理、统一调拨、统一配送，推动应急物资供应保障网更加高效安全可控。

人民健康是最可宝贵的财富，拥有健康的人民意味着拥有更强大的综合国力和可持续发展能力。新长征路上，始终坚持以人民为中心的发展思想，把人民健康放在优先发展的战略地位，着力完善重大疫情防控体制机制，健全国家公共卫生应急管理体系，努力做到全方位、全周期保障人民健康，我们就一定能凝聚起万众一心、攻坚克难的磅礴力量，战胜一切风险挑战，创造更加美好的生活。

拓展阅读

青春的力量　时代的脊梁
——记抗疫一线的"90后""00后"年轻人

过去，有人说他们是娇滴滴的一代；如今，他们成了抗疫一线的主力军。

正如习近平总书记回信勉励北京大学援鄂医疗队全体"90后"党员中所指出的那样："在新冠肺炎疫情防控斗争中，你们青年人同在一线英勇奋战的广大疫情防控人员一道，不畏艰险、冲锋在前、舍生忘死，彰显了青春的蓬勃力量，交出了合格答卷。"

一大批在抗疫一线的年轻医护人员，践行责任、担当和使命；千千万万个"90后""00后"奋战在工地、社区、工厂以及运输保障等各条战线……广大青年用行动证明，新时代的中国青年是好样的，是堪当大任的！

青春信念：越是艰险越向前

在4.2万多名驰援湖北的医护人员中，有1.2万多名是"90后"，其中相当一部分还是"95后"甚至"00后"。

近日，北京大学援鄂医疗队的34名"90后"党员给习近平总书记写信，汇报了在抗疫一线抢救生命的情况，表达了继续发挥党员作用、为打赢疫情防控阻击战贡献力量的决心。

4批驰援湖北医疗队，3家附属医院，426人，这是北京大学驰援湖北的阵容。

这些人中，有刚满24岁青春活泼的护士，有推迟婚礼的准新郎，有刚当上父亲的青年医生，有刚刚给孩子断奶的妈妈，覆盖了医院的呼吸内科、重症医学科、感染管理科等科室。

出征前，有母亲一夜没睡，凌晨3点就开始蒸馒头为即将上前线的儿子送行；有人自始至终都没告诉父母，母亲从电视上看到新闻，哭着打电话过来；有人向三岁半的儿子解释，自己是去一个叫武汉的地方"打怪兽"……

在抗击疫情的最前线，一大批"90后"甚至"00后"，他们初生牛犊不怕虎，越是艰险越向前。

用压舌棒固定舌头、用拭子越过舌根，为了黏膜细胞收集精准，还得用拭子在咽部后壁反复擦拭，这样的操作常常让人感到不适，点点飞沫也会随之喷溅而出……

这是由武汉大学中南医院护士组成的发热门诊咽拭子采样队日常工作的场景，他们是离病毒最近、暴露风险最高的一群医务工作者。

战斗在与病毒较量的最前线，这支队伍的7名组员中，5人是"90后"，小组累计采样7000余例。

这群年轻的"90后"男孩、女孩，戴上口罩、护目镜，穿上防护服，向险而行，他们说："对得起职业，对得起患者，我们无悔！"

"我不想哭，哭花了护目镜就不能做事了，对不起……"

一句朴实的话，让全国人民记住了这位大眼睛的姑娘——广东省支援湖北医疗队队员、中山大学附属第三医院内科ICU护士朱海秀。

除夕那天，朱海秀收到护士长发来的消息："海秀，你愿意去支援吗？"朱海秀没有犹豫："如果国家需要我的话，我一定会义无反顾，所以当时就报名了。"

在武汉，她要面对的是很多前辈都没经历过的挑战。因为穿着几层防护服，哪怕再渴，朱海秀和同事不喝水、也不吃东西，为的是不想浪费防护服，为的是多些时间和精力照顾患者。

与疫魔的较量，没有硝烟，但生死的考验真真切切。对朱海秀和更多她的同龄人而言，这都是一段刻骨铭心的青春记忆。

"穿上防护服，我就不是个孩子了。"20岁的刘佳怡随广东医疗队驰援湖北，在武汉客厅方舱医院悉心照料患者。

"没有生而勇敢，只有选择勇敢。"同样才20岁的谢佳慧是福建支援湖北医疗队中"最小的娃"，临行前弟弟问她去哪儿，她答道："去救人！"

"90后""00后"已经长大，他们听过先辈们奋斗的故事，见证或听闻汶川地震、抗击非典的危急时刻。现在，轮到他们挺身而出，在抗击疫情一线谱写自己的青春之歌。

"战友们，你们在没有硝烟的战场上抗击疫情，守护健康，在灾难面前，挺身而出，你们是新时代最可爱的人！"

96岁的战斗英雄张富清，近日为奋战在疫情一线的"战士"们送上祝福。笑称自己也是"90后"的老英雄，由衷赞叹青年一代在疫情中的表现。

青春力量：战"疫"前线筑长城

小小的年纪，大大的担当。奋斗是青春最亮丽的底色。

他们是抢救生命的战斗员、是疫情防控的宣传员、是交通卡点的守门员、是物资转运的勤务员……

在与疫情较量的各条战线上，广大"90后""00后"中国青年走在时代前列，勇做奋进者、开拓者、奉献者。他们不畏惧艰难险阻，用青春和汗水让世界刮目相看。

"这个时候，我们不上谁上？""90后"刘宜是武汉经济技术开发区沌口街枫桦苇岸社区的党支部书记。疫情暴发后，她和社区工作人员与党员、群众、志愿者一直守在第一线，很久没有睡过一晚好觉、吃过一餐好饭。在她的带领下，社区成立防控工作小组，商议防控方案，细化防控责任，领着社区工作人员、党员和居民志愿者承包楼栋单元、商铺门店，疫情防控几乎成了这段时间她生活的全部。

居民一句"有她在，我们宅在家里，不发愁。"是刘宜最大的动力。

"自觉加入突击队，不计报酬，不讲条件，无惧生死，履职尽责，保证完成各项工作任务。"

1月下旬，武汉市公安局硚口区分局成立由民警和辅警组成的"抗击疫情突击队"，两名"95后"女民警乐蓍、朱新年写下请战书，主动请缨。

到方舱医院巡逻，在定点医院执勤……一个多月来，1996年出生的内勤民警乐蓍和战友们冒着被感染的风险，对39个重要点位进行支援。

突击队中年龄最小的队员，1996年出生的朱新年第一时间从黄石老家赶回武汉，同样奋战在防控疫情、维护稳定最前沿。

"青年民警就是要往前冲，我们要在疫情中贡献自己的力量。"朱新年说。

在一些人眼中，年轻人没吃过什么苦，经不住风浪，挑不起重担，但在危难关头，他们不退缩、不彷徨，从挫折中不断奋起、永不气馁，一心为战"疫""做点什么"。

"这次，换我们来！""90后"武汉姑娘华雨辰，在志愿者队伍中当过司机、搬运工、播报员，哪里需要就奔向哪里。

作为一名"武汉伢"，20岁的北京航空航天大学学子余汉明寒假在家主动报名做起志愿者，为空巢老人、社区居民忙前忙后。他说："我们是年轻的一代，更是代表希望的一代。"

一张张面孔虽稍显稚嫩，一双双眼睛却坚定认真。年轻的身影逆行而上、敢打敢拼，在战"疫"前线筑起青春的长城。

当疫情来临，27岁的温瑞决定留在武汉，他是中国铁建中铁十五局的一名现场安全员，负责武汉长江二桥的亮化维护保养。

尽管现在没有多少人来观赏，但每到夜晚"武汉加油、中国加油、致敬抗疫英雄"这样的灯光字样，都在温瑞的注视下亮起。

这些夜空的"星"，闪烁着城市的"光"，正如同青年一代，涌动着国家的青春力量。

青春中国：挺起新时代共和国的脊梁

在这次抗击疫情斗争中，人们看到了更多"90后""00后"刚毅果敢的身影。"撒娇、卖萌、宝宝"……类似这些词语是部分"90后""00后"身上的标签，很多人曾经担心年轻人能否扛起未来的重担。

就在今天这场没有硝烟的战场内外，人们看到，年轻人用自己的肩膀扛起了责任，描绘了"大写的青春"。

他们，在战"疫"里"绝不缺席"——

彭银华、夏思思，用生命交出了属于"90后"医生的奋斗答卷。

更多像彭银华、夏思思一样优秀的"90后""00后"们，仍然义无反顾地冲向了抗疫最前线……

一寸山河一寸血。疫情期间，新一代青年绝不做"不知有汉何论魏晋"的桃花源中人。

中国地质大学（武汉）材料与化学学院学生徐子扬正月初一跟随父亲踏上从老家返回武汉的征程：参与火神山医院建设。"10天建成一座医院，中国人、湖北人做到了。"亲身经历这一切，他感受到中国力量、中国精神。

这个寒假，因疫情留守在家的100多万湖北高校学子"聚是一团火，散是满天星"，线上线下，为疫情防控注入青年力量……

他们，在战"疫"中"破茧成蝶"——

"昨天已安全抵达，明天即将打响第一场阻击战。此刻，我怀着无比激动的心情写下入党申请书，请党组织在防控疫情这场没有硝烟的战斗中考验我。"

刚脱下新婚礼服，河南理工大学第一附属医院"90后"护士郭亚茹在焦作市支援湖北应急医疗队驻地递交了入党申请书。

武汉市江汉区妇幼保健院"00后"护士郭诗敏，在进入隔离点工作30天后，也递交了入党申请书。她说："觉得自己不再是个稚嫩的孩子了。"

长时间戴口罩、穿防护服，郭诗敏从未叫过苦。护士长郭丽君说，这个爱美的姑娘并没有因为脸上长痘而伤心言弃，选择继续战"疫"，郭诗敏的表现改变了她对"00后"的看法。

来自黑龙江伊春的24岁男护士杨扬，支援湖北孝感已一个多月。远在2700多公里外的家乡，同为"90后"的未婚妻王珊珊也奋战在医务岗位。

特殊时期，无论前后方，都是战场。遥遥千里相隔，这对年轻人一同坚守，书写着"90后"青年群体的"确幸与浪漫"。

一所是"红色工程师的摇篮"，一所是"与祖国同频共振"的大学，清华大学、华中科技大学2.5万余名学生党员在线"同上一堂党课"。

"一个组织就是一座堡垒，一名党员干部就是一面旗帜。"华中科技大学党委书记邵新宇说，通过勉励学生党员传承红色基因，向抗疫英模学习，能够让他们带头严格要求自己，带头珍惜时光，做不忘初心、牢记使命的党员先锋。

他们，正成为爱国担当的青年生力军——

一支支青年突击队奋勇向前，一个个感人瞬间，一段段动人故事，展现出当下中国青年的青春"蝶变"。

国无安，何有家？疫情带来深思之后的行动参与，也是一场特殊的爱国主义教育。

"我们不能亲临主战场，但我们能坚持在大战中坚定信心、不负韶华，在今后更长的人生大考中交出合格的答卷。"成为不少年轻人共同的心声。

"让逆行者更安心战'疫'"——2月15日以来，武汉大学865名大学生志愿者怀揣共同的梦想，一起为100多家医院的556个一线医务工作者家庭提供"多对一"线上教学。

在疫情的特殊时期，作为身在武汉的航天人，中国航天科工集团四部团委以"航天技术＋疫情防控"的小知识形式，激发更多孩子们热爱科学、崇尚科学的精神。

雨水节气，华中农业大学发出倡议，师生用所学帮助村民防治病虫害，下田打药施肥，跃然农事一线，共同上好"田间大课"。

中南民族大学石榴籽志愿服务队广大青年们在返乡结束隔离期后，主动向社区（村）报到，争做疫情防控青年生力军，收集疫情信息、绘制漫画、将信息翻译成民族文字……

一代青年有一代青年的历史际遇。在国家和民族的历史传承中，青年就是每一个时代的接棒人。

樱为你、等新篇，晴空正好，天光未老。

春天的武汉，盛放的樱花牵动着无数颗年轻的心；未来的武汉，将再次敞开怀抱迎接百万学子归来求索。

青年一代有理想、有本领、有担当，国家就有前途，民族就有希望。

人们坚信，青年一代一定能成为民族复兴征途上闯关夺隘、攻城拔寨的先锋力量，在经过疫情洗礼与淬炼后，必将在党和人民最需要的地方绽放绚丽之花。

青年一定行，中国一定能！

（资料来源：新华网，2020 年 3 月 17 日）

阅读推荐

1. 郑洪：《中国历史上的防疫斗争》，《求是》2020 年第 4 期。

2. 任仲平：《风雨无阻向前进——写在中国人民抗击新冠肺炎疫情之际》，《人民日报》2020 年 3 月 26 日 01 版。

3. 《抗击新冠肺炎疫情的中国行动》白皮书，新华网，2020 年 6 月 7 日。

思考题

1. 在全国疫情防控进入常态化的背景下，作为大学生我们应该做好哪些事情？

2. 科学技术在此次新冠肺炎疫情中发挥了怎样的作用？

3. 回顾新冠肺炎疫情发生以来的中国行动，从中你获得了哪些感悟？

推动全面从严治党不断向纵深发展

专题 二

在决胜全面建成小康社会、决战脱贫攻坚的关键时刻，十九届中央纪委第四次全体会议于 2020 年 1 月 13 日至 15 日在北京召开。会上，习近平总书记站在实现"两个一百年"奋斗目标的历史交汇点上，深刻总结新时代全面从严治党的历史性成就，深刻阐释我们党实现自我革命的成功道路、有效制度，深刻回答管党治党必须"坚持和巩固什么、完善和发展什么"的重大问题，对以全面从严治党新成效推进国家治理体系和治理能力现代化作出战略部署。习近平总书记的重要讲话高屋建瓴、统揽全局、思想深邃、内涵丰富，对推动全面从严治党向纵深发展具有重大指导意义。

　　回首近百年党史，我们党之所以能够在腥风血雨中绝境重生、在生死抉择前转危为安，能够战胜一切艰难险阻从小到大、由弱到强，始终走在时代前列、成为中国人民和中华民族的主心骨，根本就在于我们党始终注重加强自身建设，始终坚持党要管党、从严治党。在建党初期，毛泽东同志就高度重视纪律建设，加强思想教育，开展整风运动，严惩党内腐败，提出"加强纪律性，革命无不胜"，要求做到"两个务必"。改革开放后，邓小平同志不断推进从严治党，倡导一手抓改革开放，一手抓惩治腐败，使我们的政策更加明朗，更能获得人心。在建设中国特色社会主义的实践中，我们党强调"治国必先治党，治党务必从严"，将从严治党贯穿党的思想建设、政治建设、组织建设和作风建设始终；强调党要管党、从严治党，继续推进党的建设新的伟大工程。党的十八大以来，以习近平同志为核心的党中央，开创性地提出全面从严治党，并纳入"四个全面"战略布局，开辟了中国共产党人管党治党的新境界。

一、全面从严治党取得的历史性成就

　　习近平总书记深刻指出，全面从严治党是新时代我们党治国理政的一个鲜明特征，并从四个方面高度概括全面从严治党取得的历史性、开创性成就，产生的全方位、深层次影响。党的十八大以来，以习近平同志为核心的党中央统揽世界百年未有之大变局和中华民族伟大复兴战略全局，直面"四大考验""四种危险"，以我将无我、不负人民的使命担当，刀刃向内、刮骨疗毒的决心意志，一以贯之、坚定不移的恒心韧劲，带领全党进行了一场淬火成钢的伟大自我革命，党在革命性锻造中更加坚强，焕发出新的强大生机活力，为党和国家事业发展提供了坚强政治保证。

（一）把全面从严治党确立为战略布局，以伟大自我革命引领伟大社会革命

　　中国共产党领导是中国特色社会主义最本质的特征。党的十八大以来，面对一些领域党的领导弱化、党的建设缺失、管党治党不力、偏离党的初心使命宗旨的状况，以习近平同志为核心的党中央把全面从严治党纳入"四个全面"战略布局，从党和国家全局高度加强顶层设计，贯穿管党治党、治国理政全过程各方面。旗帜鲜明坚持党的领导，强化党在同级组织中的领导地位，坚决纠正不讲政治、政治虚无等弱化党的领导的错误倾向。以改革创新精神抓党的建设，强化管党治党政治责任，从中央和国家机关到基层党组织层层落实，从理念思路、方式方法到体制机制不断创新，各级党组织的战斗堡垒作用充分发挥，党的执政能力和领导水平显著提高。坚定不移全面从严治党，从中央政治局做起，从高级干部

严起，抓思想从严、监督从严、执纪从严、治吏从严、作风从严、反腐从严，以"关键少数"示范带动"绝大多数"，以优良党风政风引领社风民风向善向上，以"中国共产党之治"新气象开创"中国之治"新境界，写就经济快速发展、社会长期稳定的新篇章。

（二）用党的创新理论武装全党，坚守初心使命铸就理想信念之魂

理论上坚定清醒是思想政治上坚定清醒的前提，科学理论是理想信念坚定的基础。党的十八大以来，围绕新时代坚持和发展中国特色社会主义这个重大时代课题，我们党始终坚持马克思主义指导地位，带领人民进行艰辛理论探索，形成并不断发展习近平新时代中国特色社会主义思想。坚持思想建党和制度治党同向发力，党内教育实现常态化制度化，推动习近平新时代中国特色社会主义思想入脑入心，使广大党员、干部领会贯穿其中的马克思主义立场观点方法，掌握运用改造主观世界和客观世界的强大思想武器。把理想信念教育作为党的思想建设的首要任务，用初心使命砥砺全党，以中华民族伟大复兴的中国梦凝聚人民，教育党员干部坚守党的宗旨，强化党性修养，经常对照党章党规党纪进行政治体检、掸去思想尘埃。坚持学思用贯通、知信行统一，在真刀真枪解决问题中学本领、练方法、养心性，在复杂严峻斗争中经风雨、见世面、壮筋骨，不断筑牢信仰之基、补足精神之钙、把稳思想之舵，不断把守初心、担使命的思想自觉转化为锐意进取、真抓实干的行动自觉，在各种重大斗争考验面前真正做到"不畏浮云遮望眼""乱云飞渡仍从容"。

（三）旗帜鲜明维护党中央集中统一领导，步调一致汇聚磅礴力量

事在四方，要在中央。坚持党的领导，首先是坚持党中央权威和集中统一领导，这是党的领导的最高原则。党的十八大以来，党中央以党的政治建设为统领，把保证全党服从中央、坚持党中央权威和集中统一领导作为党的政治建设的首要任务，引导全党增强"四个意识"、坚定"四个自信"、做到"两个维护"。出台关于加强党的政治建设的意见，制定并执行新形势下党内政治生活若干准则，严格执行向党中央请示报告制度，以一系列重要制度性安排保证经常对表看齐。严明党的政治纪律和政治规矩，严肃查处"七个有之"问题，严肃查处政治上蜕变的两面派、两面人，坚决防范党内滋生利益集团，坚决纠正个人主义、分散主义、自由主义、本位主义。深化政治监督，严肃处置对党中央决策部署和习近平总书记重要指示批示置若罔闻、应付了事、弄虚作假问题，坚决纠正"两个维护"上存在的温差、落差、偏差，确保全党上下令行禁止、步调一致向前进。

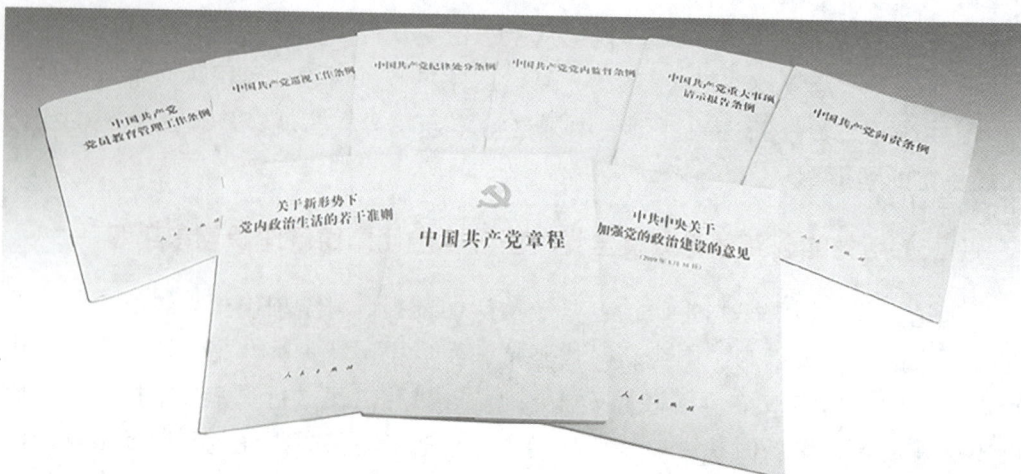

党的十八大以来，在全面从严治党实践中，我们把党的政治建设摆在突出位置，把及时制定、修订党内法规作为党的政治建设的重要内容和抓手。党的十九大明确提出党的政治建设这个重大命题。图为党的十九大修订的《中国共产党章程》和党的十八大后制定、修订的部分党内法规。

（四）正风肃纪反腐凝聚党心军心民心，巩固党长期执政的群众基础

民心是最大的政治。腐败不除，民心必失。党的十八大以来，党中央坚决践行以人民为中心的政治立场，以大无畏的革命意志和斗争精神，坚定不移开展党风廉政建设和反腐败斗争。紧紧围绕保持党同人民群众的血肉联系，从改进党的作风抓起，以落实中央八项规定破题，坚决纠治形式主义、官僚主义、享乐主义和奢靡之风。把监督工作、反腐败工作纳入国家制度和国家治理体系，完善权力配置和运行制约机制，构建起具有中国特色的党和国家监督体系。坚持无禁区、全覆盖、零容忍，坚持重遏制、强高压、长震慑，坚持受贿行贿一起查，既严肃查处发生在领导机关和领导干部中的腐败案件，又坚决整治发生在群众身边的不正之风和腐败问题，织牢追逃追赃天罗地网。党的十八大以来（截至2019年年底），全国共查处违反中央八项规定精神问题33.3万件，立案审查中管干部414人、厅局级干部1.8万人、县处级干部13.7万人，"天网行动"开展以来共追回外逃人员7242人。在高压震慑、严密监督、政策感召、教育引导下，党的十九大后共有1.5万人主动投案，彰显了我们党自我净化机制的强大力量。

相关链接：

2019反腐硬核成绩单

二、全面从严治党既是政治保障，也是政治引领

习近平总书记在十九届中央纪委四次全会上用"四个坚持"深刻总结新时代全面从严治党的历史性、开创性成就和全方位、深层次影响，把"坚定不移从严管党治党，坚持以伟大自我革命引领伟大社会革命"放在"四个坚持"的首位，作出了"全面从严治党既是政治保障，也是政治引领"的重要论断。

知识链接

"四个坚持"是指我们坚持以伟大自我革命引领伟大社会革命，健全党的领导制度体系，深化党的建设制度改革，完善全面从严治党制度，坚决扭转一些领域党的领导弱化、党的建设缺失、管党治党不力状况，使党始终成为中国特色社会主义事业的坚强领导核心。我们坚持以科学理论引领全党理想信念，建立不忘初心、牢记使命的制度，持之以恒用新时代中国特色社会主义思想武装全党、教育人民、指导工作，推进学习教育制度化常态化，不断坚定同心共筑中国梦的理想信念。我们坚持以"两个维护"引领全党团结统一，完善坚定维护党中央权威和集中统一领导的各项制度，健全党中央对重大工作的领导体制，以统一的意志和行动维护党的团结统一，不断增强党的政治领导力、思想引领力、群众组织力、社会号召力。我们坚持以正风肃纪反腐凝聚党心军心民心，坚决惩治腐败、纠治不正之风，坚决清除影响党的先进性和纯洁性的消极因素，健全为人民执政、靠人民执政的各项制度，让人民始终成为中国共产党执政和中国特色社会主义事业发展的磅礴力量。

（一）全面从严治党是确保党和国家事业顺利发展的政治保障

全面从严治党扶正祛邪、惩恶扬善，与一切影响党的先进性、弱化党的纯洁性的问题作坚决斗争，把党建设得更加坚强有力，为党和国家事业顺利发展提供了坚强保护和有力支撑。

1. 从历史维度看，从严管党治党是我们党兴党强党的重要法宝

回首百年党史，我们党之所以能够在腥风血雨中绝境重生、在生死抉择前转危为安，能够战胜一切艰难险阻从小到大、由弱到强，始终走在时代前列，成为中国人民和中华民族的主心骨，根本就在于我们党始终注重加强自身建设，始终坚持党要管党、从严治党。在建党初期，毛泽东就高度重视纪律建设，加强思想教育，开展整风运动，严惩党内腐败，提出"加强纪律性，革命无不胜"，要求

做到"两个务必"。改革开放后，邓小平不断推进从严治党，倡导一手抓改革开放，一手抓惩治腐败，使我们的政策更加明朗，更能获得人心。在建设中国特色社会主义的实践中，我们党强调"治国必先治党，治党务必从严"，将从严治党贯穿于党的思想建设、政治建设、组织建设和作风建设始终；强调党要管党、从严治党，继续推进党的建设新的伟大工程。党的十八大以来，以习近平同志为核心的党中央，开创性地提出全面从严治党，并纳入"四个全面"战略布局，开辟了中国共产党人管党治党的新境界。

2. 从现实维度看，全面从严治党是开创"中国之治"的关键所在

2020年5月，全国查处违反中央八项规定精神问题10091起，14506人受到处理，8149人受到党纪政务处分。受党纪政务处分的干部中，地厅级32人，县处级475人，乡科级及以下7642人。这些问题包括形式主义、官僚主义、享乐主义和奢靡之风等。

曾经一段时间，党内存在管党治党宽松软的现象，一些地方和单位消极腐败问题严重，不正之风和"潜规则"盛行。对此，以习近平同志为核心的党中央沉着应对、迎难而上，以巨大的政治勇气和强烈的责任担当推进全面从严治党，坚持有贪必肃、有腐必反，"打虎""拍蝇""猎狐"一体推进，狠抓思想从严、监督从严、执纪从严、治吏从严、作风从严、反腐从严，彻底扭转了党的领导弱化、党的建设缺失、管党治党不力状况，党中央定于一尊、一锤定音的权威进一步强化，党的团结统一更加巩固，党在革命性锻造中浴火重生。同时，党和国家事业发生了历史性变革，解决了许多长期想解决而没有解决的难题，办成了许多过去想办而没有办成的大事，创造了经济快速发展和社会长期稳定的"两大奇迹"，实现了从站起来、富起来到强起来的伟大飞跃。

3. 从世界维度看，全面从严治党为世界政党治理贡献了中国智慧

执政党只有先治理好自身才能治理好国家，无论是发达国家还是发展中国家，执政党的治理都有着极其重要的理论和实践意义。在世界政党建设史上，曾经出现过由于放松对执政党建设与管理，导致腐败蜕化、亡党亡国的深刻教训。而在世界的东方，社会主义中国已经巍然屹立。党的十八大以来，中国共产党人以坚定的政治立场、强烈的问题意识、无畏的担当精神，深入推进全面从严治党，带领中国人民向更高的目标迈进。在习近平新时代中国特色社会主义思想的科学指引下，全面从严治党各项措施前后呼应、配套联动，既紧锣密鼓又有条不紊，既有领域性、阶段性重大突破，又有整体性、系统性综合集成，为执政党如

何加强自身治理这一世界性命题提供了一个集科学性、可操作性、实效性于一体的政党治理新模式，向世界充分展示了中国共产党的政治责任和担当，为世界政党建设贡献了中国智慧、提供了中国方案。

（二）全面从严治党是实现"两个一百年"奋斗目标的政治引领

我们现在正处于全面建成小康社会的关键时期，日益接近实现中华民族伟大复兴的中国梦。必须一以贯之坚定不移推进全面从严治党，把党建设好、建设强，引领中国特色社会主义这艘巨轮沿着正确的航线乘风破浪，从胜利走向新的胜利。

1. 全面从严治党为坚持和完善党的领导、永葆先进性和纯洁性提供了正确路径

习近平总书记强调，"办好中国的事情，关键在党"，"党是最高政治领导力量"。我们党自诞生之日起，就把"为人民谋幸福、为民族谋复兴"这一初心和使命写在了旗帜上，近百年来带领人民不懈奋斗，中华民族从积贫积弱走向繁荣富强，即将全面建成小康社会，雄辩地证明了中国共产党始终是引领社会进步的核心力量。但党的领导核心地位不是一劳永逸的，先进性和纯洁性也不是一成不变的，必须按照党的建设总体布局和全面从严治党部署，统筹推进党的政治、思想、组织、作风、纪律、制度各方面建设，深入推进反腐败斗争，才能永葆党的先进性和纯洁性，把党建设成为始终走在时代前列、人民衷心拥护、勇于自我革命、经得起各种风浪考验、朝气蓬勃的马克思主义执政党。2020年是决胜全面建成小康社会、打赢精准脱贫攻坚战、实现"十三五"规划收官的关键之年，面对突如其来的新冠肺炎疫情，我们更加需要推进全面从严治党，强化党的全面领导，使中华民族复兴伟业在正确的道路上奋勇前进。

2. 全面从严治党为我们党应对各种风险挑战、把准历史发展方向提供了战略指引

把全面从严治党纳入"四个全面"战略布局，一以贯之推进全面从严治党，是新时代党的建设伟大工程的内在要求，也是我们有效应对国内外风险挑战的客观需要。当今世界正经历百年未有之大变局，国际形势风云变幻，挑战与机遇并存，全党需要通过全面从严治党来增强"四个意识"、坚定"四个自信"、做到"两个维护"，从而增强抵御风险能力，在复杂的变化中把握战略机遇期，砥砺奋进构建人类命运共同体。新时代，我国社会主要矛盾已经转化为人民日益增长的美好生活需要和不平衡不充分的发展之间的矛盾，也更需要全面从严治党，把党员干部的作风、能力增强，从而带领全国人民贯彻落实新发展理念，全面深化改革，不断取得中国特色社会主义建设的新胜利。

3. 全面从严治党为凝聚党心军心民心、汇集同心共筑中国梦磅礴伟力提供了强大动力

人民群众是历史的创造者，是社会进步的决定力量。建设中国特色社会主义，实现中华民族伟大复兴，必须动员全党全军全国各族人民共同奋斗。中国共产党作为中华民族和中国人民的先锋队，代表中国最广大人民的根本利益，是时代潮流的引领者，始终保持党同人民群众的血肉联系，在任何时候、任何情况下，党与人民同呼吸共命运的立场没有变，也不能变。公生明、廉生威，人民群众坚决拥护立党为公、执政为民的党。现在，全面从严治党拨乱反正、正本清源，已成为得民心、得民望的时代旗帜，以习近平同志为核心的党中央以上率下、铁腕反腐，从领导干部这个"关键少数"抓起，引领带动绝大多数党员干部，进而促进党风政风和整个社会风气的好转。党的十九大以来，持续整治群众身边的腐败问题和不正之风，侵害群众切身利益的突出问题得到有效解决，群众满意度普遍提升，党赢得了广大人民群众的衷心拥护和高度信赖，举国上下都在为全面建成小康社会、实现中华民族的伟大复兴共同奋斗。

三、坚决反对形式主义官僚主义，为决胜全面建成小康社会提供坚强作风保证

2020年4月，中共中央办公厅印发了《关于持续解决困扰基层的形式主义问题为决胜全面建成小康社会提供坚强作风保证的通知》（以下简称《通知》）。《通知》开宗明义写到，"进一步把广大基层干部干事创业的手脚从形式主义的束缚中解脱出来，为决胜全面建成小康社会、决战脱贫攻坚提供坚强作风保证"。习近平总书记强调，形式主义官僚主义之弊非一日之寒，从根子上减轻基层负担也非一日之功。要把加强党的作风建设放在突出位置来抓，驰而不息、落实落细。要聚焦形式主义官僚主义问题开展全面检视、靶向治疗，切实为基层减负，让干部有更多时间和精力抓落实。

相关链接：
认清形式主义官僚主义

（一）反对形式主义，既要彻底清除旧的形式主义，也要坚决防止新的形式主义

以工作留痕为例，这本来是一项反对形式主义、强化工作落实的督导举措，

但在实践中，一些地方过分讲究和要求"痕迹"，就导致了新的形式主义。有群众反映，为了落实"河长制"定期到现场巡查的要求，有的基层干部一次带上好几套衣服，到现场后依次穿上，拍照后上传微信，以证明自己履行了职责。还有一些地方在扶贫工作中，过去对派驻的第一书记、帮扶工作队进行填表考勤，但由于管理松散，许多都是来一次就把一周的考勤表都填了，为了避免这种形式主义，后来要求第一书记和帮扶工作队队员必须每天早上来签到，然而第一书记和帮扶工作队是要常驻在村子里的，每天跑到乡镇耽搁那么多时间和精力就是为了考勤签到，这显然也是一种形式主义。

无论是哪种形式主义，从其结果来看，都是花拳绣腿、徒有其表；究其实质而言，都是脱离实际、远离实践。换句话说，形式主义的一个重要特征，就是不解决实际问题，光围着形式打转转。其实，无论是减少发文，还是精简会议；无论是工作留痕，还是督导落实，都是为了解决一个个具体问题，都是为了给群众带来切实利益。在这个意义上，求真务实是形式主义的天敌，在"务实"上下功夫，从实处着眼、用实干考量、用实绩说话，才能铲除形式主义生根接枝的"土壤"，也才能让形式主义问题得到及时整治。

"善除害者察其本，善理疾者绝其源"。《通知》既有"对下"的要求，把"只表态不落实、维护群众利益不担当不作为"等列入整治范围，也有"对上"的举措，明确要求"坚持从讲政治高度整治形式主义官僚主义，从领导机关和领导干部抓起改起"。上下贯通、共同发力，落实好《通知》要求，方能既解决表层问题，也解决深层问题，让干部心无旁骛抓紧抓实抓细各项工作。2020年脱贫攻坚要全面收官，小康社会要全面建成，原本就有不少硬仗要打，现在还要努力克服疫情影响，必须绷紧弦再加把劲。越是面对严峻形势，越来不得半点虚的，越需要坚持实事求是。把问题是不是得到解决和群众有没有得到实惠作为衡量标准来考核，我们才能让各种形式主义无处遁形，凝聚起广大党员干部担当作为的磅礴力量，为决胜全面建成小康社会、决战脱贫攻坚提供坚强作风保证。

（二）坚决反对官僚主义领导方式

毛泽东在1933年撰写的《必须注意经济工作》一文中，就对官僚主义进行了认真剖析和有力批判，指出"官僚主义的领导方式，是任何革命工作所不应有的"，"要把官僚主义方式这个极坏的家伙抛到粪缸里去"。今天学习毛泽东反对官僚主义的相关论述，对于我们仍有启迪意义。

官僚主义领导方式与党的性质宗旨完全相悖，在毛泽东看来，"官僚主义领导方式"表现出恶劣的"官气"，因而，"这是最低级的趣味，这不是高尚的共产主义精神"，是与马克思主义的科学的领导方式相对立的。他在《组织起来》一文中强调指出，"如果我们共产党员也是这样"，那么"这种党员的脸上就堆上了一层官僚主义的灰尘，就得用一盆热水好好洗干净"。

官僚主义领导方式所折射出来的作风问题有时很顽固，毛泽东在《反对官僚主义，克服"五多五少"》一文中说，"官僚主义这种旧社会遗留下来的坏作风，一年不用扫帚扫一次，就会春风吹又生了"。官僚主义有很多种表现形式，比如不理不睬或敷衍塞责的消极怠工现象，命令主义，不下去了解情况，不与群众同甘共苦，摆架子、摆资格，不平等待人等。他曾用《咏泥神》一文来批判官僚主义，郑重地告诫大家，党和国家的领导工作人员，如果"受到官僚主义的多方面的袭击"，就可能面临"利用国家机关独断独行、脱离群众、脱离集体领导、实行命令主义、破坏党和国家的民主制度的这样一个很大的危险性"。

要避免陷入脱离群众的"泥坑"里去，就必须用马克思主义的科学的领导方式克服官僚主义。毛泽东在《共产党人对错误必须采取分析的态度》一文中强调："更加要充分地注意执行这样一种群众路线的领导方法，而不应当稍为疏忽。"也就是"凡属正确的领导，必须是从群众中来，到群众中去"，而"从群众中集中起来又到群众中坚持下去，以形成正确的领导意见，这是基本的领导方法"。在我们党的实际工作中，恰恰是一些领导干部不注重不善于使用这种领导方法，"因而使自己的领导变成脱离群众的官僚主义的领导"。

克服官僚主义，重要的是坚持群众路线。一是信任，坚决地相信人民群众的创造力是无穷无尽的，信任人民群众，和人民群众打成一片。二是交心，以真正平等的态度对待干部和群众，"使人感到人们互相间的关系确实是平等的，使人感到你的心是交给他的"，并诚心诚意地"和他们一起研究如何解决困难的办法"。三是商量，做到倾听群众呼声，"一切问题都要和群众商量，然后共同决定，作为政策贯彻执行"，杜绝"不同群众商量，关在房子里，作出害死人的主观主义的所谓政策"的行为。四是制度，即"建立一定的制度来保证群众路线和集体领导的贯彻实施"，从而克服贯彻群众路线的领导方式的随意性和脱离群众的官僚主义领导方式的弊病。

官僚主义在不同环境下总是以不同形式表现出来，进入新时代，依然需要把官僚主义作为损害党的事业和党的形象的突出问题加以对待和清除。习近平总书记鲜明指出，官僚主义实质是封建残余思想作祟，根源是官本位思想严重、权力观扭曲，做官当老爷，高高在上，脱离群众，脱离实际。它同我们党的性质宗旨和优良作风格格不入，是我们党的大敌、人民的大敌。通过全面从严治党，应该说官僚主义作风得到有力的遏制，但按照新时代党的作风建设标准来要求，有的同志还有差距。因此，必须进一步严肃党内政治生活，深入持久地反"四风"、正作风，只有彻底摈弃官僚主义领导方式，密切党同人民群众的血肉联系，把我们党建设得更加坚强有力，才能确保各项建设取得更大成就。

（三）守住精文减会的硬杠杆

2019 年是"基层减负年"，"严格控制层层发文、层层开会"是其中一项重要工作，开展一年来成效显著。据统计，2019 年党中央、国务院发文数量都减少了 30% 以上，省区市文件和会议平均压缩 39%、37%，中央和国家机关分别压缩 39%、33%；来自全国基层观测点的蹲点调研数据显示，去年当地收到上级文件和本级发文平均减少 31%，本级召开的会议数量平均减少 35%。实践证明，把精文减会落到实处，基层干部就有更多精力服务群众、推动发展。

但也要看到，形式主义官僚主义问题具有复杂性和长期性，解决起来不可能一蹴而就。削"文山"、填"会海"，既要巩固已有成果，还要防止文山会海以新形式出现。比如，原本发红头、走办公系统的文件摇身一变，以"白头"、便笺的形式发到基层；同一议题会议层层重复开，现场会议少了，视频会议却多了起来。这提醒我们，整治文山会海不能有打好一仗就一劳永逸的想法，也不能有初见成效就鸣金收兵的念头。防止用形式主义做法解决形式主义问题，对在发文开会方面改头换面、明减实不减的，及时督促纠正，才能确保文山

要戒除"会瘾"，切实做到"少开会、开短会、开有内容的会"。要严格落实中央的要求，着力提高文件、会议质量，进一步明确精文减会的标准和尺度，完善负面清单，不发不切实际、内容空洞的文件，不开应景造势、不解决问题的会议，做到真减负、减真负。

会海不会反弹回潮，从而形成崇尚实干的风气，让减负成果更好转变为干事热情。

《通知》指出，"加强对疫情防控、复工复产工作中发文开会的统筹管理"。任何一项政策，只有放在特定的时代语境下，才能更加深刻地理解其价值。如今，放在统筹推进疫情防控和经济社会发展的大背景下，就能更深刻地理解中央强调精文减会的深意。2020 年是全面建成小康社会和"十三五"规划收官之年，也是脱贫攻坚决战决胜之年，突如其来的新冠肺炎疫情给我们完成既定目标任务带来挑战，做好经济社会发展工作难度更大。我们要把时间抢回来，把损失补回来，就要有只争朝夕的干劲，有一天当两天用的精气神，决不能让文山会海拖后腿、误时机。从抓好常态化疫情防控，到做好复工复产达产、复商复市，从坚决打好打赢三大攻坚战，到解决贫中之贫、困中之困，都需要最大限度激发干部的实干精神和奋斗热情，用扎扎实实的实干对冲疫情影响、实现既定目标。

开会、发文都是推动工作的手段，本身必不可少。不少基层干部反映，基

层并不是怕开会、发文，而是怕开和自己关系不大的会，怕发不切实际、内容空洞的文，更怕上下一般粗，缺乏针对性，又层层加码、滥提基层无法落实的任务要求。可见，整治文山会海并不只是压缩数量，还要提高文件、会议的质量。湖南长沙为发文、会议制作负面清单，什么样的文该发、不该发，什么样的会该开、不该开，一目了然；山东菏泽规定会议讲话等材料必须提前准备，做到目标明确、措施具体，能现场办公、电话调度解决问题的，决不集中开大会。各地精文减会的经验表明，持续整治文山会海，确保开会、发文聚焦真问题、解决真问题，才能真正为基层减负，为广大基层干部松绑，把精文减会的效果转变为贯彻落实的动能。

习近平总书记强调，"我们中国共产党人干革命、搞建设、抓改革，从来都是为了解决中国的现实问题"。广大基层干部处于与群众直接接触并解决问题的最前沿，各地区各部门不仅要给予关心关爱，也要为他们提高工作效率、解决具体问题提供支持。把基层干部从一些无谓的事务中解脱出来，让他们心无旁骛地担当作为、真抓实干，就能为全面建成小康社会和打赢脱贫攻坚战筑牢坚实基础。

四、永葆"赶考"的清醒和坚定

1949年3月23日，党中央从西柏坡动身前往北京时，毛泽东同志说："今天是进京赶考的日子。"70多年的实践充分证明，我们党在这场历史性考试中取得了优异成绩。同时，我们党也清醒地认识到，这场考试还在继续。2013年7月，习近平总书记在西柏坡调研指导时指出："党面临的'赶考'远未结束。"2019年9月，习近平总书记在视察北京香山革命纪念地时强调："始终保持奋发有为的进取精神，永葆党的先进性和纯洁性，以'赶考'的清醒和坚定答好新时代的答卷。"走好新时代的长征路，需要我们始终保持"赶考"的清醒和坚定，始终牢记、努力践行中国共产党人的初心和使命。

相关链接：
长条椅背后的"赶考"故事

（一）初心和使命确保中国共产党人永葆"赶考"的清醒和坚定

中国共产党人的初心和使命，就是为中国人民谋幸福，为中华民族谋复兴。中国共产党一经成立，就义无反顾地肩负起实现中华民族伟大复兴的历史使命，把人民对美好生活的向往作为自己的奋斗目标。中国共产党人深知，为中国人民谋幸福、为中华民族谋复兴是伟大而艰巨的事业，不可能轻轻松松完成。我们党牢记初心和使命，在取得一个又一个胜利后仍然保持谦虚谨慎、不骄不躁、艰苦奋斗，仍然保持永不懈怠的精神状态和一往无前的奋斗姿态，永葆"赶考"的清醒和坚定。正因为牢记初心和使命，在新中国成立前夕，毛泽东提出了著名的"赶考"命题；正因为牢记初心和使命，在新中国成立70周年之际，习近平总书记再次要求以"赶考"的清醒和坚定答好新时代的答卷。初心和使命是激励中国共产党人不断前进的根本动力，正是初心和使命所确立的高远理想和坚定信念，使中国共产党人面对胜利时不会骄傲和懈怠，永葆"赶考"的清醒和坚定。

（二）"赶考"的清醒和坚定砥砺着中国共产党人守初心、担使命

历史一再证明，一个政党确立了宏伟目标后，要顺利实现自己的目标，一个必要条件就是做到始终如一、善始善终。习近平总书记强调："一切向前走，都不能忘记走过的路；走得再远、走到再光辉的未来，也不能忘记走过的过去，不能忘记为什么出发。面向未来，面对挑战，全党同志一定要不忘初心、继续前进。"在前进的道路上如何更好守初心、担使命？就是要永葆"赶考"的清醒和坚定。广大党员、干部需要深刻认识到，党的先进性不是一劳永逸的，过去先进不等于现在先进，现在先进不等于永远先进；党的执政地位不是一成不变的，过去拥有不等于现在拥有，现在拥有不等于永远拥有；昨天的成功并不代表着今后能够永远成功，过去的辉煌并不意味着未来可以永远辉煌。时代是出卷人，我们是答卷人，人民是阅卷人。当前，我们党面临的执政考验、改革开放考验、市场经济考验、外部环境考验具有长期性和复杂性，面临的精神懈怠危险、能力不足危险、脱离群众危险、消极腐败危险具有尖锐性和严峻性。只有坚持问题导向，保持战略定力，推动全面从严治党向纵深发展，才能始终保持党的先进性、巩固党的执政地位。只有永葆"赶考"的清醒和坚定，才能真正守初心、担使命。我们党在革命、建设、改革的历史进程中，不因胜利而骄傲，不因成就而懈怠，不因困难而退缩，不断增强自我净化、自我完善、自我革新、自我提高的能力，以"赶考"的清醒和坚定践行对人民的承诺、对民族的担当，永远激情澎湃地行进在新长征路上，因而能够以优异的成绩赢得人民、赢得历史。

（三）在新的"赶考"中践行初心和使命

当今世界正经历百年未有之大变局，我国正处于实现中华民族伟大复兴关键时期，我们党正带领人民进行具有许多新的历史特点的伟大斗争。我们面临的发展机遇前所未有，面临的风险挑战也前所未有，广大党员、干部必须以"赶考"的清醒和坚定答好新时代的答卷，在新的"赶考"中践行初心和使命。这次新冠肺炎疫情，严重威胁人民生命安全和身体健康，严重影响经济社会发展。习近平

总书记指出："各级党组织和广大党员、干部要不忘初心、牢记使命，扛起责任、经受考验，在这场大考中磨砺责任担当之勇、科学防控之智、统筹兼顾之谋、组织实施之能，做到守土有责、守土有方。"在疫情防控中，广大党员、干部冲锋在前、顽强拼搏，让党旗高高飘扬在疫情防控第一线，在大战中践行初心使命，在大考中交出合格答卷。当前，全国疫情防控阻击战取得重大战略成果，但境外疫情扩散蔓延态势仍在持续，我国外防输入压力持续加大，国内防止疫情反弹的复杂性也在增加，疫情防控这场大考还没有结束。广大党员、干部要时刻绷紧疫情防控这根弦，坚持外防输入、内防反弹，抓紧抓实抓细常态化疫情防控，交出更优异的疫情防控答卷。2020年，我们要全面建成小康社会，脱贫攻坚战进入决战决胜时刻。全面建成小康社会是实现中华民族伟大复兴中国梦的关键一步，打赢脱贫攻坚战是惠及亿万人民的民心工程，充分彰显中国共产党人的初心和使命。广大党员、干部要以"赶考"的清醒和坚定，变压力为动力，敢于迎难而上，结合实际把党中央各项决策部署抓实抓细抓落地，确保完成决战决胜脱贫攻坚目标任务，全面建成小康社会，进而向全面建成社会主义现代化强国的宏伟目标进发。

拓展阅读

中国共产党从胜利走向胜利的重要法宝

习近平总书记指出："实现中华民族伟大复兴，关键在党。"重视加强党的建设是中国共产党的优良传统和宝贵经验。我们党成立99年来，之所以能够从小到大、由弱到强，带领中国人民不懈奋斗，取得民族独立、人民解放，实现国家富强、人民幸福，一个重要原因就在于不断加强党的建设，充分发挥党的领导核心作用、基层党组织的战斗堡垒作用和广大党员的先锋模范作用。实践证明，不断加强党的建设是我们党从胜利走向胜利的重要法宝。

加强党的建设，确保党始终坚定马克思主义信仰、坚持以科学理论为指导

习近平总书记指出："马克思主义是我们立党立国的根本指导思想。背离或放弃马克思主义，我们党就会失去灵魂、迷失方向。"马克思主义是中国共产党始终高举的理论旗帜。我们党作为一个先进思想孕育催生、用科学理论武装起来的马克思主义政党，高度重视科学理论对党的建设和党的事业发展的引领作用。注重思想建党、理论强党，是我们党的鲜明特色和光荣传统。1921年，我们党诞生时就把马克思列宁主义确立为指导思想。此后，我们党根据我国国情和时代条件的变化，不断推进马克思主义中国化，形成了毛泽东思想、邓小平理论、"三个代表"重要思想、科学发展观。党的十八大以来，以习近平同志为核心的党中央深刻回答新时代坚持和发展什么样的中国特色社会主义、怎样坚持和发展中国特色社会主义这个重大时代课题，形成了习近平新时代中国特色社会主义思想，实现了党的指导思想又一次与时俱进。长期以来，我们党坚持理论创新每前进一步，理论武装就跟进一步。从延安整风到真理标准大讨论，再到改革开放以来我们党开展的多次党内集中教育，都是坚持以理论学习为先导，确保全党统一思想、统一步调，团结一致向前进。我们党99年的实践证明，对马克思主义的坚定信仰，成为一代代中国共产党人的政治灵魂、精神支柱和最鲜明的身份标识。坚持以马克思主义为指导，党的建设就有正确方向，党的事业就蓬勃发展

新时代加强党的建设，必须坚持用习近平新时代中国特色社会主义思想这一马克思主义中国化最新成果武装头脑、指导实践、推动工作。学习贯彻习近平新时代中国特色社会主义思想，最基本的学习方法是坚持读原著、学原文、悟原理。要把理论学习的收获转化为坚定的政治立场，坚决做到"两个维护"，坚决做到对党绝对忠诚；转化为坚强的党性修养、坚定的理想信念，始终坚守共产党人的精神追求，确保信仰之基一时一刻也不松动、思想之舵一丝一毫也不偏离；转化为干事创业的奋勇担当，越是在困难面前、危急时刻，越是发扬冲锋在前、敢打硬仗的战斗精神，越是展现压倒一切困难而不为任何困难所压倒的英雄气概。通过加强理论武装，提高全党的理论水平，领导全国人民共同为党领导的伟大事业团结奋斗。

加强党的建设，确保党始终坚持全心全意为人民服务的根本宗旨、保持同人民群众的血肉联系

习近平总书记指出："中国共产党根基在人民、血脉在人民。"全心全意为人民服务是我们党的根本宗旨，群众路线是我们党的生命线和根本工作路线。我们党在99年披荆斩棘、笃定前行的奋斗历程中，始终坚持为了群众、相信群众、依靠群众；始终与人民群众风雨同舟、生死与共，保持同人民群众的血肉联系。长征路上，3名红军女战士将仅有的一条被子剪下一半送给老乡；解放战争中，沂蒙人民"最后一碗米送去做军粮，最后一尺布送去做军装，最后一件老棉袄盖在担架上，最后一个亲骨肉送去上战场"。无论是"两个务必"，还是"群众利益无小事"，都充分彰显我们党同人民群众的血肉联系。党的十八大以来，以习近平同志为核心的党中央将人民放在心中最高位置，努力实现好、维护好、发展好人民群众的根本利益，切实改善民生，人民群众有了更多获得感幸福感安全感。对于脱贫攻坚这项最艰巨的民生工程，习近平总书记亲自谋划、亲自部署，取得决定性成就。我们党99年的实践证明，只有始终牢记初心使命，始终坚持党的根本宗旨，始终同人民群众同呼吸、共命运、心连心，我们党才能赢得广大人民群众的衷心拥护和支持，不断从人民群众中获得继续前进的不竭动力。

新时代加强党的建设，必须不断加强马克思主义群众观教育，引导广大党员、干部始终站稳人民立场、践行党的根本宗旨。要坚持以人民为中心，把实现

最广大人民的根本利益作为一切工作的出发点和落脚点；着力解决人民群众最关心最直接最现实的利益问题，坚决打好防范化解重大风险、精准脱贫、污染防治攻坚战，不断实现人民对美好生活的向往；走好党的群众路线，充分调动人民群众的积极性主动性创造性，充分激发人民群众中蕴藏的巨大创造力，汇聚起推动党领导的伟大事业和党的建设新的伟大工程的磅礴力量。

加强党的建设，确保党不断实现自我革命、始终充满生机活力

习近平总书记指出："勇于自我革命，从严管党治党，是我们党最鲜明的品格。"在99年的奋斗历程中，我们党始终保持勇于自我革命的朝气和锐气，以伟大自我革命引领伟大社会革命。1927年大革命失败，党中央紧急召开八七会议，纠正右倾机会主义错误，走上了独立自主、武装反抗国民党反动派的斗争之路。在延安整风中，党深刻总结历史教训，反对主观主义以整顿学风、反对宗派主义以整顿党风、反对党八股以整顿文风，提高了全党的马克思主义理论水平，全党达到空前的团结和统一，为夺取抗日战争和解放战争的胜利奠定了思想基础。新中国成立后，面对一些党员、干部中出现的贪腐问题，党果断处理贪污腐败分子刘青山、张子善，在全国范围开展"三反"运动，我们党经受住了执政的新考验。党的十一届三中全会后，我们党以极大的政治勇气纠正"文化大革命"的错误，重新确立实事求是的思想路线。党的十八大以来，面对党内存在的思想不纯、政治不纯、组织不纯、作风不纯等突出问题，以习近平同志为核心的党中央坚持全面从严治党，坚持思想从严、监督从严、执纪从严、治吏从严、作风从严、反腐从严，以零容忍态度惩治腐败，取得反腐败斗争压倒性胜利，推动全面从严治党向纵深发展。我们党99年的实践证明，勇于自我革命，坚持真理、修正错误，敢于刮骨疗毒、去腐生肌，是我们党始终充满生机的关键所在。

新时代加强党的建设，必须发扬自我革命精神，勇于直面问题，敢于刀刃向内，坚决清除一切侵蚀党的肌体的病毒，消除一切损害党的先进性和纯洁性的因素，确保党经受住"四大考验"、克服"四种危险"。要把党的政治建设摆在首位，注重提高党员、干部的思想政治素质，将政治标准作为选人用人的首要标准，进一步解决部分党员、干部在政治方向、政治立场、政治原则、政治纪律和政治规矩等方面存在的突出问题；严肃党内政治生活，用好批评和自我批评这一锐利武器，坚决防止和克服形式主义、官僚主义；继续保持艰苦奋斗、戒骄戒躁的作风，发扬时不我待、只争朝夕的精神，履职尽责、担当作为，做新时代的实践者奋进者搏击者，奋力走好新时代的长征路。

加强党的建设，确保党不断增强战胜各种艰难险阻和风险挑战的能力、始终立于不败之地

习近平总书记指出："应对和战胜前进道路上的各种风险和挑战，关键在党。"以不屈不挠的顽强意志、勇往直前的战斗精神，战胜各种艰难险阻和风险挑战，是镌刻在我们党99年奋斗历程中的深深印记。1927年大革命失败后，以毛泽东同志为主要代表的中国共产党人，创造性地开辟农村包围城市、武装夺取政权的革命道路，实现了从大革命失败到土地革命战争兴起的重大转变。"文化大革命"结束后，在党和国家面临向何处去的重大历史关头，党的十一届三中全会作出把党和国家工作中心转移到经济建设上来、实行改革开放的历史性决策。面对1998年的特大洪水、2003年的非典疫情、2008年的汶川特大地震等重大灾害，党中央迅速作出决策部署，全国上下团结奋斗、攻坚克难，夺取了抗灾救灾的伟大胜利。今年以来，面对突如其来的新冠肺炎疫情，在习近平总书记亲自指挥、亲自部署下，全党全军全国各族人民众志成城、团结一心，用3个月左右的时间取得了武汉保卫战、湖北保卫战的决定性成果，疫情防控阻击战取得重大战略成果，复工复产有序展开，充分显示了我国国家制度和国家治理体系的显著优势。我们党99年的实践证明，通过持之以恒加强党的建设，不断提高党的创造力、凝聚力、战斗力，我们党才能以大无畏的英雄气概应对风险挑战、战胜艰难险阻。在危机中崛起、在困难中前行，是我们党先进性的重要体现，让我们党更加坚强有力。

新时代加强党的建设，必须居安思危，增强防范化解重大风险的政治自觉和能力本领。要强化忧患意识，深入观大局、察大势，科学预见形势发展变化和潜在的风险挑战，做到未雨绸缪、防患于未然；努力提高战略思维、历史思维、辩证思维、创新思维、法治思维、底线思维能力，善于从纷繁复杂的矛盾中把握规律；着力提高风险化解能力，善于透过复杂现象抓住本质，找准原因果断施策，整合各方力量有效应对；不断健全风险研判机制，完善风险防控体制机制，深入思考来自国内外的各种风险挑战并做好分析研判、预防应对。我们党有习近平新时代中国特色社会主义思想这一强大思想武器，有中国特色社会主义制度和国家治理体系的显著优势，一定能够战胜前进道路上的各种风险挑战，在复杂多变的国际国内形势中始终立于不败之地。

加强党的建设，确保党始终牢记使命、带领全国人民朝着中华民族伟大复兴的目标奋勇前进

习近平总书记指出："中国共产党一经成立，就把实现共产主义作为党的最高理想和最终目标，义无反顾肩负起实现中华民族伟大复兴的历史使命"。中国共产党是抱有崇高理想、担负光荣使命的马克思主义政党。我们党从成立之日起就围绕自己的历史使命不断加强党的建设。革命战争时期，党的建设紧紧围绕完成新民主主义革命，实现民族独立、人民解放的历史任务来展开。新中国成立后，党的建设紧紧围绕执掌全国政权、适应社会主义建设的需要来加强。改革开放以来，我们党把坚持以经济建设为中心同坚持四项基本原则和改革开放两个基本点统一于发展中国特色社会主义的伟大实践，贯穿于党的建设各方面和全过

程。党的十八大以来，以习近平同志为核心的党中央站在党和国家事业发展全局高度谋划党的建设，努力把党建优势、党建资源、党建成果转化为推进中国特色社会主义事业的强大动力。我们党99年的实践证明，党的建设始终同党的政治路线和中心任务紧密联系在一起，是为党领导的伟大事业服务的。越是事业发展，越要坚持和加强党的领导，越要重视和加强党的建设，越需要党的建设为党领导的伟大事业提供坚强保证。

新时代加强党的建设，必须站在新的历史高度深刻认识党的建设新的伟大工程的战略定位，明确伟大工程是引领伟大斗争、伟大事业，最终实现伟大梦想的根本保证，让伟大工程真正"起决定性作用"。要把不忘初心、牢记使命作为加强党的建设的永恒课题和全体党员、干部的终身课题，不断增强"四个意识"、坚定"四个自信"、做到"两个维护"；坚持不懈锤炼党员、干部忠诚干净担当的政治品格，以"踏平坎坷成大道，斗罢艰险又出发"的顽强意志，围绕中心、服务大局，切实把改革发展稳定各项工作做实做好；一以贯之坚持党要管党、全面从严治党，不断提高党的创造力、凝聚力、战斗力，确保我们党永葆先进性和纯洁性，永远走在时代前列，始终成为中国特色社会主义事业的坚强领导核心。

（资料来源：《人民日报》2020年7月1日10版）

阅读推荐

1. 钟纪言：《把"严"的主基调长期坚持下去》，《求是》2020年第9期。
2. 刘万银：《践行"四个表率"争做"合格党员"》，人民网，2020年6月17日。
3. 王虎学、张梦圆：《全面从严治党是新时代党治国理政的一个鲜明特征》，《先锋》2020年5月刊。

思考题

1. 如何理解"全面从严治党既是政治保障，也是政治引领"？
2. 你认为该如何整治形式主义官僚主义问题？
3. 你给中国共产党70多年来"赶考"的答卷评多少分？为什么？

挖掘经济社会发展的巨大潜力，确保中国稳健前行

专题 ③

新冠肺炎疫情在全球持续蔓延，对世界经济社会造成巨大冲击。做好当前形势下的经济社会工作，必须正确看待我国经济社会发展形势，充分发挥宏观政策、外贸外资、金融稳定协调机制作用，及时出台有力有效的应对措施，增强内生动力，引导市场主体尤其是投资主体增强发展信心，充分发挥它们的积极性、主动性、创造性，挖掘和拓展我国经济社会发展的巨大潜力，努力保持全年经济运行在合理区间。

突如其来的新冠肺炎疫情给我国经济社会发展带来前所未有的冲击，主要经济指标明显下滑。面对严峻形势，在以习近平同志为核心的党中央坚强领导下，各地区各部门统筹推进疫情防控和经济社会发展工作，全国上下众志成城、齐心协力，疫情防控形势持续向好，我国本土疫情传播基本阻断；经济社会大局保持稳定，14亿人的基本民生得到有效保障，应急物资和生活必需品供应充足，关系国计民生的基础产品产量持续增长；复工复产进度明显加快，生产生活秩序逐步恢复。

一、理性看待疫情下的中国经济社会形势

新冠肺炎疫情对中国经济社会的影响主要分为两个阶段：国内疫情的影响和世界疫情的影响。

（一）国内疫情对中国经济社会的影响

得益于高效的全民动员和疫情防控措施，从2020年1月23日武汉"封城"，到4月8日武汉"解封"，不到3个月时间，国内疫情形势就得到了有效控制。因此，国内疫情对中国经济社会的影响主要集中在一季度，其影响主要表现在以下方面。

1. 疫情冲击总体影响较大

2020年一季度，新冠肺炎疫情严重冲击生产生活秩序，对经济运行造成巨大影响，抗击疫情付出了必要的也是不得不付出的代价。初步核算，一季度国内生产总值206504亿元，按可比价格计算，同比下降6.8%。分产业看，第一产业增加值10186亿元，下降3.2%；第二产业增加值73638亿元，下降9.6%；第三产业增加值122680亿元，下降5.2%。

2. 部分传统行业受冲击严重

疫情发生以来，餐饮住宿、市场购物、旅游文化等聚集性、接触式行业受冲击较大，传统消费和产业活动大幅收缩。一季度，住宿和餐饮业、批发和零售业、交通运输仓储和邮政业增加值同比分别下降35.3%、17.8%和14.0%，规模以上汽车制造业增加值同比下降26.0%。

3. 投资活动放缓

在疫情冲击下，受施工天数减少、工程进度偏慢、投资项目所需物资和人员不足等多种因素影响，整体投资明显下滑。一季度，固定资产投资同比下降16.1%。其中，制造业投资下降25.2%，基础设施投资下降19.7%，房地产开发

投资下降 7.7%。

4. 市场消费降低

疫情防控期间，居民线下购物、在外就餐、亲朋聚会、外出旅游、文体娱乐等消费活动大量减少。一季度，社会消费品零售总额同比下降 19.0%，其中商品零售额下降 15.8%，餐饮收入额下降 44.3%；全国居民人均消费支出实际下降 12.5%。

5. 居民就业和增收压力上升

在疫情冲击下，较多企业用工需求减少，部分招聘延迟或取消，就业压力明显加大。一季度，全国城镇新增就业 229 万人，同比少增 95 万人。2 月，全国城镇调查失业率升至 6.2%，比上年同期上升 0.9 个百分点。受多种因素影响，进入劳动力市场的人数有所减少，3 月就业人员比 1 月减少 6% 以上。就业难度加大，加上企业增收困难，居民实际收入出现多年来没有的下降状况。一季度，全国居民人均可支配收入同比实际下降 3.9%，其中城镇和农村居民分别下降 3.9% 和 4.7%。

6. 脱贫攻坚难度加大

截至 2019 年年末，我国还有 551 万农村贫困人口，这仍是一个不小的数量，而且其中多数是深度贫困人口，"三区三州"等深度贫困地区实现"三保障"面临艰巨挑战。尤其是受疫情影响，因疫致贫返贫风险增多，贫困人口增收压力明显加大，贫困人口脱贫难度进一步上升。

知识链接

"三区三州"的"三区"是指西藏自治区和青海、四川、甘肃、云南四省藏区及南疆的和田地区、阿克苏地区、喀什地区、克孜勒苏柯尔克孜自治州四地区。

"三区三州"的"三州"是指四川凉山州、云南怒江州、甘肃临夏州。

"三区三州"是国家层面的深度贫困地区，是国家全面建成小康社会最难啃的"硬骨头"。"三区三州"深度贫困区 80% 以上区域位于青藏高原区，自然条件差、经济基础弱、贫困程度深。

7. 复岗复市尚需努力

随着国内疫情防控成效逐步巩固，各类企业有序复工复产，生产生活秩序加快恢复。但是，受经济循环不畅影响，部分企业还存在复工难达产、生产缺订单、复工未复岗、经营不增收的情况，餐馆、酒店、商场、电影院、旅游景点等服务行业复市进度滞后。3月快速调查显示，被调查企业仍有近两成的就业人员处于在职未上班状态。

8. 外部风险挑战上升

受疫情影响，全球贸易和跨境投资均遭受重创。据国际货币基金组织2020年4月14日预测，2020年世界经济将下降3.0%；世界贸易组织预测，全球货物贸易量将下降12.9%～31.9%；联合国贸易和发展会议预测，全球外商直接投资（FDI）在2020—2021年间将下降30%～40%。受国内外疫情影响，一季度我国外贸外资规模有所下降。1—3月份，我国货物进出口总额（按人民币计）同比下降6.4%，实际使用外资下降10.8%。

（二）世界疫情对中国经济社会的影响

疫情发生前，世界经济形势本不乐观，疫情肆虐更加剧了这种衰退，恶化了我国外部经济环境。再加上世界疫情形势仍然严峻，这种影响持续到什么时候还存在很大不确定性。

1. 外部需求萎缩

由于新冠肺炎传染性很强，各国均通过隔离控制疫情，这种事实上的"大封锁"，让消费、投资、生产及其他经济活动几近停滞，导致世界经济大幅下滑。国际货币基金组织2020年4月14日发布报告，预计2020年全球GDP将萎缩3%，远超2008年国际金融危机引发的0.1%的下滑幅度。

世界经济大衰退，导致我国外部需求崩塌，并将通过贸易、投资等渠道，内溢至国内，加大我国经济下行压力。世界贸易组织预测，2020年世界贸易将下降13%～32%，对此，我国企业现有订单和新增订单均面临巨大不确定性。

2. 影响全球产业链

受疫情冲击最重的日、韩、东南亚、欧洲、北美等地区均是全球制造重地，是全球产业供应网络的心脏和主体，彼此紧密关联，牵一发而动全身。我国经济已深度嵌入世界经济整体中，是全球产业链的重要组成部分，疫情导致的封锁，将影响我国与外部世界在能源、原材料、零部件及其他中间产品等方面的交易。

疫情引发多国对国际产业链断供和外部依赖过度的担忧，再加上各国政治互信缺失，各国纷纷将全球产业链"回迁"摆上议程。白宫国家经济委员会主任库德洛扬言将加大政府补贴促使企业回流。法国总统马克龙称"我们都需要一定的自给自足"。日、德等也均在酝酿政策，推动产业链自主。"去全球化"加剧，国际投资与自由贸易受阻，部分企业或被迫迁出中国，对我国经济不利。

3. 威胁金融稳定

此次疫情带来的后遗症之一，是市场上的天量货币投放和日益积聚的庞大债务，犹如一枚枚地雷，已成为全球经济的巨大隐患。其中，美联储为防止金融市场崩塌，宣布无底线量化宽松，向市场购买资产的范围扩大至垃圾债，其资产负债表快速膨胀，目前已扩大至逾6万亿美元，年底甚至可能升至9万亿美元，占美GDP的40%，可谓在一年之内走完2009年后10年才走完的里程。这些为救急而投放的货币洪流，今后无论是收还是放，都可能引发全球金融巨震。而中国金融行业也将不可避免地受到影响。

（三）理性看待疫情下的中国经济社会形势

虽然疫情对国民经济运行造成了较大冲击，但从主要指标变化的性质及走势看，疫情冲击总体是可控的，而且部分影响也反映了抗击疫情、保护人民群众生命健康需要付出的代价，不会改变我国经济长期向好的基本面，对此要坚定发展信心。

随着疫情得到有效控制，全国开始有序复工复产复市。图为2020年4月23日，工人在陕西汽车控股集团有限公司重卡总装线上工作。

一是疫情并未伤及筋骨，经济秩序加快恢复。此次疫情暴发正值春节，总的看对需求的冲击大于供给，对传统服务业的影响大于工业，对生产能力影响不大。尤其是我国在较短的时间内就组织生产出抗疫所需的大量医疗防护用品，生活必需品和基础物资供应充足，充分展示了强大的物质基础和生产能力，在抗击疫情中发挥了关键的支撑作用。与此同时，复工复产复市扎实推进，经济秩序加快恢复，彰显了中国经济强大的韧劲。

二是超大市场规模优势明显，延迟消费有望部分回补。我国人口总量达到14亿，中等收入群体超过4亿，拥有全球最具成长性的消费市场，巨大的市场规模为我国经济提供了广阔的发展空间和回旋余地，是我国应对内外部风险挑战的重要优势。旅游、文化、体育、健康、养老、教育培训等消费需求不断增加，消费升级发展态势明显。随着国内疫情防控形势持续向好，一系列促消费政策措施效果显现，前期被抑制或延迟的消费可部分回补。

三是转型升级势头不减，新动能扩展新空间。疫情对传统消费和产业造成了较大冲击，但压力之下也蕴含着巨大潜力和机遇。线上消费和智能经济爆发式增长，对冲了部分负面影响，为经济高质量发展开拓了新空间。大数据、云计算、智能制造、数字经济展现出强大潜力和良好发展势头，助力传统产业转型发展。

四是政策对冲效果显现，经济大盘基本稳定。疫情暴发以来，党中央统筹推进疫情防控和经济社会发展工作，加大宏观政策对冲力度，制定出台了一系列含金量较高的政策举措，着力稳住经济基本盘。积极的财政政策更加突出民生支出和减税降费。一季度，卫生健康支出、住房保障支出、社会保障和就业支出分别增长22.7%、13.9%和2.5%。阶段性加大减税降费力度，助力小微企业生存发展。各项阶段性减免政策举措预计可减轻企业负担8000亿元以上。稳健的货币政策更加注重支持实体经济发展。金融机构实施再贷款再贴现政策，定向降准降息，支持疫情防控物资保供、农业和企业复工复产复市。

相关链接：

多数行业恢复增长，释放积极信号

在常态化下，要坚决贯彻落实党中央、国务院决策部署，进一步统筹做好推进疫情防控和经济社会发展工作，加大力度落实复工复产复市复业政策，着力保障和改善民生，坚持在常态化疫情防控中加快推进生产生活秩序全面恢复，确保实现决胜全面建成小康社会、决战脱贫攻坚目标任务。

二、做好较长时间应对外部环境变化的准备

坚持底线思维、增强忧患意识，是我们党治国理政的一条重要经验。当前，全国疫情防控阻击战取得重大战略成果，复工复产取得重要进展，经济社会运行秩序加快恢复。但国际疫情严峻复杂、世界经济下行风险加剧，我国发展所面对的不稳定不确定因素显著增多。习近平总书记指出："我们要坚持底线思维，做好较长时间应对外部环境变化的思想准备和工作准备。"深刻理解这一重要论断，对于统筹推进疫情防控和经济社会发展工作，确保实现决胜全面建成小康社会、决战脱贫攻坚目标任务，具有重大意义。

（一）应对外部环境变化需要坚持底线思维

越到重大关头，越要坚持底线思维，做到有备无患、把握主动。坚持底线思维是应对危机之道，也是把握主动之道。只有坚持底线思维，从最坏处着眼，做最充分的准备，朝好的方向努力，争取最好的结果，才能有效应对新冠肺炎疫情蔓延造成的复杂外部环境。形势决定任务，行动决定成效。习近平总书记强调底线思维，就是要求广大党员、干部时刻保持清醒头脑，增强忧患意识，统筹推进疫情防控和经济社会发展工作，确保完成决战决胜脱贫攻坚目标任务，全面建成

小康社会。当前，保持疫情防控成果、防止疫情反弹的任务繁重，我们必须倍加珍惜来之不易的防控成绩，巩固防控战果，绷紧疫情防控这根弦，抓紧抓实抓细常态化疫情防控，守住疫情防控底线，把握工作重点和方向，做好"六稳"工作，着力保居民就业、保基本民生、保市场主体、保粮食能源安全、保产业链供应链稳定、保基层运转，稳住经济基本盘，促进经济恢复增长，推动高质量发展。

（二）做好较长时间应对外部环境变化的思想准备

在全球格局深刻变化、世界经济下行风险加剧、国内发展面临前所未有冲击和挑战的背景下，统筹推进疫情防控和经济社会发展工作，必须充分估计困难、风险和不确定性，切实增强紧迫感，统筹兼顾、长短结合，做好应对外部环境变化的思想准备。一是做好和外部较大风险长期相处的思想准备。新冠肺炎疫情带来前所未有的经济社会风险，应对好这些风险不可能一蹴而就，防范化解风险需要较长时间。我们要增强忧患意识、风险意识，既有防范风险的先手，也有应对和化解风险挑战的高招。二是做好从磨难中奋起的思想准备。事物是曲折发展的，任何伟大的事业都不会一帆风顺。中华民族伟大复兴，绝不是轻轻松松、敲锣打鼓就能实现的。习近平总书记指出："中华民族历史上经历过很多磨难，但从来没有被压垮过，而是愈挫愈勇，不断在磨难中成长、从磨难中奋起。"应对外部环境变化，必须准备付出更为艰苦的努力。三是坚定信心、增强自信。习近平总书记指出："要坚定信心，看到我国经济长期向好的基本面没有变，疫情的冲击只是短期的，不要被问题和困难吓倒。"我国经济虽然遭到疫情冲击，但我国市场规模大、成长快、潜力足，产业基础好、配套能力强、劳动力充裕，经济体量大、资本实力强、内生动力足，这些支撑我国经济长期向好的基本条件和基本因素没有变。我国在比较短的时间内控制住疫情，为恢复经济增长创造了条件。

（三）做好较长时间应对外部环境变化的工作准备

应对好新冠肺炎疫情带来的风险和挑战，根本动力在国内，基本原则是着眼长远、守好底线。只有坚持底线思维，守好最关键的底线，集中精力把自己的事情办好，我们才能立于不败之地，推动中国发展的航船继续扬帆远航、行稳致远。一是做好我们自己的事情。越是外部不确定性增多，越要把握好自己手上的确定性。短期看，需要做好复工复产达产工作，培育新的经济增长点，在扩大国内消费、提升产品质量、恢复产业链条等方面出实招，助力经济社会秩序全面恢复正常。长远看，需要把拥有14亿人口、世界上最大中等收入群体的国内市场潜力更积极地释放出来；在完善供应链、弥补科技短板上，采取更加有效管用的措施。二是推进国家治理体系和治理能力现代化。不失时机推动改革，加快各方面体制机制建设，特别是在加强市域社会治理、完善重大疫情防控体制机制、健全国家公共卫生应急管理体系等方面深化改革，提高应对风险挑战冲击的能力，加快国家治理体系和治理能力现代化进程。三是继续加强国际合作。一方面，同世界各国分享疫情防控经验，为各国疫情防控提供力所能及的支持和帮助，同各国一道共渡难关，充分发挥负责任大国的作用。另一方面，加强宏观经济政策协调、防止世界经济陷入衰退，维护好我国对外开放大局，为构建人类命运共同体作出新的更大贡献。

三、做好经济社会高质量发展的顶层设计

当前，疫情正在全球多点暴发，世界经济前景堪忧，国内受疫情影响，经济增长就业压力上升、企业效益下滑、居民收入增长难度加大，统筹做好疫情防控和经济社会发展工作的任务艰巨繁重。要深入贯彻落实党中央决策部署，在狠抓现有政策措施落地见效的基础上，加大宏观政策调节力度，防止阶段性影响转变为趋势性变化，把稳定经济运行和激发内生动力、促进转型升级结合起来，坚决贯彻落实新发展理念，推动经济社会高质量发展。

一是继续统筹推进疫情防控和经济发展工作，加大逆周期调节力度。当前国内疫情防控已取得阶段性重要成果，但常态化下疫情防控工作任务依然艰巨繁重，特别是国际疫情快速蔓延带来的输入性风险增加，必须坚持底线思维，坚持"两手抓"。一方面毫不放松疫情防控工作，以精准有力的措施巩固疫情防控成果，另一方面分区分级推动企业复工复产。加大逆周期调节力度，积极的财政政策要更加积极有为，稳健的货币政策要更加注重灵活适度。

解决好中小微企业复工复产中面临的融资问题是一个重要的就业和民生问题。辽宁鞍山银行等金融机构通过一系列"春风行动"，为企业复工复产提供金融支持。图为2020年3月9日，在鞍山星奥肉禽有限公司生产车间，工作人员在流水线上分拣鸡腿。

二是着力稳定就业和促进中小企业发展，稳固市场主体的基本盘。要通过失业保险稳岗返还、职业培训补贴等多种渠道，支持企业稳定现有就业岗位，增加灵活就业岗位，做好大学毕业生就业和研究生扩招。加快推进"放管服""互联网+"等改革，为各类创业就业提供便利。中小企业是吸纳就业的主力军，支持促进中小企业发展是稳就业的关键。这次疫情冲击中，中小微企业受损较重，亟须社会各方面大力支持。

三是统筹好国内国际两个大局，稳

定外贸外资和产业链。疫情在全球蔓延，对世界经济和我国发展的影响是深远的，必须从世界格局深刻变化的战略高度看待和谋划应对之策。要继续优化营商环境，放宽外资准入限制，扩大金融等服务业对外开放。创新招商引资方式，抓好标志性重大外资项目落地。加强疫情防控国际合作，维护全球供应链稳定，开拓多元化国际市场。有序推动外贸龙头企业复工复产，保障产业链、供应链畅通运转。

四是按照推动经济高质量发展要求，深化供给侧结构性改革。顺应居民消费升级和产业升级新趋势，加快释放线上消费等新兴消费潜力，积极稳定汽车等传统大宗消费，推动服务消费提质扩容。聚焦短板领域增加有效投资，提升供给质量和产业链水平。加大公共卫生服务、应急物资保障领域投入，加快 5G 网络、数据中心、工业物联网等新型基础设施建设，不断壮大经济发展新动能。继续打好三大攻坚战，防止因疫致贫因疫返贫。

五是切实保障基本民生。要抓好春季农业生产和畜牧业生产，加快恢复生猪生产和供应。千方百计增加居民收入。执行好价格补贴联动机制，做好社会救助帮扶，兜牢民生底线。

四、坚定实施扩大内需战略

2020 年 4 月 17 日召开的中共中央政治局会议强调，坚定实施扩大内需战略，维护经济发展和社会稳定大局。当前，全国疫情防控阻击战取得重大战略成果，但国际上疫情持续蔓延，世界经济衰退风险加剧，不稳定不确定因素显著增多，我国经济发展面临的挑战前所未有。我们既要因时因势完善外防输入、内防反弹各项措施，又要切实增强紧迫感，紧扣全面建成小康社会目标任务，抓实经济社会发展各项工作，落实好扩大内需的各项举措，牢牢把握发展主动权。

（一）扩大内需战略的紧迫性和重要性

1. 扩大内需是应对疫情短期冲击、促进经济回升向好的紧迫要求

随着疫情防控成效不断显现和复工复产加快推进，主要经济指标出现回升态势，工业、服务业、投资、零售和进出口降幅都大幅收窄，就业和物价保持稳定并有所改善，防疫物资供应和生活必需品供应保障有力，基本社会民生保障保持稳定，统筹推进疫情防控和经济社会发展工作取得重大成效。同时，应对经济下行压力和保持经济回升态势的任务依然艰巨。新冠肺炎疫情仍在全球蔓延，疫情防控措施带来的各国经济活动停摆仍在继续，主要经济体普遍陷入严重经济衰退，全球产业链供应链恢复正常运转仍需较长时间。这不可避免会影响我国外

贸进出口，也会影响国内一些行业和企业供应链正常运转，从而加大经济下行压力。但更应看到，经过多年艰苦努力，我国转变经济发展方式和调整优化经济结构已经取得重大进展，经济增长已由以往过度依赖外需转向内需主导，国内需求已经成为经济发展的基本动力。在世界经济滑向衰退、外需可能大幅萎缩和国内复工复产步伐加快、经济活动渐趋正常化的情况下，坚定实施扩大内需战略，加快释放被疫情抑制的居民消费潜力，增加促进产业转型升级、扩大新型基础设施建设和补短板等方面的有效投资，就能巩固经济回升向好势头，努力实现2020年经济社会发展目标任务。

2. 扩大内需是应对外部风险挑战、保持我国经济长期向好发展趋势的战略基点

改革开放以来，我国主动参与经济全球化进程，在不断融入世界经济的同时，也不可避免地受到外部环境的冲击影响。1997年发生亚洲金融危机，面对相关国家和地区货币大幅贬值、金融市场剧烈动荡、经济严重衰退对我国外贸出口、货币稳定和经济增长造成的冲击，我国坚持人民币不贬值，采取增发国债扩大内需、深化国企和金融改革等一系列政策措施，不仅稳住了国内经济金融形势，为经济高速发展和扩大对外开放奠定了基础，而且有力促进了东亚地区金融形势稳定和经济复苏，展现了负责任大国的形象。2008年始于美国的国际金融危机将世界经济拖入衰退的深渊，也给我国经济带来严重冲击。我国及时出台应对国际金融危机冲击的一揽子政策措施，牢牢把握扩大内需这一战略基点，加快转变经济发展方式、调整经济结构，在全球率先实现经济企稳回升。经验表明，扩大内需始终是我们应对外部风险挑战、牢牢把握发展主动权的重要战略。

坚定实施扩大内需战略不仅是当前应对新冠肺炎疫情冲击、尽快恢复经济增长的重要举措，而且是保持我国经济长期平稳健康发展的战略部署。作为世界第二大经济体、第一大工业国和货物贸易国，我国经济的长期发展只能依靠不断扩大内需拉动，不可能主要靠外需。坚定实施扩大内需战略，也是培育发展国内市场、为各国创造更多互利共赢机会、应对一些国家单边主义和保护主义抬头的有效途径。

（二）扩大内需战略的重要内涵

我国有14亿人口，中等收入群体超过4亿，拥有全球最具成长性的消费市场。同时，我国有完备的产业体系和充足的要素供给，正处在新型工业化、信息化、城镇化、农业现代化快速发展阶段，无论是科技创新和产业升级，还是完善基础设施网络、推进新型基础设施建设，抑或促进城乡区域协调发展、加强生态文明建设、补齐社会事业短板，都蕴藏着巨大的投资潜力和需求。只要坚定实施

扩大内需战略，深入理解和把握扩大内需战略的重要内涵，把我国超大规模市场优势和旺盛需求潜力充分激发出来，就能实现经济持续健康发展。

1. 紧紧围绕供给侧结构性改革这条主线

在应对疫情冲击的背景下实施扩大内需战略，必须坚持以供给侧结构性改革为主线，把深化供给侧结构性改革和扩大内需战略有效结合起来，既通过必要的政策支持扩大国内消费和有效投资需求，为企业复工复产达产创造市场需求；又引导企业创新产品、服务和供给模式，更好满足多样化和不断升级的市场需求。全面提高产品和服务质量是提高供给体系质量的中心任务，也是激活消费市场和促进消费结构升级的重要牵引；进一步提高实体经济特别是制造业发展水平是提高供给体系质量的主战场，也是满足居民日益多样化消费需求的有力支撑；提高基础设施网络化智能化水平是提高供给体系质量的基本保障，也是扩大有效投资的重点领域。因此，扩大内需战略既是需求调控举措，更是引导供给体系质量跃升的"力量倍增器"。

2. 善于使用改革的办法

越是经济下行压力大，越是要不失时机推动改革，善于用改革的办法解决发展中的问题。坚定实施扩大内需战略，既要加大财政货币政策力度，统筹运用投资、消费等政策手段，扩大国内需求、稳定经济形势；又要更多使用改革的办法，通过完善要素市场化配置体制机制等举措，激发民间投资、中小企业、新兴产业的发展活力。因此，扩大内需战略不是以往政策的简单复制，而是内生于全面深化改革的综合性举措，是既利当前又利长远的治本之策。

3. 强化产业链和供应链稳定性保障

我国工业体系完备，200多种工业产品产量位居世界第一，是世界唯一拥有联合国产业分类中全部工业门类的国家；粮食安全也有充分保障。我国产业链和供应链的稳定性水平较高，这种优势在应对新冠肺炎疫情过程中表现明显，并将在经济发展中继续发挥不可估量的重要作用。因此，实施扩大内需战略既要在消费、投资等需求侧用力，也要在供给侧用力，推动产业链协同复工复产达产，夯实农业基础地位，促进新兴产业和传统产业、制造业和服务业融合互动发展，加快建设实体经济、科技创新、现代金融、人力资源协同发展的现代产业体系。

4. 以增进人民福祉为根本目的

我国拥有14亿人口，人均GDP已突破1万美元，消费潜力巨大。只有不断增加居民收入、改善消费环境，才能有效扩大国内需求；只有通过扩大国内需求稳定经济增长、做大经济蛋糕，才能使发展成果更多更公平惠及全体人民。因此，实施扩大内需战略既是为了稳增长、转方式，更是为了不断保障和改善民生、增进人民福祉。

相关链接：

不纠结于经济增长具体指标，专注于扩大内需、"六稳""六保"

（三）综合施策、短长结合，扎实有效扩大内需

坚定实施扩大内需战略，要求我们做好"六稳"工作、落实"六保"任务，推动供给和需求有机衔接、消费和投资共同发力、宏观调控政策和改革举措协同联动，培育壮大新的增长点增长极，牢牢把握发展主动权。

1. 以更大的宏观政策力度对冲疫情影响

充分估计困难、风险和不确定性，及时有效实施更大力度的财政货币政策，努力稳定经济增长。积极的财政政策要更加积极有为，通过提高赤字率、发行抗疫特别国债、增加地方政府专项债券、适当增加公共消费等措施，积极发挥财政资金的作用，为扩内需、稳增长提供直接而有力的支持。稳健的货币政策要更加灵活适度，通过降准、降息、再贷款等措施，保持流动性合理充裕，引导贷款市场利率下行，为实体经济提供更多支持。

2. 增强消费对扩大内需的基础性作用

做好复工复产、复商复市，加快恢复正常经济社会秩序。持续保障和改善民生，坚持扶贫力度不减，决战决胜脱贫攻坚。全面强化稳就业举措，实施好就业优先政策，抓好高校毕业生等重点人群和重点行业就业。织密社会保障网，做好低保工作，及时发放价格临时补贴。培育发展绿色消费、信息消费、智能消费等新产品新业态新模式，大力推动线上线下消费融合，积极扩大养老、健康、家政等服务消费，促进消费提档升级。提升消费品质量，优化消费环境。

3. 发挥投资对扩大内需的关键性作用

围绕"补短板"积极扩大有效投资，加快老旧小区改造，推动传统产业改造升级，加强交通、能源、水利、市政等基础设施投资，增加生态保护、环境治理以及相关体系和能力建设方面的投资，继续打好污染防治攻坚战。围绕培育经济发展新动能挖掘投资新热点，加强5G、数据中心等新型基础设施建设，扩大战略性新兴产业投资，梳理实施一批原始创新和重大关键技术攻关项目。

4. 不失时机推动重点专项领域深化改革

深化要素市场化配置改革，通过提高要素配置效率促进经济发展质量提升。

围绕增加低收入群体收入、扩大中等收入群体，完善有利于扩大消费的收入分配制度。深化"放管服"改革，优化管理机制，调动民间投资积极性。健全物资储备制度，有力保障我国粮食安全、能源安全。完善支持"三农"发展的体制机制，抓好农业生产和重要副食品保供稳价，夯实农业基础地位。

五、夺取疫情防控和经济社会发展"双胜利"

习近平总书记在中共中央政治局常务委员会会议上发表重要讲话，再次强调确保实现疫情防控和经济发展"双胜利"的目标任务。总书记的重要讲话是指导我们准确把握经济社会发展态势的科学判断，充分彰显了以人民为中心的发展理念。各级领导干部要坚定信心、再接再厉，在"两手抓"中努力奋力夺取"双胜利"。

（一）夺取"双胜利"的强大经济基础

新中国成立 70 多年来特别是改革开放 40 多年来，党带领人民开拓出了一条为世人瞩目的"中国道路"，我国经济发展取得巨大成就，创造并积累了强大供给能力、适应能力和修复实力，为实现"双胜利"奠定了雄厚的物质基础，这也是夺取"双胜利"的底气和关键所在。

1. 我国经济长期向好的基本面没有改变

新中国成立 70 多年来，特别是改革开放 40 多年来，在中国共产党的坚强领导和中国人民持续不懈的努力下，我国从一个积贫积弱的低收入国家跃升为中上等收入国家。作为世界第二大经济体、制造业第一大国、货物贸易第一大国、外汇储备第一大国，我国正从高速增长向高质量发展转变，从经济大国向经济强国迈进，在世界经济中重要性显著上升。这次抗击疫情，充分展示了我国能够集中力量办大事的体制优势，也充分表明了我国经济是一片大海，不是一个小池塘，能够经受住大风大浪的考验。我国强大的经济实力是安定天下的重要保障，也是维护经济全球化的重要力量。

（1）国民经济持续快速增长，经济总量连上新台阶。1952—2018 年，我国国内生产总值从 679.1 亿元跃升至 90.03 万亿元，实际增长 174 倍。经过艰苦努力，我国综合国力持续提升，2016 年、2017 年和 2018 年三年，经济总量连续跨越 70 万亿、80 万亿和 90 万亿元大关。2019 年全国经济总量接近 100 万亿元，人均 GDP 超过 1 万美元，我国国内生产总值占世界经济的比重超过 16%，稳居世界第二，超过分列世界第三到第五位的日本、德国和英国的总和，与世界第一的美国的差距逐步缩小。近些年来中国对世界经济增长贡献率在 30% 左右，已经成为全球经济的重要引擎，也可以说是全球经济增长的"火车头"。

（2）农业基础地位不断稳固，保障"饭碗"能力日益增强。吃饱肚子是中国老百姓孜孜以求的梦想，但历朝历代都没能圆上这个温饱梦，只有在中国共产党的领导下，中国人才端稳了饭碗。我们用占世界9%的耕地养活了占世界近20%的人口，这是世界农业史上的奇迹。手中有粮，心中不慌。新冠疫情对我国农业也是一次大考和检验，部分地区的农产品产销衔接阶段性受阻，价格波动比较大，但由于我国农业产能稳，国家粮食储备总量充足，口粮完全自给，米面随买随有，市场运行保持了平稳。目前农业企业复工复产有序，2020年粮食和农业有望继续丰收。我国有信心、有能力保障粮食和重要农产品供给，将立足国内确保粮食安全，继续为世界粮食安全作出贡献。

（3）海纳百川的"中国制造"，誉满天下的"基建强国"。我国已经成为世界工业大国、制造业大国，制造业增加值占世界的比重接近30%。2013—2018年，我国高技术产业、装备制造业增加值年均分别增长11.7%和9.5%。我国是目前世界上唯一一个拥有联合国产业分类中全部工业门类的国家，在世界500种主要工业产品中，220种工业产品产量居世界首位，且产业链条非常完备，配套能力强。"世界工厂"锻造出"中国制造""中国创造"的风采。在基础设施方面，全国形成了以铁路为骨干，公路、水运、航空等多种运输方式组成的综合交通运输网络，还有庞大的能源生产、输送网络和发达的信息通信网络，基础设施组成的一张张"大网"高效输送了各种资源和要素。截至2019年年底，我国高铁运营里程突破3.5万千米，约占世界高铁运营总里程的7成。目前，我国高速公路总里程达到15万千米，位居世界第一。我国基础设施的极大改善，为经济快速增长提供了雄厚的物质基础。当前"新基建"的有序展开，将与"老基建"比翼双飞、一道发力，协同推动经济更加稳健发展。

新成果多地开花，"新基建"助推中国抢滩5G时代。

（4）服务业支撑半壁江山，新技术新业态新模式亮点纷呈。服务业大发展是经济增长重要的稳定器。改革开放以来，我国产业结构持续优化升级，服务业逐步快速发展起来。2013年我国服务业在国内生产总值占比首度超过工业，生产性服务业和生活性服务业并行迅猛发展，新技术新业态新模式不断涌现，服务业迸发出前所未有的生机和活力，成为保障就业、稳定经济的重要力量。第三产业占比都已超过半壁江山，成为经济增长的主动力。这次疫情对服务业冲击很大，特别是许多中小微服务业企业面临很多困难，政府采取多种措施精准帮扶，增强中小微服务业企业渡过难关、战胜困难的能力。疫情倒逼推动了许多新产业新业态快速发展，数字经济、在线消费、网络教育、远程问诊等展现巨大潜力，异军突起的快递业，遍布城乡的快递小哥，更加成为经济和社会生活中的新亮点。在防控疫情中，服务业为满足企业复工复产和人民生活需要发挥了重要作用。2020 年 3 月以来服务业多项指标好转，市场信心逐步增强。

（5）疫情的冲击是短期的、总体上是可控的，不会也没有改变我国经济长期向好的基本面。我们有新中国成立 70 多年来积累的丰厚物质技术条件，在强大经济实力的支撑下，能够为我国未来发展奠定坚实基础。我们要坚定信心，发挥好比较优势，努力办好自己的事情。

2. 我国经济韧性好、潜力足、回旋余地大

经济韧性好、潜力足、回旋余地大，是我国大国优势的突出表现。在人口规模上，我国有 14 亿多人口、约 9 亿劳动力、1.7 亿受过高等教育和拥有专业技能的人才，人力资源极为丰富；在空间结构上，我国幅员辽阔、区域差异明显、区域互补性强，中心城市和城市群正在成为承载发展要素的主要空间形式，这种特殊的空间结构，有利于形成规模经济和梯度效应；在资本积累上，我国储蓄率长期保持在 45% 左右的高位，远超发达国家的平均水平，能够为经济发展提供雄厚的资本支撑。所有这些，能够支撑我国经济稳中求进、稳中有进，也能够支撑我国打赢疫情的阻击战，夺取抗击疫情的最后胜利。

（1）经济发展韧性好，具有较强的抵御风险能力。中国特色社会主义制度优势是实现经济持续稳定发展的重要保障。党的领导是中国特色社会主义最本质的特征，是中国特色社会主义制度的最大优势。在党的领导下，我们坚持以经济建设为中心，经济驾驭能力不断提高，经济决策效率和工作执行力不断增强，使我国经济具备了非常强的应对各种风险挑战的能力。我们根据不同时期面临的矛盾和任务，通过改革开放破除了计划体制的束缚，建立了社会主义市场经济体制，不断完善社会主义基本经济制度，解放、发展和保护生产力，有效地释放了改革红利和大国红利，推动了经济的快速发展。在实现经济发展的同时，经济的调整适应能力也在不断增强。党的十八大以来，我国不断深化供给侧结构性改革，加快创新驱动，有效地推动了经济结构特别是产业结构的调整完善，我国已从一个出口大国转变为出口和进口并重的大国，已经从追求高速增长转变为向高质量发展迈进，这些变化极大增强了经济发展的稳定性和弹性，使我们具有较强的应对各种风险的能力。

（2）经济发展潜力足，有平稳增长的广阔空间。我国是一个发展中国家，正从中等收入国家向高收入国家迈进。一是市场资源空间广阔。经过 70 多年的建设，我国形成了其他国家无可比拟的庞大市场空间，或者称超大规模市场，动辄

数以亿计的市场资源和空间，是参与全球经济竞争的重要优势。二是巨大的内需潜力还有待释放。我国有全球最大的消费市场，消费拉动经济增长的作用越发明显，2019年我国最终消费支出贡献率为57.8%，比资本形成总额高26.6个百分点。社会消费品零售总额达41.1万亿元，比上年增长8.0%，规模首次突破40万亿元。投资是我国稳定经济运行的重要抓手，也是当前"六稳"之一，从中央到地方都非常重视，统筹"老基建"与"新基建"，努力发挥好有效投资在稳增长中的关键作用。三是新的经济活力更加充沛。多年来我国坚定不移实施科教兴国战略和创新驱动发展战略，依靠社会主义市场经济条件下集中力量办大事的新型举国体制，科学技术领域取得重大成就。根据世界知识产权组织发布的全球创新指数报告，2019年中国创新能力居全球第14位，排名连续4年上升。依靠新技术推动的各种新业态、新模式、新平台，如雨后春笋生长开来，亮点纷呈，不断推动我国经济释放出巨大的潜力。

（3）经济发展回旋余地大，具有战略纵深。大国经济的一个特点就是互补性强，"东方不亮西方亮"，由此也给宏观调控发挥作用创造了条件。一是我国发展空间大。我国幅员辽阔，国土面积960多万平方千米，地区发展梯度明显，有助于产业的梯次配置和产业链供应链的衔接。随着一系列重大区域发展战略的有效实施和区域协调发展的深入推进，粤港澳大湾区、长三角、京津冀、成渝经济圈等区域将不断拓展发展空间，进一步释放发展潜力，加快培育新的增长极。其他地区伴随着自身的发展和产业的梯度转移，也将不断迎来经济发展的新机遇。二是宏观调控余地大。我国政策体系完整、宏观调控有力。党的十八大以来，在实践中形成了以新发展理念为指导、以供给侧结构性改革为主线的政策体系。坚持宏观政策要稳、微观政策要活、社会政策要托底的政策框架，强调要稳中有进、积极进取，坚持问题导向、目标导向、结果导向，在深化供给侧结构性改革上持续用力，确保经济实现量的合理增长和质的稳步提升。

这次疫情短期冲击很大，给我国经济社会发展带来了不小的困难。但从中长期来看，并没有改变我国经济增长的内在动力和基本态势。我们要抓住疫情的倒逼机制，加速我国转变发展方式、优化经济结构、转换增长动力的步伐。我国经济韧性好、潜力足、回旋余地大的优势还在集聚中，有条件把这些优势逐步发挥出来。

相关链接：

化"疫"为机，中国经济展现出强大韧性与弹性

（二）要有夺取"双胜利"的坚定信心

这次新冠肺炎疫情是新中国成立以来在我国发生的传播速度最快、感染范围最广、防控难度最大的一次重大突发公共卫生事件，我国经济发展面临着前所未有之挑战，必须充分估计困难、风险和不确定性，切实增强紧迫感，抓实经济社会发展各项工作。在疫情防控常态化前提下，坚持稳中求进工作总基调，坚持新发展理念，坚持以供给侧结构性改革为主线，坚持以改革开放为动力推动高质量发展，坚决打好三大攻坚战，加大"六稳"工作力度，保居民就业、保基本民生、保市场主体、保粮食能源安全、保产业链供应链稳定、保基层运转，坚定实施扩大内需战略，维护经济发展和社会稳定大局，确保完成决战决胜脱贫攻坚目标任务，全面建成小康社会。

危和机总是同生并存的，克服了危即是机。突如其来的新冠肺炎疫情给我国经济发展带来了新的挑战，同时也给我国加快科技发展、推动产业优化升级带来了新的机遇。要坚定信心、保持定力，加快转变经济发展方式，把实体经济特别是制造业做实做强做优，推进 5G、物联网、人工智能、工业互联网等新型基建投资，加大交通、水利、能源等领域投资力度，补齐农村基础设施和公共服务短板，着力解决发展不平衡不充分问题。要围绕产业链部署创新链、围绕创新链布局产业链，推动经济高质量发展迈出更大步伐。

要以更大的宏观政策力度对冲疫情影响，积极的财政政策要更加积极有为，稳健的货币政策要更加灵活适度；要积极扩大国内需求，释放消费潜力，积极扩大有效投资；要着力做好保居民就业、保基本民生工作，帮助群众解决就业、社保、医保、就学等方面的实际困难；要坚决打赢脱贫攻坚战，确保贫困人口全部脱贫。要加快落实各项政策，提高中小企业生存和发展能力。要保持我国产业链供应链的稳定性和竞争力，促进产业链协同复工复产达产；要抓好农业生产和重要副食品保供稳价，夯实农业基础。

习近平总书记强调，我国疫情防控和复工复产之所以能够有力推进，根本原因是党的领导和我国社会主义制度的优势发挥了无可比拟的重要作用。发展环境越是严峻复杂，越要坚定不移深化改革，健全各方面制度，完善治理体系，促进制度建设和治理效能更好转化融合，善于运用制度优势应对风险挑战冲击。要不失时机推动改革，善于用改革的办法解决发展中的问题，完善要素市场化配置体制机制。要坚定扩大对外开放，保障国际物流畅通，严把防疫物资出口质量关，推动共建"一带一路"高质量发展。

我们坚信在党的坚强领导下，充分发挥中国特色社会主义制度优势，凭借强大的经济实力和雄厚的物质基础，全国人民一定能够克服困难，夺取疫情防控和经济社会发展的"双胜利"，继续创造新时代的辉煌。

当前形势下国内外宏观经济走势判断

自 2019 年下半年开始，国际货币基金组织、世界银行等国际发展机构已经多次下调今明两年世界各国的增长预期。新冠肺炎疫情在全球蔓延和石油价格的闪崩，导致美国纽约股票市场在 3 月份出现 4 次熔断，和一个月以前的最高点比，道琼斯股票价格指数已经断崖式下滑超过三分之一。在美国股市崩盘的带动下，其他发达国家和发展中国家的股市也纷纷下跌，有的甚至已经下跌了 40% 或更多。

自 2020 年 1 月份以来中国政府应对新冠肺炎疫情采取的一系列举措取得了显著成效，中国的疫情防控形势持续向好，并为世界各国防范新冠肺炎疫情提供了弥足珍贵的经验和时间窗口期，但是绝大多数国家并没有足够重视和采取得力措施。目前疫情的国际传播在迅速加快，多国进入暴发期。世界卫生组织在 3 月 11 日将新冠肺炎正式确认为全球"大流行"疾病。

疫情扩散，影响最大的是像伊朗那样医疗条件较差的发展中国家，但发达国家面临的风险也很大。表面上看，发达国家医疗体系很发达，不过国家动员能力弱，当疫情在某些城市或州县扩散时，集中收治面临巨大挑战，很可能因为缺乏有效治疗和隔离措施而增大疫情全面扩散的风险。

意大利、西班牙已经采取和我国一样的"封城"措施，美国、英国、德国、澳大利亚、加拿大等许多发达国家的城市也已经采取隔离措施，甚至像我国及意大利一样采取"封城"措施。不过，目前新冠病毒尚未研发出有效疫苗，发达国家的隔离措施难以像我国那样有效，并且，治愈后还可能复发，发达国家的新冠疫情有可能延续相当长一段时间，同时也可能一波未平一波又起，在其他发达国家和发展中国家像击鼓传花一样接连集中暴发，给世界各国生产、生活带来巨大的负面影响。

发达国家的经济本来已经走软，新冠疫情带来的隔离或封城措施，对已经在下滑的经济而言更是雪上加霜。美欧日等发达经济体现在的利率已经是零利率或者负利率，除了采用非常规的数量宽松外已经没有多少其他货币政策手段可用，政府财政积累的负债率也已经很高，财政政策的空间很小，美国和其他发达国家出现经济衰退已经是必然。根据摩根大通银行之前发布的预测，2020 年全年美国的增长率可能下滑到 -1.8%，欧元区下滑到 -3.4%，日本下滑到 -1.3%。随着疫情的不断恶化，新的预测越来越悲观，美国圣路易斯联储主席詹姆斯·布拉德认为美国第二季度的失业率可能达到 30%，GDP 可能下降 50%，美国和其他发达国家陷入像 20 世纪 30 年代的经济大萧条已经是一个大概率事件。

目前世界绝大多数国家新冠肺炎疫情正处于上升期或暴发期，我国的疫情则已经基本得到控制。当前我国除了要防控输入病例及和其他国家分享防疫的经验外，急需开禁开封，支持企业快速复工复产，利用我国强大的口罩、防护服、测试盒、呼吸机等防疫必要物资的生产和供应能力出口支援其他国家遏制新冠肺炎疫情。同时，在外销不可避免地受到国外疫情和经济衰退甚至萧条的不利影响而断崖式下降时，我国政府应该利用近几年供给侧结构性改革所创造的有利政策空间，采取积极的货币政策稳定金融体系，增加信贷资金帮助实体企业渡过难关，采用积极的财政政策进行新基础设施建设，并对受到疫情不利影响的低收入和贫困家庭提供必要的生活资助，以扩大内需，维持社会稳定，消除未来经济增长的瓶颈，提升我国经济增长的质量。相信我国有能力在国际经济一片肃杀声中维持合理的增长速度，在世界经济衰退甚至萧条时，仍可以像2008年以来一样，成为全球经济增长和复苏的最主要动力源头。

2008年的国际金融危机引发了全球动荡，导致全球经济进入历时10余年的衰退调整期，深刻地改变了发达国家与发展中国家之间、发达国家内部的力量格局。今年由于新冠肺炎疫情和石油价格闪崩所带来的经济下滑压力和不确定性，已经触发了发达国家由长达10多年的宽松货币政策支撑起来的股市崩盘，往前看，很有可能演变成一场全球性的经济危机。我国只要应对得当，在危机中保持稳定和增长，不仅有利于我国2020年脱贫攻坚等目标的完成，还能以我国的防疫经验和物资帮助其他国家防控疫情，以我国的增长助力其他国家走出衰退或萧条，也将像2008年那场国际金融危机一样，进一步提升我国在国际经济中的比重、地位和影响。

（资料来源：《北京日报》2020年4月13日09版）

阅读推荐

1.《统计局：在疫情冲击下我国经济社会大局保持稳定》，中国财经网，2020年4月17日。

2. 孙学工、王蕴：《充分发挥我国超大规模市场优势和内需潜力》，《经济日报》2020年5月14日11版。

3.《落实"六保"加油干（经济新方位）》，《人民日报》2020年5月21日02版。

思考题

1. 中国经济增速放缓，是否会威胁到国民生活水平提升？
2. 中国经济社会应对风险的底气何在？
3. 你对当前的中国经济社会有没有信心？为什么？

决战决胜脱贫攻坚，确保全面建成小康社会

专题 ④

　　打赢脱贫攻坚战是全面建成小康社会中最为艰巨和复杂的任务之一。当前，我国进入了全面建成小康社会的决胜阶段，扶贫开发进入了啃硬骨头、攻坚拔寨的冲刺期。脱贫攻坚时间紧任务重，而且，经过多年的努力，容易脱贫的地区和人口已经基本脱贫了，剩下的贫困人口大多贫困程度较深，自身发展能力较弱，越往后脱贫攻坚成本越高、难度越大。因此，必须充分认识脱贫攻坚面临的长期性、艰巨性和复杂性，客观分析脱贫攻坚面临的新形势和新挑战，确保坚决打赢这场对如期全面建成小康社会具有决定性意义的脱贫攻坚战。

习近平总书记在决战决胜脱贫攻坚座谈会上指出，到2020年现行标准下的农村贫困人口全部脱贫，是党中央向全国人民作出的郑重承诺，必须如期实现，没有任何退路和弹性。这是一场硬仗，越到最后越要紧绷这根弦，不能停顿、不能大意、不能放松。习近平总书记的重要指示，既是集结号也是冲锋号，发出了决战决胜脱贫攻坚的总攻动员令。我们必须履职尽责、不辱使命，坚决克服新冠肺炎疫情影响，坚决完成脱贫攻坚目标任务，确保贫困地区和贫困群众同全国一道进入全面小康社会。

一、我国脱贫攻坚取得的决定性成就和积累的宝贵经验

新中国成立70多年来，党中央、国务院高度重视减贫扶贫，出台实施了一系列中长期扶贫规划，从救济式扶贫到开发式扶贫再到精准扶贫，探索出一条符合中国国情的农村扶贫开发道路，为全面建成小康社会奠定了坚实基础。特别是党的十八大以来，以习近平同志为核心的党中央把扶贫开发工作纳入"五位一体"总体布局和"四个全面"战略布局，全面打响了脱贫攻坚战，农村贫困人口大幅减少，区域性整体减贫成效明显，贫困群众生活水平大幅提高，贫困地区面貌明显改善，脱贫攻坚取得了决定性的重大成就，同时也积累了宝贵经验，为全球减贫事业作出了重要贡献。

（一）我国脱贫攻坚取得的决定性成就

党的十八大以来，以习近平同志为核心的党中央把贫困人口脱贫作为全面建成小康社会的底线任务和标志性指标，在全国范围全面打响脱贫攻坚战。脱贫攻坚力度之大、规模之广、影响之深，前所未有。经过7年多的不懈努力，脱贫攻坚制度体系全面建立，精准扶贫精准脱贫基本方略深入人心，"扶持谁""谁来扶""怎么扶""如何退"问题基本解决，脱贫攻坚成为全党全社会的思想自觉和统一行动，取得了决定性成就。

第一，脱贫攻坚目标任务接近完成。我国从20世纪80年代开始扶贫，有两个基本情况。一个是以当时的扶贫标准，贫困人口减到3000万左右就减不动了；另一个是戴贫困县帽子的越扶越多。这次脱贫攻坚扭转了这种趋势。贫困人口从2012年年底的9899万人减到2019年年底的551万人，贫困发生率由10.2%降至0.6%，连续7年每年减贫1000万人以上。到2020年5月17日，全国832个贫困县中已有780个宣布摘帽，未摘帽县还有52个，区域性整体贫困基本得到解决。

第二，贫困群众收入水平大幅度提高。我们党坚持开发式扶贫方针，引导和支持所有有劳动能力的贫困人口依靠自己的双手创造美好明天。建档立卡贫困人

口中，90%以上得到了产业扶贫和就业扶贫支持，三分之二以上主要靠外出务工和产业脱贫，工资性收入和生产经营性收入占比上升，转移性收入占比逐年下降，自主脱贫能力稳步提高。2013—2019年，832个贫困县农民人均可支配收入由6079元增加到11567元，年均增长9.7%，比同期全国农民人均可支配收入增幅高2.2个百分点。全国建档立卡贫困户人均纯收入由2015年的3416元增加到2019年的9808元，年均增幅30.2%。贫困群众"两不愁"质量水平明显提升，"三保障"突出问题总体解决。

第三，贫困地区基本生产生活条件明显改善。具备条件的建制村全部通硬化路，村村都有卫生室和村医，10.8万所义务教育薄弱学校的办学条件得到改善，农网供电可靠率达到99%，深度贫困地区贫困村通宽带比例达到98%，960多万贫困人口通过易地扶贫搬迁摆脱了"一方水土养活不了一方人"的困境。贫困地区群众出行难、用电难、上学难、看病难、通信难等长期没有解决的老大难问题普遍解决，义务教育、基本医疗、住房安全有了保障。

让贫困地区的孩子们接受公平而有质量的教育，是阻断贫困代际传递的重要途径。图为2018年3月12日，甘肃省渭源县田家河乡元古堆村小学的老师利用网络开展教学。

第四，贫困地区经济社会发展明显加快。我们党坚持以脱贫攻坚统揽贫困地区经济社会发展全局，贫困地区呈现出新的发展局面。特色产业不断壮大，产业扶贫、电商扶贫、光伏扶贫、旅游扶贫等较快发展，贫困地区经济活力和发展后劲明显增强。通过生态扶贫、易地扶贫搬迁、退耕还林还草等，贫困地区生态环境明显改善，贫困户就业增收渠道明显增多，基本公共服务日益完善。

第五，贫困治理能力明显提升。我们党推进抓党建促脱贫攻坚，贫困地区基层组织得到加强，基层干部通过开展贫困识别、精准帮扶，本领明显提高，巩固了党在农村的执政基础。全国共派出25.5万个驻村工作队，累计选派290多万名县级以上党政机关和国有企事业单位干部到贫困村和软弱涣散村担任第一书记或驻村干部，目前在岗91.8万人，特别是青年干部了解了基层，学会了做群众工作，在实践锻炼中快速成长。在这次新冠肺炎疫情防控中，贫困地区基层干部展现出较强的战斗力，许多驻村工作队拉起来就是防"疫"队、战"疫"队，这同他们经受了这几年脱贫工作历练是分不开的。

第六，中国减贫方案和减贫成就得到国际社会普遍认可。2020年脱贫攻坚任务完成后，我国将有1亿左右贫困人口实现脱贫，提前10年实现联合国2030年可持续发展议程的减贫目标，世界上没有哪一个国家能在这么短的时间内帮助这么多人脱贫，这对中国和世界都具有重大意义。国际社会对中国减贫方案是高度赞扬的。联合国秘书长古特雷斯表示，精准扶贫方略是帮助贫困人口、实现2030年可持续发展议程设定的宏伟目标的唯一途径，中国的经验可以为其他发展中国家提供有益借鉴。在共建"一带一路"国际合作中，许多发展中国家希望分享中国减贫经验。许多国家领导人或国际组织主要负责人都肯定中国减贫成就。

总的来看，我国在脱贫攻坚领域取得了前所未有的成就，彰显了中国共产党领导和我国社会主义制度的政治优势。这些成绩的取得，凝聚了全党全国各族人民的智慧和心血，是广大干部群众扎扎实实干出来的。

（二）我国脱贫攻坚积累的宝贵经验

万物得其本者生。中国的脱贫攻坚是中国共产党领导中国人民积极探索、勇于实践而积累起来的一条具有中国特色的消除贫困、治理贫困道路。中国脱贫攻坚取得决定性成就的实践不仅印证了中国自身选择的脱贫攻坚道路的正确性，而且用无可辩驳的脱贫攻坚事实，进一步坚定了中国特色社会主义的道路自信、理论自信、制度自信和文化自信，同时给世界上那些既希望加快发展又希望保持自身独立性的国家和民族提供了一种崭新的选择，为消除贫困、实现共同富裕贡献了中国经验和中国智慧。

坚持党对脱贫攻坚的全面领导。党的十八大以来，习近平总书记亲自挂帅出征、驰而不息高位推进，走遍全国集中连片特困地区，50多次国内考察40多次涉及扶贫，连续6年新年首次国内考察看扶贫，连续6年召开7次跨省区的脱贫攻坚座谈会，分阶段、分专题部署推进工作，连续4年主持召开会议审定脱贫攻坚成效考核结果。7年多来，习近平总书记把脱贫攻坚作为治国理政的重要内容，作出一系列新决策新部署，提出一系列新思想新观点，为新时代打赢脱贫攻坚战提供了根本遵循和行动指南。22个省区市向党中央立下军令状，中办、国办印发《省级党委和政府扶贫开发工作成效考核办法》。各地建立起脱贫攻坚党政一把手负责制，层层签订脱贫攻坚责任书，层层压实责任，层层传导压力，形成了省市县乡村五级书记一起抓的工作格局。中央明确脱贫攻坚期贫困县县级党政正职要保持稳定。各地发挥好村党组织在脱贫攻坚中的战斗堡垒作用。强化中央统筹、省负总责、市县抓落实的管理机制。中央做好顶层设计，考核省级党委和政府扶贫开发工作成效。省级党委和政府对辖区内脱贫攻坚工作负总责，确保辖区内贫困人口如期全部脱贫、贫困县如期全部摘帽。市（地、州、盟）、县级党委和政府因地制宜，推动脱贫攻坚各项政策措施落地生根。

坚持以人民为中心的发展思想。把脱贫攻坚摆在治国理政的突出位置。党的十八届五中全会审议通过《中共中央关于制定国民经济和社会发展第十三个五年规划的建议》，明确把农村贫困人口脱贫作为全面建成小康社会的基本标志。《中

共中央　国务院关于打赢脱贫攻坚战的决定》《"十三五"脱贫攻坚规划》《关于打赢脱贫攻坚战三年行动的指导意见》等一系列关于脱贫攻坚的决策部署，把脱贫攻坚纳入国家整体发展规划，确保贫困人口和贫困地区同全国一道进入全面小康社会。明确目标任务，确定精准扶贫精准脱贫基本方略；在财政、金融、土地、交通、水利、电力、住房、教育、健康、科技、人才、宣传动员和建档立卡、驻村帮扶、考核评估等方面出台一系列专项政策和超常规举措；建立脱贫攻坚制度体系，为脱贫攻坚提供制度保障。脱贫攻坚任务重的地区党委和政府把脱贫攻坚作为"十三五"期间头等大事和第一民生工程来抓，坚持以脱贫攻坚统揽经济社会发展全局。聚焦"三区三州"等深度贫困地区，落实脱贫攻坚方案，瞄准突出问题和薄弱环节狠抓政策落实。对52个未摘帽贫困县和2707个贫困村实施挂牌督战，啃下最后的硬骨头，确保剩余贫困人口如期脱贫。着力巩固"两不愁三保障"成果，分类施策，防止反弹。

知识链接

2014年年底，国家还有现行标准下贫困人口7017万人，其中包括约1000万生活在"一方水土养不起一方人"地区的建档立卡贫困人口。中央决定对这部分贫困群众在自愿的基础上实行易地扶贫搬迁，搬迁的主要目标是实现"两不愁三保障"，"两不愁"即不愁吃、不愁穿，"三保障"即义务教育、基本医疗、住房安全有保障。习近平总书记指出，到2020年稳定实现农村贫困人口"两不愁三保障"，是贫困人口脱贫的基本要求和核心指标，直接关系攻坚战质量。

坚持精准扶贫方略。精准扶贫是我国打赢脱贫攻坚战的基本方略。精准扶贫是习近平总书记关于扶贫工作重要论述的精髓，是一套内涵丰富、逻辑严密的思想体系，是对传统扶贫开发方式的根本性变革，是国家贫困治理体系现代化的目标方向，是脱贫攻坚目标任务完成的重要制度优势。从哲学基础看，关于扶贫工作重要论述包括实事求是和从实际出发、普遍联系与统筹兼顾、对立统一与重点论等基本哲学理论。从政治基础看，精准扶贫必须坚持中国共产党的坚强领导和发挥社会主义制度集中力量办大事的优势。从主要内容看，关于扶贫工作重要论述是做到"六个精准"、实施"五个一批"、解决"四个问题"的内在逻辑严密的体系。做到扶持对象精准、项目安排精准、资金使用精准、措施到户精准、因村派人精准、脱贫成效精准"六个精准"，是精准扶贫的基本要求；实施"五个一批"是指发展生产脱贫一批、易地搬迁脱贫一批、生态补偿脱贫一批、发展教育脱贫一批、社会保障兜底一批，是精准扶贫的实现途径；解决好扶持谁、谁来扶、怎么扶、如何退"四个问题"，是精准扶贫的关键环节；推进国家贫困治理体系和治理能力现代化，是精准扶贫的主要目标。精准扶贫精准脱贫方略是一项系统工程，由核心内容、实现路径、根本要求、保障体系和落实行动等相互作用、相互促进的子系统耦合而成、具有内在逻辑关联的贫困治理体系。

坚持完善大扶贫格局。充分发挥政府在脱贫攻坚中的主体和主导作用，这是大扶贫格局的核心和基础。一是做好顶层设计，把脱贫攻坚纳入国家总体发展战略，制定国家专项规划。二是通过安排并不断加大财政专项扶贫资金投入实现政府主导。如2015—2019年，中央财政补助地方资金规模达到4304.75亿元（2015年460.95亿元，2016年660.95亿元，2017年860.95亿元，2018年1060.95亿元，2019年1260.95亿元），连续4年保持每年200亿元增量。2016—2018年，全国832个贫困县实际整合资金规模超过9000亿元。三是聚焦深度贫困地区脱贫攻坚。四是统筹加大专项扶贫和行业扶贫的力度。不断丰富发展的中国特色社会扶贫体系，逐步成为我国大扶贫格局的重要一极。党的十八大以来，中国特色社会扶贫体系不断丰富发展，顶层设计持续优化，社会扶贫领域的相关制度安排逐渐完善。政府主导为社会扶贫奠定了基础，广泛动员为社会扶贫提供了动力，创新发展激发了社会扶贫的活力，发挥优势提升了社会扶贫的实效。

坚持激发脱贫内生动力。始终把激发内生动力作为扶贫脱贫的根本目标。把内生动力激发、提升、培育作为精准扶贫、精准脱贫的重要内容和根本目标，以实现贫困地区贫困人口内源式发展。始终尊重贫困群众脱贫攻坚的主体地位。采取系统性措施，从理念到落实，让贫困群众在项目选择、设计、实施、管理、监督、验收、后续管理全过程每一个环节发挥主体作用，强化贫困群众的主体意识和拥有感，最大程度提升贫困群众在脱贫攻坚中的获得感。始终多措并举激发内生动力，坚持外部帮扶与内生动力结合。形成正向引导激励机制，加强教育宣传，改变外在帮扶方式，把扶贫脱贫和贫困群众的自我发展能力建设有机结合起来。注重贫困地区基层干部的能力建设和素质培养。

坚持较真碰硬考核评估。一是完善考核评估的制度框架。丰富考核评估基本方法，形成纵向到底、横向到边的脱贫攻坚考核评估体系，包括省级党委和政府扶贫开发工作成效的考核、东西部扶贫协作成效的考核、中央单位定点扶贫成效的考核、贫困县扶贫脱贫成效的考核。开展实地考核、平时掌握情况的梳理、综合评价分析共同组成考核评估方法。二是综合运用考核成果。经党中央、国务院同意，对综合评价好的省份通报表扬，并在中央财政专项扶贫资金分配上给予奖励；对综合评价较差且发现突出问题的省份，党中央、国务院授权国务院扶贫开发领导小组约谈党政主要负责人；对综合评价一般或发现某些方面问题突出的省份，约谈省分管负责人。三是建设完备的监督体系。监督体系由国务院扶贫开发领导小组组织的督查和巡查、民主党派监督和社会监督三个方面组成。发挥民主党派监督的作用，扶贫部门加强与审计、财政等部门和媒体、社会等监督力量的全方位合作，畅通群众反映问题渠道，接受全社会监督。

相关链接：

一分部署 九分落实丨战"贫"记

二、高度重视打赢脱贫攻坚战面临的困难和挑战

"其作始也简，其将毕也必巨。"越到最后关头，脱贫攻坚工作越是艰苦卓绝，收官之年又遭遇新冠肺炎疫情影响，各项工作任务更重、要求更高、难度更大，因此，必须高度重视打赢脱贫攻坚战面临的困难与挑战。

剩余脱贫攻坚任务艰巨。截至2020年2月底，全国还有52个贫困县未摘帽、2707个贫困村未出列、建档立卡贫困人口未全部脱贫，主要集中在"三区三州"等深度贫困地区。虽然同过去相比总量不大，但这些地区自然条件恶劣、贫困程度深、致贫原因复杂，是贫中之贫、困中之困，是最难啃的硬骨头。

巩固脱贫成果难度很大。已脱贫的地区，有的产业基础比较薄弱，有的产业项目同质化严重；已脱贫的人口中，有的就业不够稳定，有的政策性收入占比过高，此外还有近200万人存在返贫风险；边缘人口中，有近300万人存在致贫风险；全国易地扶贫搬迁近1000万贫困人口，也还需做好后续扶持工作。

脱贫攻坚工作需要加强。随着越来越多贫困人口脱贫、贫困县摘帽，一些地方出现了工作重点转移、投入力度下降、干部精力分散的现象。形式主义、官僚主义屡禁不止，数字脱贫、虚假脱贫仍有发生，个别地区"一发了之""一股了之""一分了之"问题仍未得到有效解决，部分贫困群众发展的内生动力不足。

新冠肺炎疫情带来新的挑战。一是延缓了扶贫项目的建设进度。受疫情影响，一些扶贫项目不能按计划开工，处于停工或开工不足状态，建设进度被延缓。二是影响了贫困劳动力外出就业。疫情防控期间，一些贫困劳动力滞留在家，不能外出务工就业。国际疫情蔓延，出口产业受到较大冲击，而在这些产业就业的人员，不少来自贫困地区以及贫困和低收入家庭。三是对贫困地区的产业发展形成一定冲击。影响较大的主要是鲜活农畜产品销售、休闲农业和旅游业等，其中对贫困地区的旅游业影响最大，导致一些扶贫产业项目效益下滑。四是加大了返贫和致贫风险。在已脱贫人口和贫困边缘人口中，有的增收渠道单一且不稳定，一旦受到疫情冲击，就业和家庭经营收入容易受到较大影响，很容易陷入贫困。

当前，脱贫攻坚政策保障、资金支持和工作力量是充足的，各级干部也积累了丰富经验，只要全党绷紧弦、加把劲，采取有效措施应对脱贫攻坚面临的困难和挑战，坚定不移把党中央决策部署落实好，就完全有条件有能力如期完成脱贫攻坚目标任务。

三、加强和完善党对打赢脱贫攻坚战的领导

党的十八大以来，在以习近平同志为核心的党中央坚强领导下，在全党全国全社会共同努力下，我国脱贫攻坚取得前所未有的成就，充分彰显了中国共产党领导和我国社会主义制度的显著政治优势。当前，脱贫攻坚已进入倒计时，迎来最后的决战时刻。习近平总书记强调："脱贫攻坚越到最后越要加强和改善党的领导。"这是对进一步加强党对脱贫攻坚的领导、高质量完成脱贫攻坚目标任务提出的明确要求。

（一）加强和改善党的领导是打赢脱贫攻坚战的根本保证

习近平总书记指出："脱贫攻坚，加强领导是根本。"加强和改善党的领导，为打赢脱贫攻坚战提供了根本保证。

1. 为打赢脱贫攻坚战提供政治保证

中国共产党领导是中国特色社会主义最本质的特征，是中国特色社会主义制度的最大优势。习近平总书记强调："要顺利推进新时代中国特色社会主义各项事业，必须完善坚持党的领导的体制机制，更好发挥党的领导这一最大优势。"巨大的扶贫成效，充分展现了我们党强大的组织能力和治理能力，体现了党的领导优势。打赢脱贫攻坚战是当前的重大政治任务。我们要从党和国家事业发展全局出发深刻认识打赢脱贫攻坚战的重要性、紧迫性，不断加强和改善党的领导。各级党委和政府要进一步提高政治站位，强化责任担当，保持定力耐力，夯实群众基础，认清脱贫攻坚战面临的困难和挑战，以问题为导向，抓重点、补短板、强弱项，以"不破楼兰终不还"的精神带领群众全力推进工作，确保全面小康路上一个都不能少。

2. 为打赢脱贫攻坚战提供思想保证

思想是行动的先导。回顾历史，人类社会的每一次重大变革、每一个重大进步，都离不开先进思想的引领。习近平总书记关于脱贫攻坚的重要论述，围绕为什么要脱贫、如何脱贫、如何保证脱贫效果等重大理论和实践问题，提出了一系列新思想新观点新论断，为我们打赢脱贫攻坚战提供了根本遵循。当前，我们要把认真学习贯彻习近平总书记关于脱贫攻坚的重要论述引向深入、落到实处，坚持对标看齐、常学常新、真学真用，坚定夺取脱贫攻坚战全面胜利的信心和决心。

3. 为打赢脱贫攻坚战提供组织保证

党的领导体现在党的理论和路线方针政策上，体现在党的执政能力和领导水

平上，同时也体现在党的严密组织体系和强大组织能力上。习近平总书记指出："做好扶贫开发工作，基层是基础。要把扶贫开发同基层组织建设有机结合起来。""真正把基层党组织建设成带领群众脱贫致富的坚强战斗堡垒。"基层党组织能否发挥领导核心作用，直接关系脱贫攻坚的成效。我们要把夯实农村基层党组织同脱贫攻坚有机结合起来，进一步发挥农村基层党组织在打赢脱贫攻坚战中的战斗堡垒作用。

4.为打赢脱贫攻坚战提供作风保证

习近平总书记指出："脱贫攻坚任务能否高质量完成，关键在人，关键在干部队伍作风。"我们要充分认识优良作风对于打赢脱贫攻坚战的重要作用，把监督执纪挺在前面，大力治理脱贫攻坚中的形式主义、官僚主义和腐败行为，对"数字脱贫""盆景脱贫""算账脱贫"等现象采取"零容忍"态度。各级领导干部要发扬求真务实的工作作风，力戒急功近利和虚假政绩心理，在研究制定扶贫政策时大力开展调查研究，以扎实的工作作风推进脱贫攻坚工作。

重庆市酉阳土家族苗族自治县纪委监委紧盯扶贫领域不正之风和腐败问题，组织纪检监察干部深入贫困群众家中，面对面倾听民声。图为该县纪委监委派出第九监察室工作人员在官清乡全家坝村走访村民，收集基层"微腐败"问题线索。

5.为打赢脱贫攻坚战提供制度保证

党在脱贫攻坚中的领导还体现在构建科学完备的制度体系方面。党的十八大以来，我们加强党对脱贫攻坚工作的全面领导，建立起了各负其责、各司其职的责任体系，精准识别、精准脱贫的工作体系，上下联动、统一协调的政策体系，保障资金、强化人力的投入体系，因地制宜、因村因户因人施策的帮扶体系，广泛参与、合力攻坚的社会动员体系，多渠道全方位的监督体系和最严格的考核评估体系。这套制度体系为脱贫攻坚提供了有力制度保障。当前，随着离脱贫攻坚目标实现期限越来越近，我们还要重点做好那些尚未脱贫或因病因伤因疫情返贫群众的脱贫工作，加快完善低保、医保、医疗救助等相关扶持和保障措施，加快建立防止返贫监测和帮扶机制，用制度体系保障贫困群众真脱贫、稳脱贫。

（二）决战脱贫攻坚必须加强和改善党的领导

坚持党对脱贫攻坚的领导，是党的十八大以来我国脱贫攻坚取得决定性成就的重要经验。当前，脱贫攻坚已进入最后总攻阶段，我们要夺取脱贫攻坚战全面胜利，更需要加强和改善党的领导。

1.脱贫攻坚面临的困难和挑战对加强和改善党的领导提出了新要求

疫情防控期间，针对贫困地区出现的农畜牧产品滞销问题，一些地方积极组织产销对接，开展消费扶贫行动，利用互联网拓宽销售渠道，多渠道解决农产品卖难问题。图为2020年3月14日，在广西壮族自治区柳州市三江侗族自治县八江镇布央村，侗族姑娘通过直播平台向网民推介三江茶。

当前，脱贫攻坚取得决定性成就，但也要看到，从决定性成就到全面胜利，面临的困难和挑战依然繁重。主要表现在：剩余脱贫攻坚任务还很艰巨，巩固脱贫成果的难度还很大，部分贫困群众依然存在发展内生动力不足等问题，加之收官之年又遭遇新冠肺炎疫情影响，给贫困人口外出务工、扶贫产品销售、扶贫产业发展、帮扶工作开展带来了极大挑战，脱贫攻坚工作需要进一步加强。脱贫攻坚领域出现的各种困难和挑战，对加强和改善党的领导提出了更高要求。各级党组织必须进一步提高政治站位，扛起脱贫攻坚的政治责任；进一步提升领导水平，不断破解难题，妥善应对挑战；进一步组织精干力量，以更加饱满的精神状态投入脱贫攻坚收官战；进一步完善政策，确保如期完成脱贫攻坚目标任务，确保不反弹、稳得住。

2.高质量完成脱贫攻坚目标任务需要发挥党的领导核心作用

历史经验表明，越是在历史发展的紧要关头，越是在纷繁复杂的形势下，越要加强和改善党的领导，充分发挥党总揽全局、协调各方的领导核心作用。这是我们党带领全国人民战胜各种艰难险阻、不断取得一个又一个胜利的秘诀。脱贫攻坚是一项任务量大、涉及面广的系统工程。高质量完成脱贫攻坚目标任务，需要发挥党总揽全局、协调各方的领导核心作用，既要把方向、谋大局、定政策，也要统筹协调各方力量，精准把握脱贫攻坚战的总趋势，不断提升脱贫攻坚的动员能力和组织协调能力，凝聚起决战决胜脱贫攻坚的强大合力。

3.落实脱贫攻坚责任是对党员领导干部的新考验

推进脱贫攻坚，重在责任落实。为打赢脱贫攻坚战，各省区市都层层签订了脱贫攻坚责任书，立下了军令状。习近平总书记指出："承诺了就要兑现。时间一晃就过去了，上上下下必须把工作抓得很紧很紧。"这对各级党委和政府夯实责任、狠抓落实提出了要求。从总体上看，各级党委和政府贯彻落实中央脱贫攻坚决策部署的情况是好的，但也存在一些不容忽视的问题。比如，一些地方出现了工作重点转移、投入力度下降、干部精力分散的现象；形式主义、官僚主义屡禁不止，数字脱贫、虚假脱贫仍有发生，个别地区"一发了之""一股了之""一分了之"问题仍未得到有效解决。各级党委和政府唯有把责任扛在肩上，层层压实责任，级级传导压力，真正做到责任到人、任务上肩，把各项工作做细做实做好，才能确保中央各项决策部署不折不扣落到实处，最终夺取脱贫攻坚战全面胜利。

（三）加强和改善党的领导需要充分发挥人民群众主体作用

习近平总书记指出："脱贫攻坚是干出来的，靠的是广大干部群众齐心干。"脱贫攻坚原本就是一场硬仗，突如其来的新冠肺炎疫情又给这场硬仗带来了新的挑战。只有把加强和改善党的领导与充分发挥人民群众主体作用有机结合起来，才能汇聚起脱贫攻坚强大合力，打赢脱贫攻坚这场硬仗。

1. 加强思想引导，激发贫困地区脱贫致富的内生动力

脱贫攻坚，思想要先行。摆脱贫困既要摆脱物质的贫困，更要摆脱意识和思路的贫困。在脱贫奔小康的道路上，也有部分贫困群众存在"等靠要"的思想。这就需要我们从思想引导入手，扶贫先扶志，做好贫困地区群众的宣传、教育工作，激发贫困群众主动脱贫的意识，通过党的领导激发贫困地区脱贫致富的内生动力，将党的领导落实到贫困群众的实际行动中。

2. 注重组织动员，发挥群众的积极性主动性创造性

贫困群众是脱贫攻坚的对象，更是脱贫致富的主体。党和政府帮助贫困群众致富，并不等于大包大揽。发动群众积极参与，才是打赢脱贫攻坚战的关键。幸福不会从天降，必须组织群众积极投身到脱贫攻坚中来。地方各级党组织要充分发挥本地优势，在充分尊重群众意愿的基础上，紧紧围绕贫困群众的需求，选择合适的扶贫产业和项目。同时，积极支持贫困群众探索创新扶贫方式方法。

3. 增强"造血"功能，提高贫困地区和贫困群众的自我发展能力

习近平总书记指出，对于贫困地区来说，外力帮扶非常重要，但如果自身不努力、不作为，即使外力帮扶再大，也难以有效发挥作用。外力帮扶不是简单的"输血"，而是要以帮扶为手段来增强贫困地区和贫困群众的"造血"功能，提高贫困群众的自我发展能力。"输血"是基本保障，"造血"才是长久之计。这对党的领导无疑提出新的更高要求，必须因地制宜，充分发挥政治优势和制度优势，落实好各项工作责任制和工作机制。

四、勇于攻坚克难，确保如期实现全面建成小康社会目标任务

当前，我们正在决胜全面建成小康社会。习近平总书记指出："这个时跨本世纪头20年的奋斗历程到了需要一鼓作气向终点线冲刺的历史时刻。"必须充分发挥中国共产党领导和我国社会主义制度的显著政治优势，确保完成决胜全面建成小康社会、决战脱贫攻坚目标任务。

（一）打好深度贫困歼灭战

习近平总书记强调，脱贫攻坚本来就是一场硬仗，而深度贫困地区脱贫攻坚是这场硬仗中的硬仗。必须深刻认识深度贫困地区如期完成脱贫攻坚任务的艰巨性、重要性、紧迫性，采取更加集中的支持、更加有效的举措、更加有力的工作，扎实推进深度贫困地区脱贫攻坚。

深度贫困地区大多集革命老区、民族地区、边疆地区于一体，自然条件、经济社会、民族宗教等问题交织，实现脱贫难度大、任务重。这些地区大多自然条件恶劣，生态环境脆弱，自然灾害多发，建设成本高，施工难度大，提升基础设施和基本公共服务水平的任务仍然很重。这些地区远离区域经济中心，处于经济链条末端，难以和市场有效对接，经济发展长期滞后。这些地区大多长期封闭，社会发育滞后。如云南怒江、四川凉山等地的"直过民族"，实现脱贫和巩固脱贫成果难度很大。

为攻克深度贫困堡垒，习近平总书记于2017年6月在太原主持召开深度贫困地区脱贫攻坚座谈会，作出全面部署，明确新增脱贫攻坚资金主要用于深度贫困地区、新增脱贫攻坚项目主要布局于深度贫困地区、新增脱贫攻坚举措主要集中于深度贫困地区。28个部门出台49个政策文件支持深度贫困地区攻坚，各地统筹整合各类资源向深度贫困地区聚焦。"三区三州"所在6省区编制深度贫困地区脱贫攻坚实施方案并认真组织实施。截至2019年年底，"三区三州"脱贫攻坚实施方案进展顺利，资金到位率超过2018—2020年三年计划的95%，项目完工率超过三年计划的85%，贫困人口由2017年年底的305万人减少到2019年年底的43万人，贫困发生率由14.6%下降到2%，脱贫进度明显加快。

相关链接：

"悬崖村"之路

2020年，要继续聚焦"三区三州"等深度贫困地区，落实脱贫攻坚方案，瞄准突出问题和薄弱环节狠抓政策落实。确保剩余建档立卡贫困人口如期脱贫，对

52 个未摘帽贫困县和 2707 个贫困村实施挂牌督战，国务院扶贫开发领导小组要较真碰硬"督"，各省区市要凝心聚力"战"，啃下最后的硬骨头。要巩固"两不愁三保障"成果，防止反弹。对没有劳动能力的特殊贫困人口要强化社会保障兜底，实现应保尽保。

（二）坚决克服疫情影响

全球性的新冠肺炎疫情，是影响脱贫攻坚的最大不确定性因素。在这种情况下如期完成脱贫攻坚任务，是对我们的大考，更彰显我们的政治优势。我们要认真贯彻决战决胜脱贫攻坚座谈会精神，按照党中央的决策部署，积极转变工作方式，有力有序推进脱贫攻坚工作，努力把疫情造成的损失降到最低限度，把疫情耽误的进度抢回来，确保高质量完成脱贫攻坚目标任务。

建立疫情分析应对机制。扶贫系统每周研究分析疫情对脱贫攻坚的影响，提出针对性措施，会同有关部门出台系列应对支持政策。组织驻村帮扶干部全部到岗，统筹做好疫情防控和脱贫攻坚工作。定期调度脱贫攻坚进度，督促各地抓紧抓实抓细重点工作。

组织贫困劳动力外出务工。国家重大项目建设优先安排贫困劳动力务工，通过东西部扶贫协作机制"点对点"输送返岗，动员东部地区多作贡献，做好稳岗拓岗工作，中西部地区做好组织动员和服务保障工作。支持扶贫龙头企业、扶贫车间加快恢复生产，将以工代赈劳务报酬比例由 10% 提高至 15%，将光伏扶贫村级电站发电收益的 80% 用于设置扶贫公益岗位，开发生态护林员、护路员等岗位，创造就地就近就业机会。

组织贫困户发展生产。指导各地做好春耕备耕工作，加强农资调配和市场供应，不误农时发展扶贫产业。对受疫情影响到期的扶贫小额信贷还款期限延长一年，对新增贷款申请加快办理、及时满足需求。加强贫困村创业致富带头人培育，带动贫困群众发展生产。

组织开展消费扶贫行动。与东部地区和城市"米袋子""菜篮子"工程结合，强化产销对接和电商扶贫，组织中西部地区认定扶贫产品，东部地区和中央单位购买扶贫产品，通过预算单位采购、建立消费扶贫交易市场、各类企业和社会参与销售等多种方式，解决扶贫产品滞销问题。

加快扶贫项目实施。调整完善脱贫攻坚项目库，调整使用扶贫资金，简化流程、提高效率，推进扶贫项目建设，继续改善贫困地区贫困群众的生产生活条件，提升公共服务水平。

支持湖北脱贫攻坚。中央财政扶贫资金和土地政策倾斜支持湖北，组织上海、江苏、浙江、福建、山东、广东 6 省市与湖北开展劳务协作行动，组织东部地区和中央单位采购湖北特色农产品。

（三）多措并举巩固成果

扶贫是一场持续的战斗。已经脱贫的群众可能会因灾、因病、因残、因产业失败和务工不稳等返贫，还有大量处于贫困边缘的人口也可能陷入贫困。返贫不可避免，但要防止发生大面积返贫。自全面打响脱贫攻坚战以来，我们在巩固脱贫成果方面下了很大功夫，采取了不少措施，取得了较好效果。近年来，全国返贫人口逐年大幅减少，2016年返贫68.3万人，2017年返贫20.8万人，2018年返贫5.8万人，2019年返贫5500多人。2020年，在确保剩余建档立卡贫困人口如期脱贫的同时，要把巩固脱贫成果摆到更加重要的位置。

为巩固脱贫成果，坚决打赢脱贫攻坚战，扬州市江都区樊川镇根据建档立卡低收入农户需求及就业意向，有针对性地开展专项技能培训，使低收入农户劳动力拥有一技之长，实现稳定就业、稳定增收、稳定脱贫。图为学员正在接受技能培训。

深化扶志扶智。贫困群众既是脱贫的对象，更是脱贫的主体。无论是当前解决绝对贫困问题，还是未来解决相对贫困问题，都要依靠贫困群众自身努力。对有劳动能力的贫困群众，减少直接发钱发物，引导他们参与扶贫项目，通过发展产业和劳动增收脱贫，防止"政策养懒汉"，对自力更生、主动脱贫的人员，探索给予物质奖励和精神激励。发挥村规民约作用，对陈规陋习、不赡养老人等问题进行有效治理。

建立防止返贫监测和帮扶机制。对退出的贫困县、贫困村和贫困人口，保持现有帮扶政策总体稳定，政策支持和工作力度不减，驻村工作队不撤，深化东西部扶贫协作和中央单位定点扶贫，扶上马送一程。加大产业、就业扶贫力度，帮助贫困人口建立稳定增收渠道。加大易地扶贫搬迁后续扶持力度，重点解决搬迁群众产业、就业、基本公共服务、社区治理、社会融入等问题，确保搬得出、稳得住、有就业、逐步能致富。统筹安排专项扶贫资金支持非贫困县、非贫困村贫困人口脱贫，防止出现死角盲区。对脱贫不稳定户、边缘易致贫户以及因疫情或其他原因收入骤减或支出骤增户加强监测，提前采取针对性的帮扶措施。对有劳动能力的贫困边缘人口，给予扶贫小额贷款贴息、技能培训、扶贫公益岗位等扶贫政策支持。

（四）保持脱贫攻坚政策稳定

收官之年，攻坚政策只能加强，不能减弱，必须在政策调整完善、优化组合、宣传普及等方面下功夫，打通政策落实"最后一公里"，确保政策兑现、群众受益。要加大财政政策支持力度，继续保持各级财政专项扶贫资金适度增长，提高有关奖补标准，强化生产补贴和贴息支持，加强扶贫资金监管，提高资金使用效率和效益。要加大金融政策支持力度，稳妥推进扶贫小额贷款，鼓励金融机构加大对贫困地区信贷投放，不断增强金融助力脱贫攻坚的精准性和有效性。要加大产业政策支持力度，加强对扶贫龙头企业和扶贫农民合作社的扶持，发展壮大集体经济，完善利益联结和风险防范机制，落实扶贫产业收入保险政策，大力支持特色种养、乡村旅游、农村电商等新业态发展，把贫困人口稳定嵌入产业链。要加大就业政策支持力度，强化有组织劳务输出，鼓励企业更多招用贫困地区特别是建档立卡贫困家庭人员，开发扶贫公益性岗位和临时性扶贫特岗，促进贫困劳动力稳就业、稳收入。要加大兜底保障政策力度，严格落实最低生活保障、基本养老保险、贫困残疾人保障、临时救助等政策，进一步织牢贫困人口综合保障网。

（五）多管齐下提高脱贫质量

脱贫既要看数量，更要看质量，必须多管齐下提高脱贫质量，确保脱贫成果经得起历史和人民检验。

坚持脱贫标准。脱贫攻坚解决的是绝对贫困问题，脱贫标准就是贫困人口稳定实现"两不愁三保障"。千百年来绝对贫困问题的核心就是吃不饱、穿不暖，我们在此基础上又增加了"三保障"。攻坚期内要始终坚持这个标准，既不能脱离实际、拔高标准、吊高胃口，更不能虚假脱贫、降低标准、影响成色。

克服松劲懈怠。当前，有的地方脱贫摘帽后对脱贫攻坚的重视程度、工作力度明显减弱，有的资金投入增速下降，有的脱贫人口收入没有增长甚至下降，有的贫困村宣布退出后第一书记和驻村工作队实际不在岗，这种撒摊子、甩包袱、歇歇脚、换频道等现象必须纠正。要严格落实摘帽不摘责任、不摘政策、不摘帮扶、不摘监管的要求，确保脱贫攻坚责任落实、政策落实、工作落实。

加强作风建设。首先要看到，扶贫领域工作作风总体是好的，这几年实现9300多万人脱贫是真刀真枪干出来的，众多扶贫干部付出了汗水、心血乃至生命。同时也要看到，形式主义、官僚主义，数字脱贫、虚假脱贫等问题仍然存在，既影响脱贫攻坚有效推进，又损害党和政府形象。为此，要深入开展扶贫领域腐败和作风问题专项治理，进一步减轻基层负担。持续开展脱贫攻坚干部培训，对新选派的驻村干部和新上任的乡村干部全部轮训一遍，增强精准扶贫精准脱贫工作能力。

（六）严格考核开展普查

要严把退出关，坚决杜绝数字脱贫、虚假脱贫。国务院扶贫开发领导小组要开展督查巡查，加强常态化督促指导，2020年中央将继续开展脱贫攻坚成效考核。从下半年开始，国家要组织开展脱贫攻坚普查，对各地脱贫攻坚成效进行全面检验。这是一件大事。要为党中央适时宣布打赢脱贫攻坚战、全面建成小康社会提供数据支撑，确保经得起历史和人民检验。

（七）接续推进全面脱贫与乡村振兴有效衔接

脱贫摘帽不是终点，而是新生活、新奋斗的起点。要针对主要矛盾的变化，理清工作思路，推动减贫战略和工作体系平稳转型，统筹纳入乡村振兴战略，建立长短结合、标本兼治的体制机制。总的要有利于激发欠发达地区和农村低收入人口发展的内生动力，有利于实施精准帮扶，促进逐步实现共同富裕。有条件的地方，也可以结合实际先做起来，为面上积累经验。

脱贫攻坚是中国共产党人守初心担使命的生动体现，如期打赢脱贫攻坚战是以习近平同志为核心的党中央向全国人民作出的庄严承诺。现在脱贫攻坚已经进入决战倒计时，时间紧迫、任务艰巨。我们要增强责任感、使命感、紧迫感，发扬连续作战的优良作风，全力以赴、只争朝夕、决战决胜，坚决夺取脱贫攻坚战全面胜利，确保全面建成小康社会。

拓展阅读

发展特色产业　拓宽脱贫富民之路

习近平总书记近日在宁夏考察时强调，要加快建立现代农业产业体系、生产体系、经营体系，让宁夏更多特色农产品走向市场。宁夏中卫市将深入学习贯彻落实习近平总书记考察宁夏时的重要讲话精神，统筹推进疫情防控和经济社会发展工作，大力发展现代农业，打造枸杞、硒砂瓜等地方特色农产品品牌，以品牌、品质带动特色产业高质量发展，促进广大农民增收，让更多优质农产品走向市场。

在危机中育新机，于变局中开新局

今年年初，一场突如其来的新冠肺炎疫情，让中卫市枸杞、硒砂瓜等叫得响的农业品牌产业发展遭遇瓶颈，面临前所未有的危机与挑战。

危和机总是同生并存的，克服了危即是机。中卫市审时度势、正视挑战，科学利用和把握危机中蕴藏的机遇，敏锐把握加快科技发展、推动产业化升级带来的各种机遇，利用新技术、新产业、新业态改造提升传统产业，赋予特色产业新的生机活力，大力培育壮大在线消费、电子商务等新兴营销模式，为地方特色产业发展赋予新动能。

在疫情防控常态化条件下，为了让特色农产品成为群众脱贫致富的支柱产业，确保乡亲们持续获益，中卫市围绕硒砂瓜、枸杞、苹果、设施蔬菜等9个品类，特别是重点布局枸杞和硒砂瓜两大优势特色产业，打好枸杞品牌和硒砂瓜品质"两大保卫战"，立足富硒、足硒资源优势，突出区域主导产业，着力优化调整功能农业产业布局，探索建立更加有效、更加长效的利益链接机制，依托电商服务、直播带货等方式，推动特色产业高质量发展，着力提高产业的附加值和综合效益，推进脱贫攻坚和乡村振兴战略有效衔接。

着力于打造优势产业，中宁枸杞远销40多个国家和地区

天下黄河富宁夏，中宁枸杞甲天下。

头茬枸杞六月红。当下，正是中宁头茬枸杞的采摘季。与往年不同的是，不等枸杞采摘晾晒，一批网络主播走进田间地头现场售卖，枸杞鲜果"飘红"网络直播间，远销全国各地。疫情期间，中宁枸杞网上销售额同比增长明显。学习强国平台启用强国商城扶贫助农功能后，中宁枸杞作为第一批宁夏扶贫助农产品上线学习强国积分商城，搭载"数网快车"进入更多粉丝视野，持续"飘红"网络。

中宁枸杞拥有600多年的种植栽培历史，药食同源的独特功效让其享誉天下。近年来，中卫市以中宁为核心产区，稳定种植枸杞35万亩，其相关产品已远销欧美、东南亚、日韩、中东等40多个国家和地区。目前，中宁县枸杞种植面积达20万亩，干果年产量4.1万吨，枸杞产业综合产值102亿元，从事枸杞产业的人员12万人，农民年人均来自枸杞产业的收入达3600元，占全县农民年人均可支配收入的30%左右。

中宁枸杞产业的兴旺，是中卫市特色农业发展的一支标杆。为了打好枸杞品牌保卫战，中卫市着力于统一标准、统一包装、统一指导价格、统筹开发、统筹市场。使用中宁枸杞地方标准、道地中药材认证标准判别、认定中宁枸杞；不断扩大"中宁枸杞"区域公用品牌影响力；引导企业抱团闯市场，实行分级定价销售；鼓励企业向专特精方向发展，打造主打拳头产品；在全国各地设立专营直销店，提升市场占有率。通过建立完善现代农业产业体系、生产体系、经营体系，让中宁枸杞金字招牌更加闪亮。

"撂荒"30万亩压砂地，力保硒砂瓜产业品质品牌

沟壑纵横的中卫环香山地区，海拔普遍在1700米左右，年降水量不足200毫米，蒸发量却在2000毫米以上。干旱少雨的自然条件，常规农作物很难生长。中卫市尊重当地农民的首创精神，发展壮大他们创造的独特旱地压砂种瓜模式，培育了一项"拔穷根"产业——硒砂瓜产业。

最初的几年里，中卫硒砂瓜因个大瓤红、口感好赢得了市场口碑，外地客商纷纷慕名而来，一度形成了"中卫人吃不上自己的硒砂瓜"的火爆场面。蓬勃发展的硒砂瓜产业惠及环香山地区28万群众，带动了物流、务工等服务业快速崛

起，很快发展为群众脱贫致富的支柱产业。截至2019年年底，全市种植硒砂瓜91万亩，年产值逾20亿元，主产区人均年收入过万元。

随着种植面积的扩大，硒砂瓜的品质品牌保护成为一项重要课题。今年，中卫市以壮士断腕的决心，轮休"撂荒"近30万亩压砂地，制定出台相关生产标准和扶持政策，全面推广硒砂瓜干籽催芽点播和自根苗种植技术，压减嫁接苗种植面积，引导瓜农严格管控品种、密度、水肥等关键种植环节，力保"拔穷根"产业品质如初，确保硒砂瓜品牌鲜亮弥新。

举一纲而万目张，解一卷而众篇明。当下，依托电商助农、直播带货等线上销售模式，中宁枸杞、硒砂瓜、富硒苹果、海原牛产业等一批特色产业销售风生水起，正迎来发展新的窗口期，地方特色产业的高质量发展为广大农民致富增收提供了更多渠道和保证。

逆水行舟用力撑，一篙松劲退千寻。2020年是全面建成小康社会和"十三五"规划收官之年，也是实现第一个百年奋斗目标的决胜之年，中卫市将坚定信心、化危为机，迎难而上，以一抓到底的狠劲、一鼓作气的拼劲、一以贯之的韧劲，持续推进地方经济社会各项事业发展，奋力向决战脱贫攻坚、决胜全面小康的目标进发，为继续建设经济繁荣、民族团结、环境优美、人民富裕的美丽新宁夏作出中卫贡献。

（资料来源：《光明日报》2020年6月30日06版）

阅读推荐

1.《跑好全面建成小康社会"最后一公里"》，《求是》2020年第11期。

2.唐任伍：《脱贫攻坚：中国方案、中国经验和中国贡献》，《人民论坛》2020年第2期。

3.聂鑫：《新时代脱贫攻坚的深刻内涵》，《光明日报》2020年5月11日06版。

思考题

1.如何看待我国在脱贫攻坚战中取得的巨大成就？

2."扶贫脱贫，没有终点，只有不断开创的新起点。"应该如何理解这句话？

3.为什么要不断加强和改善党在脱贫攻坚战中的领导？

加强生态文明建设，铺就绿色发展之路

专题 五

"生态兴则文明兴，生态衰则文明衰"，"绿水青山就是金山银山"，"我们要建设的现代化是人与自然和谐共生的现代化"，习近平总书记多次从人类历史发展和中华民族伟大复兴的战略高度和长远角度，提出必须尊重自然、顺应自然、保护自然的生态文明理念，把生态文明建设贯穿于统筹推进"五位一体"总体布局、协调推进"四个全面"战略布局之中，系统地回答了为什么建设生态文明、建设怎样的生态文明、怎样建设生态文明等重大理论与实践问题，形成了习近平生态文明思想。习近平生态文明思想作为推动我国生态文明建设的战略指引和重要遵循，近年来指导生态文明建设不断取得新突破，生态环境治理政策出台的密度、生态环境污染的治理力度、环境质量改善程度与速度为世人所瞩目。

"实践证明，经济发展不能以破坏生态为代价，生态本身就是经济，保护生态就是发展生产力""绿水青山既是自然财富，又是经济财富""坚定不移走生态优先、绿色发展之路""要牢固树立绿水青山就是金山银山的理念"……2020年3月到5月，在浙江，在陕西，在山西，习近平总书记的3次考察，一个鲜明主题贯穿其中：生态优先、绿色发展。"走向生态文明新时代，建设美丽中国，是实现中华民族伟大复兴的中国梦的重要内容。"坚持生态优先、绿色发展决不能松懈，必须保持足够的战略定力。

一、深入学习贯彻习近平生态文明思想

党的十八大以来，习近平总书记站在坚持和发展中国特色社会主义、实现中华民族伟大复兴中国梦的战略高度，亲自谋划部署、亲自指导推动生态文明建设和生态环境保护，发表一系列重要讲话，作出一系列重要指示，形成习近平生态文明思想，指导我国生态文明建设和生态环境保护取得历史性成就、发生历史性变革，开辟了生态文明建设理论和实践的新境界。

（一）习近平生态文明思想的时代意义

习近平生态文明思想是习近平新时代中国特色社会主义思想的重要组成部分，为推进美丽中国建设、实现人与自然和谐共生的现代化提供了根本遵循，具有重大理论意义、历史意义、现实意义和世界意义。

生态文明建设是"五位一体"总体布局、"四个全面"战略布局的重要内容。习近平生态文明思想回答了为什么建设生态文明、建设什么样的生态文明、怎样建设生态文明等重大理论和实践问题，标志着我们党对中国特色社会主义建设和发展规律的认识达到新高度。党的十九大将坚持人与自然和谐共生作为新时代坚持和发展中国特色社会主义的基本方略之一，将建设美丽中国作为全面建设社会主义现代化国家的重要目标。在习近平生态文明思想指引下，社会主义生态文明建设将成为展示中国特色社会主义制度优越性的新窗口。

知识链接

"五位一体"总布局提出于党的十八大，是党在领导人民建设中国特色社会主义的实践中认识不断深化的结果。

怎样建设中国特色社会主义？改革开放初期，邓小平同志提出了"一手抓精神文明，一手抓物质文明"的"两个文明"建设。此后，从党的十六大报告里的经济、政治、文化建设"三位一体"，到党的十七大报告

中提出经济建设、政治建设、文化建设和社会建设的"四位一体"，再到党的十八大报告中的"五位一体"，中国发展的总体布局逐步形成并不断完善。

生态文明建设让"五位一体"的内涵更加丰富、全面。2012年11月17日，习近平在十八届中共中央政治局第一次集体学习中就提到了生态文明建设的重要意义。"随着我国经济社会发展不断深入，生态文明建设地位和作用日益凸显。党的十八大把生态文明建设纳入中国特色社会主义事业总体布局，使生态文明建设的战略地位更加明确，有利于把生态文明建设融入经济建设、政治建设、文化建设、社会建设各方面和全过程。"

生态环境是人类生存与发展的根基。习近平生态文明思想总结人类文明发展规律、自然规律和经济社会发展规律，强调生态兴则文明兴，生态衰则文明衰。环境容量有限，生态系统脆弱，污染重、损失大、风险高的生态环境状况还没有根本扭转，并且独特的地理环境加剧地区间的不平衡，这是我国基本国情的重要内容。如果资源环境问题解决不好，我国发展的空间和后劲就会越来越小。习近平生态文明思想对我国生态文明建设的战略定位、目标任务作出深刻阐述，对生态环境保护应坚持什么、反对什么作出明确回答，贯穿谋求人与自然和谐共生的绿色发展理念，指引我们走出一条生产发展、生活富裕、生态良好的文明发展道路，引领中华民族在实现伟大复兴的征程上阔步前行。

国以民为本。中国特色社会主义进入新时代，我国社会主要矛盾已经转化为人民日益增长的美好生活需要和不平衡不充分的发展之间的矛盾，人民对优美生态环境的需要已成为这一矛盾的重要方面。习近平生态文明思想顺应人民意愿，将生态环境提升到关系党的使命宗旨的重大政治问题、关系民生的重大社会问题的战略高度，对生态文明建设的总体思路、重大原则、方法路径以及当前任务作出科学谋划和部署，为加强生态环境保护、持续改善生态环境质量提供了实践指南。在这一思想指引下，我国生态环境保护从认识到实践发生历史性、转折性、全局性变化，生态环境质量持续改善，人民群众获得感、幸福感、安全感显著增强，一幅青山常在、绿水长流、空气常新的美丽中国画卷正逐步展现在世人面前。

地球是人类赖以生存的唯一家园。面对生态环境挑战，全人类一荣俱荣、一损俱损，必须坚持共谋全球生态文明建设之路。习近平生态文明思想凝结着建设清洁美丽世界的美好愿景，在大国治国理政实践中独树一帜，彰显中国特色、战略眼光和世界价值。在这一思想指引下，我国秉持人类命运共同体理念，坚决维护多边主义，建设性参与全球环境治理，为实现全球可持续发展提供中国智慧、中国方案和中国贡献，将不断提升我国作为全球生态文明建设重要参与者、贡献者、引领者的地位和作用。

（二）习近平生态文明思想的理论内涵

习近平生态文明思想以新视野、新认识、新理念赋予生态文明建设理论新的时代内涵，是党中央在统筹经济社会发展与生态环境保护方面取得的重大理论成果。

深刻阐明人与自然关系，提出坚持人与自然和谐共生的基本方略。马克思主义认为，人靠自然界生活，人类在同自然的互动中生产、生活、发展。习近平总书记指出，人与自然是生命共同体；保护自然就是保护人类，建设生态文明就是造福人类；人类对大自然的伤害最终会伤及人类自身，这是无法抗拒的规律；等等。这些重要论述，丰富和发展了马克思主义关于人与自然关系的思想。新时代推进生态文明建设，必须坚持人与自然和谐共生，尊重自然、顺应自然、保护自然，像保护眼睛一样保护生态环境，像对待生命一样对待生态环境，推动形成人与自然和谐发展的现代化建设新格局。

深刻阐明发展与保护的关系，提出绿水青山就是金山银山的科学理念。绿水青山就是金山银山的理念，深刻阐明了生态环境保护与经济社会发展之间辩证统一的关系，丰富和拓展了马克思主义生产力理论的内涵。进入 2020 年以来，习近平总书记到各地考察和参加首都义务植树活动时，多次强调要牢固树立绿水青山就是金山银山的理念，指出生态本身就是经济、保护生态就是发展生产力；绿水青山既是自然财富，又是经济财富；人不负青山，青山定不负人；等等。这些重要论述，体现了习近平总书记对生态文明建设一以贯之的高度重视。自然生态是有价值的，将自然价值、自然资本转化为经济价值、物质资本，在更高层次上实现发展与保护协同共进，必须不断探索将绿水青山转化为金山银山的路径，改革健全生态产品价值实现机制，使绿水青山持续发挥生态效益和经济社会效益，做到"捧得金山来、留得青山在"。

作为世界上不可多得的城中次生湿地，浙江省杭州市西溪湿地生态资源丰富、自然景观幽雅、文化积淀深厚。随着城市化快速推进，西溪湿地的环境一度恶化，湿地生态功能和生物多样性受到明显损害，水质一度跌至劣Ⅴ类，少数地方甚至鱼虾绝迹。经过多年持续治理，西溪湿地核心区域水质达Ⅱ类水质标准，已成为国家生态文明建设的重要实践基地。图为 2020 年 4 月 1 日，游船行驶在西溪湿地水道上。

深刻阐明环境与民生的关系，提出良好生态环境是最普惠的民生福祉的重大论断。习近平总书记指出，良好生态环境是最公平的公共产品，是最普惠的民生福祉；环境就是民生，青山就是美丽，蓝天也是幸福；发展经济是为了民生，保护生态环境同样也是为了民生；等等。这些重要论述，深化和拓展了民生的内涵，阐明生态环境在民生改善中的重要地位，是对人民群众日益增长的优美生态环境需要的积极回应。这些重要论述指明，坚持以人民为中心的发展思想，就要加快改善生态环境质量，提供更多优质生态产品，让人民群众在天蓝、地绿、水清的环境中生产生活。

深刻阐明自然生态各要素之间的关系，提出山水林田湖草是生命共同体的系统思想。马克思主义认为，自然界是一个具有自组织功能的有机整体。习近平总书记强调，生态是统一的自然系统，是相互依存、紧密联系的有机链条；人的命脉在田，田的命脉在水，水的命脉在山，山的命脉在土，土的命脉在林和草，这个生命共同体是人类生存发展的物质基础。这些重要论述揭示了生态环境的整体性、系统性及其内在发展规律，为推进生态文明建设和生态环境保护提供了基本遵循，要求我们从系统工程和全局角度推进生态环境治理，统筹考虑自然生态各要素、山上山下、地上地下、陆地海洋以及流域上下游和左右岸，进行整体保护、系统修复、综合治理。

（三）习近平生态文明思想的实践要求

习近平生态文明思想为做好生态环境保护工作提供了总方针、总依据和总要求。我们要做习近平生态文明思想的坚定信仰者、忠实践行者、有力推动者，切实用以武装头脑、指导实践、推动工作，把增强"四个意识"、坚定"四个自信"、做到"两个维护"落实到具体行动上。

坚定不移贯彻新发展理念。保持加强生态文明建设的战略定力，处理好发展与保护的关系，在环境效益、经济效益、社会效益等多重目标中寻求动态平衡，以生态环境高水平保护推动经济高质量发展。发挥生态环境保护的倒逼、引导、优化和促进作用，加快形成绿色发展方式和生活方式。统筹推进新冠肺炎疫情防控和经济社会发展、生态环境保护工作，积极主动服务"六稳""六保"，全面落实环评审批与监督执法"两个正面清单"，精准支持企业复工复产，保产业链供应链稳定。推动生态环境保护产业与5G、人工智能、区块链等产业融合，加快形成新业态、新动能，拉动绿色新型基础设施建设。

坚决打好污染防治攻坚战。坚持方向不变、力度不减，突出精准、科学、依法治污，有力有序有效推进污染防治攻坚战各项任务。针对夏秋季和秋冬季分别以臭氧和细颗粒物为首要污染物的污染天气，精准科学实施季节性差异化管控措施，提升空气质量优良天数比率，坚决打赢蓝天保卫战。持续推进长江保护修复、渤海综合治理、水源地保护、城市黑臭水体治理、农业农村污染治理等标志性战役，着力打好碧水保卫战。强化土壤污染管控和修复、固体废物污染防治等工作，扎实推进净土保卫战。加强生态系统保护和修复，加快提升生物安全管理水平。紧盯"一废一库一品"（危险废物、尾矿库、化学品）、核与辐射安全等领域，有效防范和化解生态环境风险。慎终如始做好疫情防控相关环保工作，做到医疗机构及设施环境监管和服务全覆盖，医疗废物、废水及时收集转运和处理处置全落实。

积极推进生态环境治理体系和治理能力现代化。落实生态环境领域相关改革举措，构建源头预防、过程控制、损害赔偿、责任追究的生态环境保护体系。构建党委领导、政府主导、企业主体、社会组织和公众共同参与的现代环境治理体系。构建以排污许可制为核心的固定污染源监管制度体系，落实生态环境损害赔偿制度。推进生态环境法律制度修订，建立生态环境保护综合行政执法体制，强化生态环境行政执法与刑事司法衔接，严厉打击群众反映强烈的生态环境违法犯罪行为。推进现代感知手段和大数据运用，加强生态环境监测、执法、应急等能力建设，不断提高生态环境监管水平。

全面加强党对生态文明建设的领导。持续开展中央生态环境保护例行督察和专项督察，进一步压实生态环境保护"党政同责、一岗双责"，强化地方党委、政府及其有关部门属地主体责任，做到守土有责、守土担责、守土尽责。推动实施中央和国家机关有关部门生态环境保护责任清单，构建齐抓共管、各负其责的大生态环保格局。落实《省（自治区、直辖市）污染防治攻坚战成效考核措施》，将考核结果作为领导班子和领导干部综合考核评价、奖惩任免的重要依据。推动全面从严治党向纵深发展，打造生态环境保护铁军，为生态环境保护事业发展提供坚强组织、作风和纪律保障。

相关链接：

习近平谈保护生态环境的那些"暖心"话

二、生态文明中国之路的实践探索与时代启示

回首新中国生态环境保护事业与生态文明建设，中国共产党人带领全国各族人民风雨同舟、艰苦奋斗，深刻把握人类文明发展规律，不断深化对人与自然关系的科学认识，着眼于中国不同发展阶段社会主要矛盾发展变化的时代背景，在推进中国特色社会主义现代化强国建设的伟大实践中，不断探索出一条不同于西方传统生态治理的创新之路。

（一）生态文明中国之路的实践探索

新中国成立70多年来，中国共产党始终作为我国生态环境保护事业和生态文明建设的领导力量，勇于探索经济社会发展和生态文明建设的内在规律，不断推动经济社会发展与生态环境保护的协同共进，这一伟大探索进程主要经历了以下几个阶段。

1. 发展起步与生态环保事业的开创探索阶段

从 1949 年中华人民共和国成立至 1977 年的这个时期，我国基本实现了 20 世纪五六十年代制定的国家工业化的初期目标，建立起了比较完整的工业体系和国民经济体系，经济总量翻了两番多。这一时期，我国在一穷二白和外有封锁的发展约束下，选择了以重工业优先发展和自力更生为主要目标的发展战略，以劳动力和资源要素的高投入、高消耗所形成的经济增长，推动了国民经济的发展。然而，大规模经济建设导致环境问题突出，工业"三废"带来了不小的生态环境代价。面对贫穷落后亟需发展与生态环境恶化的现实，尤其是看到西方国家因工业化过程中日渐突出的环境公害而在世界范围内兴起的环境保护运动，我国在恢复联合国席位之后，第一次派团参加了 1972 年联合国人类环境会议，代表发展中国家发声，并为联合国《人类环境宣言》贡献了中国智慧，中国自此在全球生态环境建设中一直都是重要的参与者和贡献者。1973 年召开了新中国第一次全国环境保护会议，次年成立了环境保护的政府管理机构，环境保护政策开始成为我国现代化发展中公共政策体系的一个重要内容，由此拉开了中国生态环境保护事业的序幕。

2. 发展转型与生态环境保护法制化制度化体系逐步建立阶段

改革开放极大地解放和发展了生产力，中国特色社会主义事业取得举世瞩目的成就。改革开放以来，我国工业化、城镇化进程突飞猛进，逐步成长为世界第二大经济体、制造业第一大国和货物贸易第一大国，综合国力、社会生产力水平和人民生活水平显著提高。与此同时，资源消耗过大、环境污染及全球气候变化等问题相互叠加，我们进一步认识到生态环境保护工作的重要性和迫切性，环境保护与经济发展相统一的认识逐步促成了"预防为主、防治结合""谁污染、谁治理""强化环境管理"为主的政策体系，环境保护法、森林法、土地管理法、水法、大气污染防治法、城市规划法等专项立法工作与综合性法律的统筹修订进一步加快。随着社会主义市场经济体制的基本建立，基于市场机制的资源环境政策工具逐步丰富，但生态环境保护的制度化建设与转变经济发展方式的过程中，仍存在一些体制性问题和结构性问题，亟需推动经济发展方式由资源要素驱动向创新驱动的根本性转变，实现生产方式消费方式的绿色转型和生态环保体制的变革。

3. 推进绿色发展与深化生态治理体系和治理能力现代化阶段

党的十八大以来，我国经济从高速增长阶段转向高质量发展阶段，经济增长更加依赖于全要素生产率的提高，而非单纯依赖生产要素投入量的增加，促进以绿色低碳循环为特征的经济结构转型迫在眉睫。然而，经济发展方式的转变既不可能一蹴而就，也不可能依赖工业化、城镇化、农业现代化进程自发实现，必须通过发展理念、发展方式、发展目标、发展手段等方面的系统调整，实现对传统发展方式和生态环境治理方式的根本性超越，推进实现生态环境治理体系和治理能力现代化。党的十八大以来，中央在健全自然资源资产产权制度、建立国土空间开发保护制度、建立空间规划体系、完善资源总量管理和全面节约制度、健全资源有偿使用和生态补偿制度等基础制度层面深入推进，在大气、水、土壤、海洋、减灾防灾、防沙治沙等重点领域推进一系列生态环境治理的重大措施，在"三去一降一补"过程中严格执行环保、能耗和质量等相关法律法规和标准，使得我国生态文明建设取得质的突破，为全球生态环境治理作出了中国贡献，展现了引领全球绿色发展和生态文明建设的大国担当。

相关链接：

怎一个美字了得！云游锦绣中华

（二）生态文明中国之路的时代启示

从"利用自然、征服自然、改造自然"，到"人与自然是生命共同体，人类必须敬畏自然、尊重自然、顺应自然、保护自然"，习近平生态文明思想作为马克思主义中国化与现实世情国情相结合的最新理论成果，使我们对人与自然关系的认识发生了飞跃，对人类文明发展规律的认识进入了新境界。

推进生态文明建设，重点是解决生态环境领域突出问题，但归根结底还是要转变经济发展方式和生活方式。因此，必须始终贯彻创新、协调、绿色、开放、共享的发展理念，推动经济发展方式的转变，推进经济发展政策和生态环境政策之间的协同共进。通过供给侧结构性改革，促进绿色低碳循环经济在现代经济发展体系中主导地位的形成，提高资源环境的产出水平和环境承载力，促进人口资源环境的协调发展，实现人与自然和谐共生。

推进生态文明建设，关键还在于以制度体系建设为抓手，推进国家生态环境治理体系和治理能力的现代化。以全面深化改革为根本动力，转变政府职能，正确处理政府与市场的关系，使市场在资源配置中起决定性作用，更好发挥政府作用，有效发挥两者的协调互补功能，让市场准确反映资源稀缺程度和环境损害成本，将资源环境压力转化为技术进步、结构调整和增长方式转变的内在动力。在生态文明建设的治理主体上，形成政府、企业、社会高效参与、协同配合又相互协商监督制衡的治理结构，从而有效协调局部利益、个人利益、短期利益，保障全社会的整体利益、共同利益、长期利益。在国家层面，构建和完善生态文明建设的"四梁八柱"，提升生态环境治理能力；在企业和居民层面，加强激励约束并重的长效机制建设，将资源节约与生态环境保护逐步由末端治理向生产流通消费全过程延伸，促进绿色发展、绿色消费、绿色生活方式的实现。在生态文明建设的治理手段上，综合运用法律、经济、技术和行政等手段，不断丰富和完善基于法治和市场的绿色发展政策工具，优化社会性规制工具和经济性规制工具的结构，发挥市场化手段、自愿性手段与规制型政策工具的协同效应与治理效能，以最小的治理成本发挥最大的治理收益。

三、坚持和完善生态文明制度体系，促进人与自然和谐共生

自然界是人类社会生存发展的基础和前提。人类活动必须尊重自然、顺应自然、保护自然，否则就会遭到大自然的报复。建设生态文明是一场涉及生产方式、生活方式、思维方式和价值观念的革命性变革，必须坚持和完善生态文明制度体系，促进人与自然和谐共生。2019年10月，党的十九届四中全会提出，坚持和完善生态文明制度体系，促进人与自然和谐共生。建立系统完整的生态文明制度体系，打造生态环境保护的制度屏障，为实现"美丽中国"的奋斗目标和中华民族的永续发展提供了重要支撑。

（一）坚持和完善生态文明制度体系的重大意义

1. 推进生态文明建设的本质要求

改革开放40多年来，我国经济快速发展，社会生产力明显提高，人民群众在满足物质生活需要基础上对生态环境提出新需求。党中央提出坚持和完善生态文明制度体系，适应社会主要矛盾变化要求，回应了人民群众对优美生态环境的新期盼。推进生态文明建设，制度是保障。让人民喝上干净的水，呼吸清新的空气，有更好的工作和生活环境，努力建设"望得见山、看得见水、记得住乡愁"的美丽中国，需要建立产权清晰、多元参与、激励约束并重、系统完整的生态文明制度体系，将生态保护和环境治理纳入制度轨道，充分彰显制度权威。

2. 建成社会主义现代化强国的必然选择

推动生态文明建设，完善生态文明制度体系是"五位一体"建设的重要目标之一。生态环境是经济持续发展最为重要的基础。自然界是劳动对象的重要内容，没有良好的生态环境，经济建设就难以持续发展。良好生态环境也为社会建设奠定坚实基础，人民健康水平、公共卫生、安居乐业等社会建设内容无不与生

态环境密切相关。社会主义现代化是人与自然和谐共生的现代化，社会主义现代化强国的表征之一就是实现包括生态文明制度体系在内的国家治理体系和治理能力现代化。建成社会主义现代化强国必须有定型、成熟、有效的生态文明制度，保障生态环境治理工作的科学、持续运转，提升国家生态环境治理能力和治理水平。完善促进人与自然和谐共生的生态文明制度体系有助于推进生态领域国家治理体系和治理能力现代化，加快建成社会主义现代化强国。

3.贡献全球生态环境治理中国智慧的现实需要

人类共有一个家园，保护生态环境是全球面临的共同挑战和共同责任，建设绿色家园是全世界民众的共同夙愿。中国作为世界上最大的发展中国家，在生态文明建设方面作出了巨大努力，取得了显著成就。联合国副秘书长索尔海姆说，全球生态文明建设需要中国智慧，中国的经验可以帮助其他发展中国家跳出先污染再治理的怪圈，在实现经济快速发展的同时保障强劲、可持续的增长。总结提炼中国生态治理的成功经验并上升为生态文明制度体系，可以为世界其他国家解决环境问题贡献中国智慧，使发展中国家搭乘上中国的"绿色快车"，为推动世界绿色发展、维护全球生态安全作出积极贡献。

（二）坚持和完善生态文明制度体系的价值取向

1.秉持"生态兴则文明兴"的价值理念

人类社会发展史归根结底是一部人类与自然、生态与文明的关系史。尊重自然、顺应自然、保护自然，人类文明就能兴盛；反之，人类将遭受到自然的惩罚，文明就要衰落。历史上，作为西亚最早文明的美索不达米亚文明，居民为了耕地而毁灭了森林，渐为沙尘所掩埋而成为不毛之地，教训十分深刻。当今世界，环境污染、生态破坏、资源短缺问题十分普遍，系统性、全球性生态危机十分突出。党的十八大以来，习近平总书记从"生态"与"文明"的战略视角，深化了生态与文明关系的认识，把生态文明建设确立为"千年大计"。因此完善生态文明制度体系要站在文明延续、中华民族永续发展的高度，秉持"生态兴则文明兴"的价值理念，实现制度体系的系统完备、科学规范、运行有效。

2.坚持"以人民为中心"的价值立场

为中国人民谋幸福，为中华民族谋复兴是中国共产党人的初心和使命。党始终将实现好、维护好、发展好最广大人民群众的根本利益作为根本出发点和落脚点。在完善生态文明制度体系过程中必须坚持"以人民为中心"的价值立场。坚持这一立场，一要深入调查研究。要问计于民，善于发现人民群众最关心的环境问题，通过科学制度解决好这些生态文明建设中的"痛点""堵点"。二要坚持群众路线。完善生态文明制度体系要坚持"从群众中来、到群众中去"，在充分听取人民群众意见基础上制定生态文明制度，各项制度在群众实践中不断得到检验和完善，确保人民群众拥有生态文明制度制定的参与权、评判权、话语权，以人民群众的需求判断决策、矫正偏差，坚持生态惠民、生态利民、生态为民。

3. 实现"人与自然和谐共生"的价值目标

人与自然的关系是人类历史亘古不变的话题。中华民族在长期生产实践中孕育了丰富的生态智慧。"天地人和""天人合一""道法自然"等哲学思想体现了人与自然友好平等的观念。随着近代工业文明的兴起，人与自然的关系呈现"主客二分"的特点。人们为了追求生产力的发展，不惜过度开发自然资源，严重破坏生态平衡，最终造成大自然对人类的报复，引发生态危机。马克思科学地阐明了人与自然的关系："自然界，就它自身不是人的身体而言，是人的无机的身体。"中国共产党人在继承马克思主义生态文明思想、弘扬中华优秀生态文化基础上，深化人与自然关系的认识。习近平总书记指出："人因自然而生，人与自然是一种共生关系。"自然是生命之母，人与自然相互依存、相互联系。坚持人与自然和谐共生是新时代坚持和发展中国特色社会主义的基本方略之一，也是完善生态文明制度体系的价值目标。

（三）在坚持和完善生态文明制度体系中促进人与自然和谐共生

1. 实行最严格的生态环境保护制度

为解决企业生产造成的生态破坏、环境污染以及个人不良生活方式造成的资源浪费的问题，一要健全源头预防、过程控制、损害赔偿、责任追究的生态环境保护体系。加强对生态环境的全程保护，建立生产、生活、生态三方综合立体的源头防控，构建事前预防、过程监督和事后追责的生态保护机制。二要完善污染防治区域联动机制和陆海统筹的生态环境治理体系。在尊重行政管理区域独立性与自然生态环境整体性的基础上，科学把握山水林田湖草的共生性、各种污染物的交互作用以及水气土跨界交互污染等客观规律，发挥陆海间、区域间、部门间联动作用，解决生态环境治理过程中不统一、不协调、不一致的问题。三要完善绿色生产和消费的法律制度和政策导向，统筹推进绿色生产和消费领域法律法规工作。全面废除现行法律法规中与绿色发展不相适应的内容，及时调整不符合新时代生态文明建设的条款，完善地方性生态环境保护法律规章制度。完善绿色产业发展支持政策，引导社会资本投入绿色产业发展。

2. 全面建立资源高效利用制度

首先要健全自然资源产权制度。健全自然资源产权体系，推动自然资源所有权与使用权分离，加快构建科学的自然资源产权体系，明确自然资源使用者的具体责任和权利，划清各类自然资源使用权、所有权的边界，形成归属清晰、权责明确、监督有效的基础性生态文明制度。其次要健全资源节约集约循环利用政策体系。实行资源总量管理和全面节约制度。在资源利用过程中，树立节约集约循环利用的资源观，提升人民群众资源节约和生态环境保护意识。落实资源有偿使用制度，采用强制性手段确保自然资源使用者在使用过程中支付相应费用，以确保合理配置自然资源，防止资源浪费现象。

3. 健全生态保护和修复制度

生态文明建设必须考察资源环境的承载能力，这就要求协同推动生态环境保护和修复，促进绿色可持续发展，实现人与自然和谐共生。一是强化自然资源整体保护。运用系统思维方法，统筹山水林田湖草一体化保护和修复，加强长江、黄河等大江大河生态保护和系统治理，维护自然生态系统的良好运转。二是健全国家公园保护制度。科学设置各类自然保护地，确保重要自然生态系统、自然景观和生物多样性得到系统性保护。建立统一规范高效的管理体制，制定自然保护地相关政策和制度，实行全过程统一管理。加强自然保护地生态环境监督考核，强化自然保护地监测、评估、考核、监督，逐步形成一整套体系完备、监管有力的监督管理制度。三是筑牢生态安全屏障。严惩毁林开荒、围湖造田等生态破坏行为，坚持谁破坏、谁赔偿的原则，形成严密高效的制度安排。

相关链接：

国家发改委、自然资源部、国家林草局联合发布生态系统重大工程总体规划

4. 严明生态环境保护责任制度

严格落实生态环境保护考责、履责和追责的环环相扣的制度链条是生态文明建设过程中的关键环节。严明生态环境保护责任制度，一是建立生态文明建设目标评价考核制度。领导干部要树立科学的政绩观。将环境破坏成本、生态资源消耗等一系列反映生态效益的指标纳入考核评价体系。建立体现生态文明要求的目标体系、考核办法、奖惩机制，根据生态环境责任的履行情况对相应主体进行责任追究，加强监管力度。二是落实中央生态环境保护督察制度。设立专职督察机构，对各省、自治区、直辖市党委和政府以及有关中央企业开展例行督察，并根据需要对督察整改情况实施"回头看"。三是落实生态补偿和生态环境损害赔偿制度。建立多元化生态补偿机制，逐步增加对重点生态功能区转移支付，完善生态保护成效与资金分配挂钩的激励约束机制。制定横向生态补偿机制办法，以地方补偿为主，中央财政给予支持。严格实行生态环境损害赔偿制度，健全环境损

害赔偿方面的法律制度、评估方法和实施机制，强化生产者环境保护法律责任，大幅度提高违法成本。

制度的生命力在于执行。党的十八大以来，我国逐步建立起由法律、行政法规、部门规章、地方法规和地方规章、环境标准、环保国际条约等组成的生态环境保护法律法规体系，人与自然和谐共生的制度建设取得明显进展，但现实中还存在制度执行不到位的问题。解决这些问题，需要我们在制度执行和落实上狠下功夫。建立生态文明建设目标评价考核制度，强化环境保护、自然资源管控、节能减排等约束性指标管理，严格落实企业主体责任和政府监管责任。强化生态文明制度的执行力，加强对生态文明制度执行的监督，切实把生态文明制度建设成果更好转化为生态环境治理效能。推进生态环境保护综合行政执法，健全生态环境保护行政执法和刑事司法衔接机制，依法严惩重罚生态环境违法犯罪行为。严格落实领导干部生态文明建设责任制，严格考核问责，牢固树立制度的权威，让完善的制度成为推进生态文明建设的有力保障。

上图为2018年9月，西安市长安区对辖区内东大街道的秦岭违建别墅"群贤别业"进行拆除；下图为2019年7月拍摄的秦岭违建别墅"群贤别业"拆除后建设的秦岭和谐森林公园。

四、保持加强生态文明建设的战略定力

当前，受新冠肺炎疫情冲击和世界经济衰退影响，我国发展面临前所未有的困难挑战。疫情影响下，是否会放松生态环境保护"红线"？在这一特殊时期，习近平总书记先后赴浙江、陕西、山西考察调研，"生态优先、绿色发展"这个鲜明主题贯穿其中。习近平总书记在参加十三届全国人大三次会议内蒙古代表团审议时强调："要保持加强生态文明建设的战略定力。"谆谆叮嘱、语重心长，彰显了党中央推进新时代生态文明建设的意志和信心，也引领全国人民行动起来，朝着全国生态文明建设和经济高质量发展迈出坚定步伐。

保持加强生态文明建设的战略定力，要充分认识到，保护生态就是发展生产力，保护生态和发展经济并非不可调和的一对矛盾。加强生态环境保护，能对产业结构优化升级和发展方式绿色转型起到倒逼作用，助力推动传统和新型基础设

施高质量发展，推动节能环保产业发展壮大。以生态环境高水平保护推动经济高质量发展，才能把绿水青山建得更美，把金山银山做得更大。

保持加强生态文明建设的战略定力，要坚持方向不变、力度不减、标准不降，确保实现污染防治攻坚战阶段性目标，擦亮全面建成小康社会的绿色底色。不能因为遇到困难和挑战，就动摇、松劲、开口子，放松对环境监管和环境准入的要求。与此同时，也要统筹考虑疫情对经济社会发展的影响，把握好推进生态环境保护工作的节奏和力度，提高生态环境治理成效，突出依法、科学、精准治污。

如今，中国生态文明建设进入了快车道，我国生态文明建设进入一个必须紧紧抓住并且可以大有作为的重要战略机遇期。与此同时，放眼全球，展望未来，当今世界正经历百年未有之大变局。随着逆全球化和霸权主义、强权政治抬头，国际社会面临的新课题、新挑战也与日俱增，人类再次站在了历史的十字路口。中国倡导的生态文明建设和世界可持续发展理念、联合国2030年可持续发展议程，对于构建人类命运共同体目标相近、理念相通，有最大利益契合点和最佳合作切入点。我们必须以生态文明制度体系建设增强制度自信，持续保持战略定力，做好全面建设生态文明的大文章，不断推动我国生态文明迈上新台阶、全球生态文明建设行稳致远。

拓展阅读

如何看待当前及未来生态环境保护形势？

当前及"十四五"期间，中国进入新时代中国特色社会主义建设时期，社会经济发展面临新形势、新挑战，生态环境保护既面临难得的历史机遇，也面临更加突出的挑战。

生态环境质量实现总体改善，美丽中国建设提出了更高要求

2020年政府工作报告提出，三大攻坚战取得关键进展，生态环境总体改善。据《2019中国生态环境状况公报》显示，2019年，细颗粒物（PM2.5）未达标地级及以上城市年均浓度比2015年下降23.1%。达到或优于Ⅲ类水体比例比2015年提升8.9个百分点，国控劣Ⅴ类断面比例比2015年下降6.3个百分点，化学需氧量、氨氮、二氧化硫、氮氧化物污染物排放总量累计分别下降11.5%、11.9%、22.5%、16.3%。同时，绿色发展水平明显提升，生态文明建设体制改革顺利推进，形成了一批有效方式方法，解决了一大批突出生态环境问题，全社会生态环保意识显著增强。

面向未来一段时期的生态环境保护要求，党的十九大提出，到2035年生态环境根本好转，美丽中国目标基本实现。美丽中国既是社会主义现代化的诗意表达，同时具有深厚的哲学和科学含义，代表着人与自然在较高发展水平上的协调统一，生态环境根本好转是美丽中国基本建成的前提与重要特征。

当前，我国社会的主要矛盾已经变成了人民日益增长的美好生活需要和不平衡不充分的发展之间的矛盾。社会主要矛盾的变化，决定了既要创造更多物质财富和精神财富以满足人民日益增长的美好生活需要，也要提供更多优质生态产品以满足人民日益增长的优美生态环境需要。这是当前及未来一段时期研判生态环境形势的基本前提和总体要求。

"三个没有根本改变"是当前我国生态环境保护的根本特征

近年来，虽然生态环境取得了明显改善，但是生态环境保护面临的形势依然严峻复杂，正如生态环境部部长黄润秋在今年两会上指出的"三个没有根本改变"，这是当前生态环境保护的根本特征。

一是以重化工为主的产业结构、以煤为主的能源结构、以公路货运为主的运输结构没有根本改变。产业结构调整优化是一个长期的过程，《2019年中国统计年鉴》显示，2018年我国三次产业增加值占GDP比重为7.2∶40.7∶52.2，第二产业比重依旧偏高，与发达国家相比，我国第二产业比重是美国、欧盟、澳大利亚、日本的2.15、1.79、1.62、1.34倍。在能源结构方面，2019年版《BP世界能源统计年鉴》显示，我国是世界上最大的能源消费国、煤炭消费国以及金属矿产消费国，约占全球能源消费量的24%，约占全球煤炭消费量的50%。《中国能源发展报告2020》显示，2019年我国煤炭消费量占全国能源消费总量的57.7%，占比超过一半以上；天然气、水电、核电、风电等清洁能源消费量仅占能源消费总量的23.4%。京津冀区域单位国土面积的煤炭消耗量是美国的40多倍。在运输结构方面，我国运输结构仍以公路货运为主，2019年约占74%。有关数据显示，就单位运量排放主要污染物数据相比，公路货运是铁路货运的13倍。

二是环境污染和生态环境保护的严峻形势没有根本改变。生态环境部日前公布的《2019年全国生态环境质量简况》显示，全国337个地级及以上城市细颗粒物浓度尚未达标，我国环境空气质量达标城市数量仍不足一半，其中京津冀及周边地区"2+26"城市平均优良天数比例仅为53.1%；七大流域中的五大流域（黄河、松花江、淮河、辽河和海河）为轻度污染，开展营养状态监测的107个重要湖泊（水库）中有28%的湖泊（水库）处于轻度或中度富营养状态；全国有32.6%的县域面积生态质量为较差和差。

三是生态环境事件多发频发的高风险态势没有根本改变。在制药、化工、造纸等高风险行业企业集聚的沿江、沿河、沿海区域，水环境受体敏感性高，突发水环境事件风险突出。长江、黄河、珠江等重点流域，大量工业企业沿江河而建，特别是化工园区和重点化工企业环境风险预警体系建设不完善，一旦发生突发环境事件，将对流域水环境造成严重影响，危及饮用水安全。环境风险预警防控体系薄弱，重点流域、重要水源地环境风险预警与防控体系尚不健全，安全生产事件引发的次生环境风险事件也不容忽视。

未来的经济社会发展给生态环境保护带来的压力不容忽视，生态环境保护需久久为功

从国家发展阶段看，到2035年我国将整体进入高收入国家行列，基本实现与社会主义现代化目标相适应的经济发展水平，未来一段时期我国将处于协同推进经济高质量发展、人民生活高品质提升和生态环境高水平保护的协同推进时期。

一是我国社会经济发展正处于从高速度向高质量发展的转换期，全要素生产率有望提升，制约绿色发展方式形成的不利因素犹存且影响程度可能加大。由于GDP基数不断变大，经济增速平稳回落，2019年我国GDP同比增长6.1%，比上年回落0.6个百分点。受疫情影响，今年一季度我国GDP同比下降6.8%。世界银行和国际货币基金组织（IMF）最新预测结果显示，2020年全球GDP分别下降5.2%和3%，我国GDP仍分别增长1%和1.2%。"十四五"期间，经济增速回落一定程度上降低对资源环境的新增需求，减轻生态环境系统性负荷，但部分地区统筹发展和保护的难度加大，对传统产业和粗放发展存在路径依赖，对生态环境保护的重视程度减弱、保护意愿下降、行动要求放松、投入力度减小的风险有所增加。

二是产业、能源、交通等结构调整仍将长期处于胶着期，持续推进经济高质量发展仍需长期努力。据有关机构预测，主要工业产品产量依然处于高位平台期，钢铁、石化、火电等我国传统重工业行业主要产品产量将在2020年左右进入峰值，并保持5～10年左右的峰值平台期。"十四五"时期煤炭消费总量仍将增加，能源消费总量将达到56亿～57亿吨标准煤。2019年铁路货运量比重为9.2%，公路货运比重为73%，以公路货运为主的运输结构没有根本改变，机动车保有量仍将继续增长。

三是科技革命加快推进，科技治污的需求对新技术研发提出更高要求。"十四五"时期，我国有望进入科技红利期，以信息科技为核心的未来网络技术、虚拟现实技术、人工智能技术，无人工厂、无人车间、无人物流、无人售卖将逐步成为常态，对产业结构、社会就业、仓储物流、用户体验等产生革命性影响。以新能源科技为驱动的储能释能技术，以材料科技为支撑的制造技术革命，将全方位革新社会生产、生活、消费等。这既有利于经济社会发展的清洁化、绿色化升级，从根本上改变环境污染特征，同时新技术、新业态也将给生态环境治理带来新手段，有助于持续提升环境治理能力现代化水平。

四是随着城镇化发展深化，社会结构和群体诉求趋于多样，优质生态产品供给水平和需求将不断提升。城镇化仍将是高质量发展的主要推力与标志，中西部地区处于城镇化加速时期，将是城镇化主要动力板块。"十四五"时期，我国60岁以上人口将达到3亿人，超过20%，步入深度老龄化社会。我国人均GDP将达到1.3万~1.4万美元，中等收入群体接近总人口的一半，网民数量超过10亿人，总体进入消费型社会、网络型社会。信息渠道增多，传播方式和表达诉求方式跨入全民"微时代"，社会价值观更趋多元化，社会治理认同度正面临挑战。随着生活方式改变和消费升级，新技术、新业态的发展应用带来新型生态环境问题，快递包装物、电子废弃物、海洋微塑料等问题凸显。

五是国家治理体系与治理能力管理体系、能力机制形成还需要较长磨合期，绿色发展机制还不完善。生态文明建设体制机制改革顶层设计基本完成，相关文件已经出台，但距离各地区、各部门建立完善的机构、强有力的人才队伍，形成有效配套机制与能力，落实各项改革要求，实施有效管理，还需要一定时间。特别是新形势新要求下，生态环境监管能力和环境基础设施领域补短板压力较大，地方在整合组建生态环境保护综合执法队伍等工作中还有较大差距。

总体而言，我国社会经济发展正处于从高速度向高质量发展的转换期，受疫情防控、中美经贸摩擦等因素叠加影响，当前和今后一段时期国内外形势极为复杂严峻。我国工业化、城镇化进入提质发展阶段，新旧动能加快转换，经济增速、产业结构、能源结构、交通运输结构、城镇化发展、社会结构等发生重大变化。但由于"三个没有根本改变"，生态环境保护面临的形势依然严峻，协同推进经济高质量发展和生态环境高水平保护要求更加迫切，生态文明建设和生态环境保护仍处于攻坚克难、负重前行的关键期。

"十四五"期间，应坚定不移地坚持战略思维、系统思维、底线思维，面向美丽中国建设目标，稳中求进、统筹兼顾。从强化绿色发展机制入手，以绿色发展为主线布局产业优化和结构调整，加快形成节约资源和保护环境的空间格局、产业结构、生产方式、生活方式，不断增强生态环境质量改善的内生动力，持续改善生态环境质量，协同推进经济高质量发展、人民生活高品质提升、生态环境高水平保护。

（资料来源：《中国环境报》2020年6月23日03版）

阅读推荐

1. 蒋金法、京方程：《严明生态环境保护责任制度》，《光明日报》2020年6月4日06版。

2.《第二次全国污染源普查公报》，中华人民共和国生态环境部网站，2020年6月9日。

3.《全国重要生态系统保护和修复重大工程总体规划（2021—2035 年）》，中国政府网，2020 年 6 月 12 日。

思考题

1. 如何理解坚持和完善生态文明制度体系在生态文明建设中的重要作用？

2. 党的十八大以来，我国生态文明建设取得了哪些喜人成绩？

3. 作为一名青年大学生，如何在生态文明建设中贡献自己的一份力量？

法治建设的里程碑——《中华人民共和国民法典》

专题 六

法律是治国之重器，良法是善治之前提。以《中华人民共和国民法典》的编纂和颁行为契机，全面推进科学立法、严格执法、公正司法、全民守法，必将为实现"两个一百年"奋斗目标、实现中华民族伟大复兴中国梦提供更加完备的法治保障，为人类法治文明进步贡献中国智慧和中国方案。

"通过!"2020年5月28日下午,中华人民共和国法治建设见证历史性一刻——十三届全国人大三次会议高票表决通过《中华人民共和国民法典》(以下简称"民法典"),宣告中国迈入"民法典时代"。热烈的掌声,在人民大会堂久久回荡。这是新中国成立以来第一部以"法典"命名的法律,是新时代中国特色社会主义制度建设、法治建设的一个重大标志性成果,是坚持人民至上、实现人民对美好生活向往的重要制度保障,对新时代坚持和完善中国特色社会主义制度、推进国家治理体系和治理能力现代化,具有重大而深远的意义。

一、民法典编纂的历史沿革及其诞生的时代背景

回顾人类文明史,编纂法典是具有重要标志意义的法治建设工程,是一个国家走向繁荣强盛、文明进步的象征。编纂一部真正属于中国人民的民法典,是新中国几代人的夙愿。

1950年4月13日,中央人民政府委员会第七次会议通过《中华人民共和国婚姻法》,并于当年5月1日起正式实施,该法是新中国成立后颁布的第一部法律。图为《人民日报》刊登的1950年《中华人民共和国婚姻法》。

在我国革命、建设、改革各个历史时期,我们党都高度重视民事法律制定实施。革命战争年代,我们党在中央苏区、陕甘宁边区等局部地区就制定实施了涉及土地、婚姻、劳动、财经等方面的法律。新中国成立后,我国相继制定实施了婚姻法、土地改革法等重要法律和有关户籍、工商业、合作社、城市房屋、合同等方面的一批法令。我们党还于1954年、1962年、1979年、2001年4次启动制定和编纂民法典相关工作,但由于条件所限没能完成。

改革开放以来,我国民事商事法制建设步伐不断加快,先后制定或修订了中外合资经营企业法、婚姻法、经济合同法、商标法、专利法、涉外经济合同法、继承法、民法通则、土地管理法、企业破产法、外资企业法、技术合同法、中外合作经营企业法、著作权法、收养法、公司法、担保法、保险法、票据法、拍卖法、合伙企业法、证券法、合同法、农村土地承包法、物权法、侵权责任法等一大批民事商事法律,为编纂民法典奠定了基础、积累了经验。

党的十八大以来,我们顺应实践发展要求和人民群众期待,把编纂民法典摆上重要日程。党的十八届四中全会作出关于全面推进依法治国若干重大问题的决定,其中对编纂民法典作出部署。之后,习近平总书记先后3次主持中央政治局常委会会议,分别审议民法总则、民法典各分编、民法典3个草案。在各方面共

同努力下，经过5年多工作，民法典终于颁布实施，实现了几代人的夙愿。

相关链接：

民法典——新时代的人民法典

民法典是新中国第一部以法典命名的法律，开创了我国法典编纂立法的先河，具有里程碑意义。在新时代，我们与民法典如约相见，可以说是一种水到渠成。

市场经济的繁荣和发展，为民法典孕育生长提供了肥沃土壤。20世纪五六十年代，我国正处于计划经济时期，民法典因多种原因两度夭折。改革开放初期，一切都是"摸着石头过河"，社会经济生活处在急剧变动之中，社会关系还没有定型。此时起草民法典，其所应具备的稳定性、前瞻性很难得到保证。而随着改革开放的不断深入，中国特色社会主义市场经济体制逐步建立和完善，社会经济稳步发展，国民财富也持续增长。社会主义市场经济本质上是法治经济。在此背景下，编纂民法典，完善民商事领域基本法律制度和行为规范，为各类民商事活动提供基本遵循，具有现实紧迫性。一方面，经济高质量发展呼唤民法典，对立法提出了需求；另一方面，市场经济多年稳定运行中一些基本原则共识的形成，也为制定民法典提供了条件。

法治建设的实践和积淀，为民法典诞生打下了坚实基础。改革开放初期，由于民法理论尚无法支持建立民法典的科学体系，立法机关当机立断，在民法典的制定上走"批发改零售"的路线，即先制定民事单行法律，待时机成熟后再编纂民法典。21世纪初第四次起草民法典时，实际上"零售产品"尚未充足，经讨论和研究，仍确定继续采取分别制定单行法的办法推进我国民事法律制度建设。虽然前四次制定民法典的尝试均被搁置，但也为日后的民事立法工作进行了扎实的理论储备。多年来，一批民事单行法律相继制定颁布，逐步形成了比较完备的民事法律规范体系，在经济社会发展中发挥了重要作用。民事司法实践积累了丰富经验，全社会民事法治观念也普遍增强。这些，为编纂民法典奠定了较好的制度基础、实践基础、理论基础和社会基础。

以人民为中心发展思想的坚持和落实，为民法典赋予了鲜活生命。这次全国人大会议表决通过的民法典，一大亮点便是人格权独立成编。人格权是民事主体对其特定的人格利益享有的权利，关系到每个人的人格尊严，是民事主体最基本的权利。民法本质上是"人"法，服务于"人"的全面发展。保护人格权、维护人格尊严，是我国法治建设的重要任务。民法典继承民法通则中有关人身权的规定，回应了人格权保护的现实需求，将人格权独立成编，把对人格权的保护提升到了前所未有的高度，以更好地满足人民日益增长的美好生活需要。人格权独立成编，不仅是我国民事立法的一次重大创新，在世界各国民法典中也是十分先进的，使我国民法典具有了强大的生命力。

除了人格权独立成编，疫情期间监护责任、网络虚拟财产保护、业主大会成立难、住宅建设用地使用权期满自动续期、电子合同、合同履行绿色原则、租购同权、高利贷、旅客霸座、基因编辑、性骚扰、深度"变脸"、离婚冷静期、新遗嘱形式、侵害知识产权惩罚性赔偿、网络侵权责任、高空抛物坠物等一系列社会各界普遍关注的热点问题，在民法典中都有回应。可以说，这是一部具有中国特色、体现时代特点、反映人民意愿的民法典。它的表决通过，标志着我国法治建设达到新水平和新高度，对于坚持和完善中国特色社会主义制度、推进国家治理体系和治理能力现代化具有重大而深远的意义。

相关链接：
民法典这样关乎你整个人生

二、民法典彰显法治中国鲜明特性

民法典被称为社会生活的"百科全书"、民众权利的"宣言书"、市场经济的"基本法"，是治国安邦的国之大典。我国民法典立法已经过几十年的跋涉探索，党的十八大以来，以习近平同志为核心的党中央把全面依法治国摆在突出位置，并在十八届四中全会上将编纂民法典确定为一项重大政治任务和立法任务，使得民事立法驶入快车道，最终在适应时代发展、把握中国国情、反映人民意愿的基础上，通过对制定于不同时期的民法规范进行系统整合、修改、编纂，形成了适应新时代中国特色社会主义发展要求，符合我国国情和实际，系统全面、体例科学、结构严谨、规范合理、内容完整并协调一致的民法典。

（一）民法典致力于保护人民民事权利，体现法治中国的"人民性"

孟德斯鸠说过："在民法慈母般的眼睛里，每一个人就是整个国家。"回看民法典编纂过程，始终坚持"开门立法"的群众路线，充分凸显以人民为中心的发展理念。五年间，民法典编纂前后共10次公开征求意见，有42.5万人参与提供意见，总数达102万条。全面了解民众关注的热点、难点、痛点，积极汲取法学专家学者、司法实务部门、各业务部门的智慧力量，注重在保障人民合法权益的同时规范公共权力行使，在规范民事关系的同时进一步明确政府与社会和市场之间的关系，最终形成对生命健康、财产安全、交易便利、生活幸福、人格尊严等各方面权利平等保护的民法典，尤其是突破法国民法典、德国民法典等立法成例，设立了独立的人格权编，从民事法律规范的角度规定自然人和其他民事主体人格权的内容、边界和保护方式，维护公民的生命健康、姓名、名称、肖像、名誉、荣誉、隐私等重要权利，充分彰显了以人为本、权利主导的现代立法精神。

知识链接

《法国民法典》，又称《拿破仑法典》，由拿破仑签署法令，颁布于1804年3月21日。这部法典是资本主义国家最早的一部民法法典。破除了封建的立法原则，成为欧美各国资产阶级的立法规范，推动了资本主义的发展。

《德国民法典》于1900年1月1日开始施行，这是继《法国民法典》之后，大陆法系国家第二部重要的民法典。该法典在内容上超出了自由资本主义时期法律原则的范围，在一定程度上适应了垄断资本主义时期的需要，但它在某些地方仍保留了德国容克地主经济的特点。

（二）民法典立足于中国的时代需求，体现法治中国的"时代性"

"法与时转则治"，伟大的时代需要伟大的法典。民法典作为国之大典要充分反映所处时代的精神，契合所处时代的特点，回应所处时代的需求。如针对网络科技、数据科技和生物科技爆炸时代所引发的侵权、虚拟财产保护、大数据保护等新情况、新问题，将从事与人体基因、人体胚胎等有关的医学和科研活动纳入法律的轨道，禁止利用信息技术手段伪造他人肖像，并强化对隐私、个人信息等的保护；如针对生态环境遭受严重破坏，人类生存与发展的环境不断恶化等新情况、新问题，将绿色原则作为一项民法基本原则进行规定，要求民事主体从事民事活动，应当有利于节约资源、保护生态环境，创世界民法典之先例，并在物权编相邻关系一章中规定不动产权利人不得违反国家规定弃置固体废物，排放大气污染物、水污染物、土壤污染物、噪声、光辐射、电磁辐射等有害物质之外，专门在侵权责任编单设"环境污染和生态破坏责任"，为传统民事主体的"理性人"增加了"生态人"色彩，凸显绿色发展理念。

（三）民法典扎根于中国的文化土壤，体现法治中国的"民族性"

美国学者克鲁克洪认为："法律是民族的历史、文化、社会价值观念和一般意识与认识的集中体现，没有两个国家的法律是确切相同的，法律是文化表现的一种形式，而且如果不经过'本土化'的过程，一种文化是不可能轻易地移植到另一种文化里面的。"中华优秀传统文化所蕴含的仁爱、民本、诚信、和合、大同等思想精华与民法的理念和原则相通，在民法典编纂过程中，通过深入挖掘和传承包括中华法律文化在内的中华优秀传统文化的时代价值，使民法典体现了鲜明的民族性。如将社会主义核心价值观融入民法典的具体制度和内容中，在婚姻家庭编中规定家庭应当树立优良家风、弘扬家庭美德、重视家庭文明建设，并针对社会热议的夫妻共同债务问题，凸显维护家庭和睦的价值取向，遵循家庭、夫妻关系平等和互相尊重原则，分层次、分类型确立了多元化的夫妻共同债务认定标准，形成了夫妻共同债务制度。又如，将我国独有的民事制度在民法典编纂中予以完善和发展，对深化农村土地制度改革，完善承包地"三权"分置制度以及家庭养老等婚姻家庭制度都进行了详细规定。

三、扎实推动民法典贯彻实施

民法典系统整合了新中国成立 70 多年来长期实践形成的民事法律规范，汲取了中华民族 5000 多年优秀法律文化，借鉴了人类法治文明建设有益成果，是一部体现我国社会主义性质、符合人民利益和愿望、顺应时代发展要求的民法典，是一部体现对生命健康、财产安全、交易便利、生活幸福、人格尊严等各方面权利平等保护的民法典，是一部具有鲜明中国特色、实践特色、时代特色的民法典。对推进全面依法治国、加快建设社会主义法治国家，对发展社会主义市场经济、巩固社会主义基本经济制度，对坚持以人民为中心的发展思想、依法维护人民权益、推动我国人权事业发展，对推进国家治理体系和治理能力现代化，都具有重大意义，必须科学把握贯彻实施民法典的基本要求，切实推动民法典的贯彻实施。

（一）科学把握贯彻实施民法典的基本要求

习近平总书记强调，民法典是一部体现我国社会主义性质、符合人民利益和愿望、顺应时代发展要求的法典。这为我们理解把握、贯彻实施好民法典提供了根本遵循。

坚持政治性，把握正确方向。民法典是一部政治性、政策性、专业性很强的法律。要坚持以习近平新时代中国特色社会主义思想为指导，深入贯彻落实习近平总书记全面依法治国新理念新思想新战略，认真学习贯彻习近平总书记重要讲话精神，按照党中央统一部署，在民法典贯彻实施过程中，坚持政治原则、明确政治要求、把握政治方向、注重政治效果，坚定不移走中国特色社会主义法治道路。要在党和国家工作大局中谋划、推进和落实民法典，将民法典的贯彻实施同决胜全面建成小康社会、决战脱贫攻坚结合起来，为实施国家重大发展战略提供法治保障。要始终把抓好贯彻实施作为一项重大政治责任。发挥司法行政系统点多、线长、面广，扎根基层、贴近群众的优势，精心组织实施，坚决履行好民法典贯彻实施的光荣使命。

立足人民性，践行司法为民。习近平总书记指出，民法典实施水平和效果，是衡量各级党和国家机关履行为人民服务宗旨的重要尺度。民法典是一部以"民"命名、以民为本的法典，反映了人民意愿，回应了人民诉求，具有鲜明的人民性。要践行初心使命，坚持以人民为中心的发展思想，把保障人民权益作为贯彻实施民法典工作的出发点和落脚点，恪守司法为民宗旨，不断完善体制机制，提升人民群众维护权益的便捷性，让民法典真正成为人民美好幸福生活的制度保障。要始终聚焦解决人民群众的实际问题。民之所盼、政之所向，及时满足人民最关心最现实的法治需求，依法调处解决侵犯群众权益的案件，实现好、维护好、发展好最广大人民群众的根本利益。要始终把人民群众获得感满意度作为衡量工作的最重要标准，不断满足人民群众法治新需求，不断提升民法典贯彻实施的质量，不断增强人民群众的法治获得感幸福感安全感。

强化统筹性，协调有序推进。民法典作为"社会生活的百科全书"，其内容涉及生命健康、财产安全、交易便利、生活幸福、人格尊严等各方面权利的保护。贯彻实施民法典必须从全局统筹谋划。要提高站位，统筹兼顾、强化落实，固根本、稳预期、利长远，服务保障大局。要突出重点，科学安排宣传教育和贯彻实施工作，聚焦宣传教育、完善配套立法、回应热点问题、解决相关案件、做好法律服务等重点任务推进，有效推动全社会尊法、学法、守法、用法。要凝聚合力，整合立法、执法、司法和社会各界资源，充分利用各种法律要素，握指成拳、汇聚力量，加大工作力度，推动贯彻实施，实现政治效果、法律效果和社会效果的有机统一。

聚焦实践性，狠抓贯彻实施。法律的生命力在于实施。民法典来源于实践，是我国民事立法和司法实践经验的全面总结，要心无旁骛抓贯彻、驰而不息抓实施，只有这样，民法典才能真正成为人民权益保护的源头活水。要扎实推进民法典的贯彻实施，全面发力、准确适用，让纸面上的权利义务规范变成现实中的行为规则，真正把法律优势转化为治理效能。要依据民法典有效解决实际问题，解决一个个实际案件，做好一次次法律服务，让人民群众真切感受到公平正义，增强法治获得感。要不断在实践中发展和完善民法典。通过法律与实践的互动，不断探索、不断完善，形成符合中国实际、植根中国实践、解决中国问题的实践型民法典。

注重创新性，做到与时俱进。民法典编纂秉承改革创新精神，创造性构建了具有中国特色的民事法律制度，其贯彻实施也要与时俱进。要准确把握民法典的创新内容。民法典充分考虑新时代人民群众的新需求，增设人格权编和侵权责任编，体现了新时代背景下对人身财产安全的保护、对人格尊严的维护。要以创新性思维，结合实际，全面落实民法典的创新性规定，更好地满足人民群众对安全、尊严等更高层面的法治需求。要及时顺应时代新需求。民法典规定了隐私权和个人信息保护、居住权、互联网大数据时代相应权益等新权益，规定了环境污染和生态破坏责任、高空抛物坠物责任等新责任，要回应时代需求，加强权益保护，严格追究责任，维护人民权益和经济社会秩序。要不断创新和完善立法、执法和法律服务方式方法，提升民法典贯彻实施效果，让民法典始终携时代之手，与时代同行。

（二）切实贯彻实施民法典

2020年5月29日，习近平总书记组织召开了十九届中央政治局第二十次集体学习，对实施好民法典作出了全面部署，强调重点要做好以下几方面工作。

1. 加强民法典重大意义的宣传教育

要讲清楚，实施好民法典是坚持以人民为中心、保障人民权益实现和发展的必然要求。民法典调整规范自然人、法人等民事主体之间的人身关系和财产关系，这是社会生活和经济生活中最普通、最常见的社会关系和经济关系，涉及经济社会生活方方面面，同人民群众生产生活密不可分，同各行各业发展息息相关。民法典实施得好，人民群众权益就会得到法律保障，人与人之间的交往活动就会更加有序，社会就会更加和谐。

要讲清楚，实施好民法典是发展社会主义市场经济、巩固社会主义基本经济制度的必然要求。民法典把我国多年来实行社会主义市场经济体制和加强社会主义法治建设取得的一系列重要制度成果用法典的形式确定下来，规范经济生活和经济活动赖以依托的财产关系、交易关系，对坚持和完善社会主义基本经济制度、促进社会主义市场经济繁荣发展具有十分重要的意义。

要讲清楚，实施好民法典是提高我们党治国理政水平的必然要求。民法典是全面依法治国的重要制度载体，很多规定同有关国家机关直接相关，直接涉及公民和法人的权利义务关系。国家机关履行职责、行使职权必须清楚自身行为和活动的范围和界限。各级党和国家机关开展工作要考虑民法典规定，不能侵犯人民群众享有的合法民事权利，包括人身权利和财产权利。同时，有关政府机关、监察机关、司法机关要依法履行职能、行使职权，保护民事权利不受侵犯、促进民事关系和谐有序。民法典实施水平和效果，是衡量各级党和国家机关履行为人民服务宗旨的重要尺度。

2. 加强民事立法相关工作

民法典颁布实施，并不意味着一劳永逸解决了民事法治建设的所有问题，仍然有许多问题需要在实践中检验、探索，还需要不断配套、补充、细化。有关国家机关要适应改革开放和社会主义现代化建设要求，加强同民法典相关联、相配套的法律法规制度建设，不断总结实践经验，修改完善相关法律法规和司法解释。对同民法典规定和原则不一致的国家有关规定，要抓紧清理，该修改的修改，该废止的废止。要发挥法律解释的作用，及时明确法律规定含义和适用法律依据，保持民法典稳定性和适应性相统一。

"法与时转则治。"随着经济社会不断发展、经济社会生活中各种利益关系不断变化，民法典在实施过程中必然会遇到一些新情况新问题。这次新冠肺炎疫情防控的实践表明，新技术、新产业、新业态和人们新的工作方式、交往方式、生活方式不断涌现，也给民事立法提出了新课题。要坚持问题导向，适应技术发展进步新需要，在新的实践基础上推动民法典不断完善和发展。

3.加强民法典执法司法活动

严格规范公正文明执法，提高司法公信力，是维护民法典权威的有效手段。各级政府要以保证民法典有效实施为重要抓手推进法治政府建设，把民法典作为行政决策、行政管理、行政监督的重要标尺，不得违背法律法规随意作出减损公民、法人和其他组织合法权益或增加其义务的决定。要规范行政许可、行政处罚、行政强制、行政征收、行政收费、行政检查、行政裁决等活动，提高依法行政能力和水平，依法严肃处理侵犯群众合法权益的行为和人员。

民事案件同人民群众权益联系最直接最密切。各级司法机关要秉持公正司法，提高民事案件审判水平和效率。要加强民事司法工作，提高办案质量和司法公信力。要及时完善相关民事司法解释，使之同民法典及有关法律规定和精神保持一致，统一民事法律适用标准。要加强涉及财产权保护、人格权保护、知识产权保护、生态环境保护等重点领域的民事审判工作和监督指导工作，及时回应社会关切。要加强民事检察工作，加强对司法活动的监督，畅通司法救济渠道，保护公民、法人和其他组织合法权益，坚决防止以刑事案件名义插手民事纠纷、经济纠纷。

民法典专业性较强，实施中要充分发挥律师事务所和律师等法律专业机构、专业人员的作用，帮助群众实现和维护自身合法权益，同时要发挥人民调解、商事仲裁等多元化纠纷解决机制的作用，加强法律援助、司法救助等工作，通过社会力量和基层组织务实解决民事纠纷，多方面推进民法典实施工作。

2020年6月10日，重庆市梁平区曲水镇聚宝村谭家院子，西南政法大学"民法典百人宣讲团"成员用通俗易懂的语言和丰富的实例，向市民讲解民法典，引导市民学法、懂法、守法，让民法典的精神深入老百姓的日常生活。

4.加强民法典普法工作

民法典共 7 编 1260 条、10 万多字，是我国法律体系中条文最多、体量最大、编章结构最复杂的一部法律。民法典要实施好，就必须让民法典走到群众身边、走进群众心里。要广泛开展民法典普法工作，将其作为"十四五"时期普法工作的重点来抓，引导群众认识到民法典既是保护自身权益的法典，也是全体社会成员都必须遵循的规范，养成自觉守法的意识，形成遇事找法的习惯，培养解决问题靠法的意识和能力。要把民法典纳入国民教育体系，加强对青少年民法典教育。

民法典专业术语很多，要加强解读。要聚焦民法典总则编和各分编需要把握好的核心要义和重点问题，阐释好民法典关于民事活动平等、自愿、公平、诚信等基本原则，阐释好民法典关于坚持主体平等、保护财产权利、便利交易流转、维护人格尊严、促进家庭和谐、追究侵权责任等基本要求，阐释好民法典一系列新规定新概念新精神。

5.加强我国民事法律制度理论研究

改革开放以来，我国民法理论研究和话语体系建设取得了明显成效，但同日新月异的民法实践相比还不完全适应。要坚持以中国特色社会主义法治理论为指导，立足我国国情和实际，加强对民事法律制度的理论研究，尽快构建体现我国社会主义性质，具有鲜明中国特色、实践特色、时代特色的民法理论体系和话语体系，为有效实施民法典、发展我国民事法律制度提供理论支撑。

各级党和国家机关要带头宣传、推进、保障民法典实施，加强检查和监督，确保民法典得到全面有效执行。各级领导干部要做学习、遵守、维护民法典的表率，提高运用民法典维护人民权益、化解矛盾纠纷、促进社会和谐稳定的能力和水平。

党的十八大以来，我们党把制度建设摆在更加突出的位置。党的十九届四中全会对坚持和完善中国特色社会主义制度、推进国家治理体系和治理能力现代化作出战略部署。颁布实施民法典是完善中国特色社会主义制度的重大成就。民法典充分体现了中国特色社会主义法律制度建设成果和制度自信，对于推进国家治理体系和治理能力现代化意义重大，具有鲜明的时代特色。颁布实施民法典是推进国家治理体系现代化的现实需要。国家治理体系现代化对制度建设的系统性、整体性、协同性要求更高，对各方面制度更加成熟更加定型的要求更为迫切。民法作为民事领域的基础性、综合性法律，与国家其他领域法律规范一起，支撑着国家制度和国家治理体系。民法典的颁布实施是以法治化方式推进国家治理体系现代化迈出的关键步伐，为国家制度和国家治理体系正常有效运行提供了基础性法律保障。颁布实施民法典是推进国家治理能力现代化的重要契机。民法典的颁布实施将进一步加强国家系统治理、依法治理、综合治理、源头治理，将制度优势更好地转化为国家治理效能，全面推进政府、社会、市场法治化建设，有效提升国家治理能力的现代化水平。

拓展阅读

人民美好生活的法治保障——写在《中华人民共和国民法典》诞生之际（节选）

……

写满民事权利的宣言书——高空抛物、占道纠纷、个人信息保护等问题，民法典——为您解答

民法典姓"民"，所涉及的领域贯穿每位公民的一生，大到房产买卖、公司设立，小到针头线脑交易、物业费缴纳……生活中，几乎所有的民事活动都能在民法典中找到依据。

"民法典开宗明义规定，民事主体的人身权利、财产权利以及其他合法权益受法律保护，任何组织或者个人不得侵犯。这凸显了民法的权利法属性。"北京理工大学法学院副教授孟强表示，民法典就是一部写满民事权利的宣言书，使民事权利保护法治化、体系化、科学化。

全方位保护民事权利、满足新时代人民法治需求、直面社会热点难点问题，民法典处处彰显着增进人民福祉、维护最广大人民根本利益的要求。

一段时间以来，高空抛物坠物致死致伤的事件引发社会关注，人民群众反映强烈。如何守护"头顶上的安全"，发生损害责任如何分担？民法典明确规定，禁止从建筑物中抛掷物品。从建筑物中抛掷物品或者从建筑物上坠落的物品造成他人损害的，由侵权人依法承担侵权责任；经调查难以确定具体侵权人的，除能够证明自己不是侵权人的外，由可能加害的建筑物使用人给予补偿。这成为民法典的一大亮点。

"这是禁止性规定，属于'命令当事人不得做出什么行为'的强制性法律规范，该条款设置的意义在于特别明确地告诉公众，禁止从建筑物抛掷物品，否则将构成违法，需要承担相应的法律责任。"北京中银律师事务所律师葛友山分析，这样的立法，有很强的现实针对性，积极回应了人民群众的诉求。

公共维修资金使用门槛能否降低？住宅建设用地使用权期限届满怎么办？违反规定饲养动物、侵占通道等引发的纠纷，相关方如何担责……许多社会关注的热点问题，在民法典编纂过程中都得到了积极回应。

"遗腹子"有没有继承的权利？在具体制度设计上，民法典总则编用创新回应权利保护的新趋势。为了保护好胎儿的利益，总则编规定，涉及遗产继承、接受赠与等胎儿利益保护的，胎儿视为具有民事权利能力；但是，胎儿娩出时为死体的，其民事权利能力自始不存在。

"这就意味着，只要胎儿娩出时是活的，那么胎儿在母亲肚子里时接受赠与和继承遗产的份额都是有效的，这为现实中许多遗腹子的权益保护提供了法律依据。"北京航空航天大学法学院副院长周友军表示。

"虽然传统民法理论认为自然人的权利能力'始于出生，终于死亡'，但是为胎儿保留必要的继承份额也是现代国家一致的做法。"中国人民大学法学院教授刘俊海说，"这创新了自然人民事主体的传统理论，具有鲜明的时代特征与人文精神。"

民法典的体系构建以民事权利为"中心轴"展开，始终尊重人民的意愿，充分反映人民的利益诉求，让人民生活得更有尊严。

随着信息技术的发展，个人隐私和个人信息保护面临新的挑战。民法典人格权编明确任何组织或者个人不得以刺探、侵扰、泄露、公开等方式侵害他人的隐私权。

"民法典将'隐私'定义为'自然人的私人生活安宁和不愿为他人知晓的私密空间、私密活动、私密信息'，扩大了隐私权保护范围；将同样具有识别特定自然人功能的'电子邮箱'和'行踪信息'纳入个人信息范围，使个人信息保护更加全面、严谨、细微。"全国人大代表、中华全国律师协会会长王俊峰表示，民法典的通过有助于应对互联网、大数据、人工智能发展对隐私和个人信息保护带来的挑战。

如何直面人体基因、人体胚胎等医学和科研活动中基因编辑等新技术对人格权的威胁？民法典人格权编规定，从事与人体基因、人体胚胎等有关的医学和科研活动，应当遵守法律、行政法规和国家有关规定，不得危害人体健康，不得违背伦理道德，不得损害公共利益。这避免了科学伦理"不能承受之重"。

法律不是冷冰冰的，而是在理性中贯穿着温情，在规则间传递着价值。翻开民法典，不难发现，它不仅是一本"社会生活的百科全书"，更是用基本法的形式来回应社会公众的关切，不断增进人民群众获得感、幸福感和安全感，促进人的全面发展，反映出我们这个伟大时代应有的价值追求。

社会主义市场经济运行的法律基石——完善三权分置的土地制度、保护产权、规范电子商务合同，推动经济高质量发展

"把地交给合作社，自己村里的活都干不完，再也不用外出务工了。"围着几亩田地转了几十年，今年57岁的湖南省郴州市临武县邹家村村民邹发强万万没想到，村里推行"三权分置"土地流转后，生活竟能变得如此惬意。

邹家村长期以来靠种水稻、烤烟等传统农业"守土而居"。过去，村民起早贪黑勉强换来温饱，人均年纯收入不过 2000 元。2011 年，在村党支部书记邹小军带领下，邹家村推行股份合作经济，以土地入股形式流转土地，将全村 300 公顷山地和 22 公顷耕地承包经营权流转到村集体，并成立邹家油茶林种植专业合作社和临武舜意土地专业合作社。

"村民的收益不仅有田地盈利后的分红，还可以获得合作社务工收入。"邹小军说，通过"三权分置"土地流转实现了土地由分到合、产业由散到聚、百姓收入由低到高、村集体经济由无到有的转变，经过多年的改革发展，如今村集体经济已突破 100 万元。

民法典通过的消息传来，邹小军备感振奋。"我留意到民法典物权编明确土地承包经营权人可以自主决定依法采取出租、入股或者其他方式向他人流转土地经营权。还明确了承包期届满，由土地承包经营权人依照农村土地承包的法律规定继续承包。更重要的是，耕地也允许抵押了，这不仅提高了土地的利用效率，促进了土地的集约化使用，还适应了'三权分置'后土地经营权入市的需要。"邹小军说，土地是农民最重要的财富，民法典的这些规定，给农民吃下了法律"定心丸"。

有恒产者有恒心。产权制度是社会主义市场经济的基石。让一切创造社会财富的生产要素、资本要素和资源要素都充分涌流、物尽其用，是社会主义市场经济体制的本质要求。对"三权分置"予以法律上的确认，只是民法典夯实和完善产权制度的一个缩影。纵观民法典，这样的例子不胜枚举。

在建筑物业主权利保护方面，民法典强化了业主对共有部分共同管理的权利，降低业主作出决议的门槛，明确电梯广告、外墙广告等共有部分产生的收益属于业主共有。规定政府部门、居委会应对选举业委会给予指导协助，推动解决业委会成立难的问题。完善公共维修资金使用的表决程序，有利于让资金不再"沉睡"。民法典还在用益物权部分，专章规定居住权，明确居住权人有权按照合同约定，对他人的住宅享有占有、使用的用益物权，既满足特定人群的居住需求，又有助于为老年人以房养老提供法律保障。

"1986 年，民法通则制定。这件事不可小看，它实际上是为走向市场经济从法制上搭建了一座桥梁。"全国人大常委会法工委原副主任张春生还记得，当时正是通过抓住"平等"这个民法基本原则，从制度上把经济方面的民事活动，特别是横向主体的经济往来从行政管理中剥离出来，形成了单独的民事法律关系，改变了由计划体制包揽一切的局面。如今，民法典完善各类主体制度，保障平等独立的主体地位，既是社会主义市场经济的显著特征，也是其效率和活力所在。

社会主义市场经济之所以是法治经济，正在于其市场交易秩序的规范有序、讲究契约和崇尚诚信。当前，我国社会经济形态发生巨大变化，人们的生产生活方式也在改变。社会主义市场经济体系日渐完善的同时，如何推动市场交易秩序与时俱进？如何充分尊重和发扬契约精神，在新的社会实践中保护广大人民群众的合法权益？

为适应电子商务和数字经济的发展，民法典完善了电子合同的订立、履行规则，规定，当事人一方通过互联网等信息网络发布的商品或者服务信息符合要约条件的，对方选择该商品或者服务并提交订单成功时合同成立，但是当事人另有约定的除外。民法典规定电、水、气、热力供应人以及公共承运人对社会公众的强制缔约义务，完善格式条款制度，加大对弱势合同当事人一方的保护……

合同是民商事活动的基本载体，合同法是市场交易的基本法律规则。民法典共有1260条，其中合同编就占了526条。立足当前社会经济、生产生活的新变化，民法典完善了我国民商事领域的基本规则，充分调动民事主体的积极性和创造性、维护交易安全、维护市场秩序，推动经济高质量发展。

社会主义核心价值观塑造民法典灵魂——回应"扶不扶""救不救"问题、促进家庭和睦，凝聚强大精神力量

"为了保护民事主体的合法权益，调整民事关系，维护社会和经济秩序，适应中国特色社会主义发展要求，弘扬社会主义核心价值观，根据宪法，制定本法。"翻开民法典，第一条便开宗明义地将"弘扬社会主义核心价值观"作为民法典的立法目的之一。

伟大时代呼唤伟大精神。社会主义核心价值观是当代中国精神的集中体现，凝结着全体人民共同的价值追求。习近平总书记强调，培育和弘扬社会主义核心价值观，有效整合社会意识，是社会系统得以正常运转、社会秩序得以有效维护的重要途径，也是国家治理体系和治理能力的重要方面。

"民法典是'社会生活的百科全书'，把社会主义核心价值观融入民法典，正是坚持依法治国和以德治国相结合的必然要求。以法治体现道德理念、强化法律对道德建设的促进作用，将推动社会主义核心价值观更加深入人心。"最高人民法院审委会专职委员刘贵祥说。

"助人为乐、见义勇为"是中华民族的传统美德。可是近年来，一些案例凸显"该不该扶""该不该救"的道德困境，由于法律的缺失，见义勇为受伤后无人问津甚至反遭索赔的事件时有发生。

2019年9月，河南信阳的孙女士见到郭某骑车时将五岁男童罗某撞倒在地后试图离开，于是上前阻止。两人发生言语争执，郭某情绪十分激动，结果引发心脏骤停，经抢救无效死亡。郭某的配偶和子女认为孙女士应对郭某的死亡承担责任，将孙女士和小区物业公司一起告上法庭，索赔40万元。

"明明是见义勇为，怎么还要赔钱？"一时间，社会公众的目光聚焦在受理该案的河南省信阳市平桥区人民法院。

2019年12月30日，法院公开宣判了这起案件，认为根据民法总则，孙女士阻挡郭某离开的目的在于保护儿童利益，不仅不具有违法性，还具有正当性，应当给予肯定与支持，孙女士不存在过错，不应承担侵权责任，原告索赔的请求被依法驳回。

针对近年来出现的多起类似案件，民法典对保护见义勇为者的合法权益作出专门规定：因自愿实施紧急救助行为造成受助人损害的，救助人不承担民事责任；因保护他人民事权益使自己受到损害的，由侵权人承担民事责任，受益人可以给予适当补偿。这也被法学界称为"见义勇为"条款。

民法典旗帜鲜明地传递出保护善人善举的信号，让"扶不扶""救不救"等问题不再成为困扰社会的两难选择，为救危扶弱者撑腰，不仅增强了人民群众的法治信心，还积极弘扬了"诚信相待、友善共处、守望相助"的新风尚。

"民法是跟习惯、良俗融合在一起的，包括家庭、婚姻、子女、继承等，都与道德伦理关系紧密。把社会主义核心价值观融入民法典之中，使民法典成为社会主义核心价值观的法律载体，规范社会生活的方方面面，这是很重要的考虑。"全国政协委员、北京金诚同达律师事务所律师刘红宇说。

"老吾老以及人之老，幼吾幼以及人之幼。"自古以来，中国传统文化就提倡尊老爱幼，这是蕴藏在中国人生命中的精神密码。

作为规范民事生活的基础性法律，民法典在编纂过程中，对老人、儿童的权利保护作了特殊的安排，不仅对父母、子女等亲属间的权利义务作出了概括性规定，还通过具体制度设计，将其细化、实化，为传承传统美德提供了激励机制。监护制度的完善，就很有前瞻性。

浙江一位患有精神疾病的父亲给自己刚出生十几天的孩子灌食米糊，结果孩子被紧急送进医院抢救。有关部门在调查后发现，孩子的父母都患有精神疾病，基本没有生活自理能力，每个月仅靠低保维持生活，家里有两个未成年的孩子。

"必须马上对这两个孩子进行监护干预，保障他们的安全和健康。"在全面了解两个孩子的家庭情况后，当地村委会向法院提出撤销监护人资格诉讼。法院很快作出裁定，由民政部门担任两个孩子的监护人。民政部门当天即履行监护职责，将两个孩子妥善安置在儿童福利院。

"监护未成年人是家庭应该承担的责任，未成年人的监护是亲权的补充和延长。现在不少社会问题，比如农村留守儿童权益受到侵害等，实质上是家庭监护出现了缺位。"全国人大常委会委员左中一说。

民法典不仅完善了撤销监护制度，还扩大了被监护人的范围，将智力障碍者、失能老人等群体纳入被监护人范围，给予他们更有力更全面的法治保护。当尊老爱幼的价值追求融入每一条规则之中，中国人所传承的特有文化品格，也成为法律制度的重要组成部分。

法律是成文的道德，道德是内心的法律。修改禁止结婚的条件，完善离婚赔偿制度，适当扩大遗赠扶养人范围……民法典坚持依法治国和以德治国相结合，将社会主义核心价值观作为鲜明的轴线贯穿始终，使社会公德、家庭美德外化于法律规范，内化于人民心中，为民事主体参与民事活动提供了基本规则和价值遵循，凝聚起强大的同心共筑中国梦的精神动力。

……

（资料来源：《人民日报》2020年5月31日01版，略改动）

阅读推荐

1.《中华人民共和国民法典》，中国人大网，2020年6月2日。

2.尹力：《民法典时代的教育回应》，《光明日报》2020年6月23日13版。

3.王轶：《民法典：新时代我国社会主义法治建设的重大成果》，《学习时报》2020年6月29日A1版。

思考题

1.《中华人民共和国民法典》同1804年《法国民法典》和1900年《德国民法典》有什么异同？

2.为什么说《中华人民共和国民法典》是一部"社会生活的百科全书"？

3.《中华人民共和国民法典》对中国特色社会主义法治体系的构建有什么作用？

推动『一国两制』行稳致远

专题 ⑦

国务院总理李克强 2020 年 5 月 22 日在作政府工作报告时说，我们要全面准确贯彻"一国两制""港人治港""澳人治澳"、高度自治的方针，建立健全特别行政区维护国家安全的法律制度和执行机制，落实特区政府的宪制责任。支持港澳发展经济、改善民生，更好融入国家发展大局，保持香港、澳门长期繁荣稳定。

我们要坚持对台工作大政方针，坚决反对和遏制"台独"分裂行径。完善促进两岸交流合作、深化两岸融合发展、保障台湾同胞福祉的制度安排和政策措施，团结广大台湾同胞共同反对"台独"、促进统一，我们一定能开创民族复兴的美好未来。

国家安全是永恒的课题，维护国家安全既是恒久的工作，也是包括港澳居民在内的全国人民的共同责任。受暴动和疫情影响，香港现在亟需恢复社会稳定、恢复经济发展，这一切都需要有健全的法律作为保障。澳门回归20多年来，在"一国两制"方针下，一直稳定有序地向前发展，成为"一国两制"实践的成功案例，也彰显了"一国两制"的正确性与科学性。

受美国等外部势力的干预，台湾地区目前出现了一些违反一个中国原则、否认"九二共识"的政治因素。对此，国务委员兼外交部长王毅强调，台湾问题是中国的内政，一个中国原则是国际社会的普遍共识，也是中国与所有建交国双边关系的政治基础。我们坚决反对以防疫合作为幌子与台湾当局开展官方往来，坚决反对违反一个中国原则为台湾谋求所谓国际空间，坚决反对外部势力对"台独"分子"借疫谋独"予以鼓励和纵容。

一、风雨洗礼下的香港"再出发"

（一）风雨飘摇的香港

2019年6月，一场猝不及防的修例风波侵袭香港。在外部势力插手干预下，旷日持久的严重暴力冲击法治基石、危及民众安全、重创经济民生，挑战"一国两制"底线，严重危害国家主权、安全、发展利益。2020年年初，新冠肺炎病毒肆虐中国，作为国际金融中心之一的香港，经济受到重创，人民生活再次受到影响，往日繁华的"东方明珠"，亟需恢复经济发展，恢复正常的人民生活。

1. 认清香港修例风波的真相

2020年5月15日，香港独立监察警方处理投诉委员会（监警会）发表"关于2019年6月起《逃犯条例》修订草案引发的大型公众活动及相关的警方行动"专题审视报告，以专业的手法和理性的态度，通过大量详尽的事实和确凿的证据，有力戳破暴徒不断吹大的"警暴"谎言，无可辩驳地揭露示威活动的"黑暴""恐怖""港独"本质。

2020年5月24日，大批暴徒在铜锣湾及湾仔一带进行堵路、纵火、袭击市民和破坏社区等违法暴力活动。截至当天晚上9点半，警方已逮捕逾180人。

（1）反修例示威活动开始不久，便演变为街头暴力和本土恐怖主义。根据报告"示威造成的破坏和影响一览"收录附件显示，修例风波中，多处私人财物、公共财物、交通网络被暴徒打砸烧毁，其中至少有 33 处银行、饮食店等私人财物，63 处政府机构、警署、大学等公共财物，以及出现至少 35 起"私了"事件，其中一起导致无辜民众罗长清死亡。此外，警方还多次查获枪支、子弹、炸弹、剧毒化学品等国际恐怖袭击常用武器。示威活动的"黑暴""恐怖"行径，铁证如山，不容抵赖。

（2）"暴力""恐怖"背后，本质上是一场有组织的"颜色革命"。根据监警会的观察，每次暴力示威都显示了不同形式的组织性，并非部分人宣称的"无大台"；示威诉求也不断升级，从最初的撤回《逃犯条例》修订草案发展至要求普选等。反对派及其马前卒正是通过打砸伤人的"社会揽炒""挺黄打蓝"的"经济揽炒"、瘫痪立法会的"政治揽炒"，搞得香港经济下滑、民生凋敝，企图最终达到颠覆特区政府、夺取香港管治权、实现"港独"的罪恶目的。这是对香港公共安全和国家主权安全的极大伤害。

（3）修例风波中的所谓"警暴"，是反对派为了实现险恶目的而炮制的弥天大谎。香港警察在暴乱前线严正执法，不断打碎反对派的如意算盘，无疑成了反对派的眼中钉、肉中刺。因此，反对派无所不用其极地造谣抹黑，煽动民粹，攻击警方。然而，监警会详尽记录了 2019 年 6 月 9 日、6 月 12 日、7 月 1 日、7 月 21 日、8 月 11 日、8 月 31 日发生的事件及细节，表明所谓"7·21 警黑勾结""8·31 打死人"等纯属谣言，毫无证据甚至背离常理，警方使用武力也是为了应对暴徒先行做出的非法行为，保护自己和他人。

2. 认清当前形势下香港的经济社会状况

一波未平，一波又起，修例风波尚未退去，新冠肺炎病毒又侵袭了动荡不安的香港，给香港经济社会的发展造成严重阻碍，香港正在遭受暴乱和疫情的双重打击。

据香港特别行政区政府统计，2020 年第一季度香港本地生产总值同比下跌 8.9%，跌幅远高于 2019 年第四季度 3.0% 的水平，成为 1974 年第一季度有记录以来最大的单季跌幅。政府发言人表示，由于新冠肺炎疫情对香港广泛的经济活动和亚太地区的供应链构成干扰，香港经济的内部和对外需求持续疲弱，致使经济衰退在第一季度加剧。

数据显示，在内部需求领域，第一季度香港政府消费同比实质上升 8.3%，高于上年第四季度 6.1% 的升幅；但是疫情威胁和社交距离防疫措施干扰了消费，以及失业率上升对消费情绪造成冲击，私人消费同比下跌 10.2%，较上一季度 2.9% 的跌幅加剧。同时在营商气氛悲观的影响下，尽管本地固定资本形成总额跌幅较上一季度有所收窄，但仍然同比下跌 13.9%。

在外部需求领域，第一季度出口总额同比下滑 9.7%，甚于上一季度 2.5% 的水平。此外，访港旅游业受到重挫，导致服务输出同比显著下挫 37.8%，是有记录以来最大的单季跌幅。

由于自身的特殊地位，香港作为内地与世界联系的纽带，与世界联系异常紧密，而世界疫情目前还未得到全面的控制。因此，香港经济前景很大程度上取决于全球公共卫生和经济形势演变，如果世界疫情持续，预计本地经济活动仍然欠佳。再加上当前香港暴力事件依然在持续上演，香港未来一段时间的经济社会发展前景很不明朗。

（二）团结一心推动香港"再出发"

对于香港目前面临的危机，全国政协副主席、香港前特首董建华总结了以下三点：一是疫情可能再现，市民仍不能松懈，抗疫仍是香港首要任务；二是经济衰退，首季经济收缩、失业率都相当严重；三是政治危机，修例风波令香港社会支离破碎，反对派不择手段搞"揽炒"，恶意"拉布"，损害香港人的共同利益。更有甚者，个别反对派人士去求美国干预香港事务和中国内政。

知识链接

"揽炒"是扑克牌游戏"锄大地"的香港术语，知道自己将被罚二倍或三倍（香港语"炒双""炒三"），拉人下水，捉人陪"炒"，是与别人同归于尽、连锅端的意思。

2016年，因为泛民主派的消极态度，当年的香港立法会选举一度被称为"揽炒"场。这一词语从2019年8、9月开始，在香港的反修例运动中再度得到较为广泛的使用，用以形容部分激进示威者破坏公共设施、铁路设施及进行不合作运动等行为。

"拉布"是西方议会政治的专业术语，指在议会故意发表冗长的演说，以拖延表决。"拉布"最早用来形容16世纪活跃在加勒比海的海盗，他们通过挟持船只来实现自己的目的，后来形容以故意拖延会议程序的方式要挟议会。

要扭转香港目前的局势，化解香港面临的危机，国家和香港各界爱港人士必须做出有效应对，推动风雨洗礼下的香港"再出发"。

1. 建立健全特区法律制度和执行机制，维护国家安全

国家安全是一个国家生存发展的基本前提，维护国家安全是包括香港同胞在内的全国人民的根本利益所在。香港是中国的香港，是国家不可分离的部分，在香港实施"一国两制"，其前提在于切实维护"一国"。在国家安全问题上，只有"一国"之责，没有"两制"之分。因此，维护国家安全是特别行政区根据基本

法必须履行的宪制责任，也是香港行政、立法、司法机关和所有香港居民的共同责任，天经地义。

2019年夏天，在反中乱港势力蛊惑煽动和外部势力插手干预下，修例风波旷日持久，"黑暴"违法活动四处蔓延、"港独"言行甚嚣尘上、"揽炒"之举不绝于目。这场风波充分暴露了反中乱港势力和外部势力妄图搞乱香港、瘫痪特区政府，夺取特区管治权，把香港变为一个独立或半独立政治实体，进而实现他们将"颜色革命"祸水引至中国内地，遏制中国发展的图谋。这一切更加凸显了在香港维护国家安全和社会安定的极端重要性和紧迫性。

从2020年5月22日开始，党和国家领导人分别在十三届全国人大三次会议的有关代表团和全国政协十三届三次会议的有关界别，同代表委员们一起连日审议讨论《全国人民代表大会关于建立健全香港特别行政区维护国家安全的法律制度和执行机制的决定（草案）》及其修改稿，并于28日下午以高票表决通过《全国人民代表大会关于建立健全香港特别行政区维护国家安全的法律制度和执行机制的决定》（以下简称《决定》）。

《决定》的正文内容有七条。第一条，国家坚定不移并全面准确贯彻"一国两制""港人治港"、高度自治的方针，坚持依法治港，维护宪法和香港特别行政区基本法确定的香港特别行政区宪制秩序，采取必要措施建立健全香港特别行政区维护国家安全的法律制度和执行机制，依法防范、制止和惩治危害国家安全的行为和活动。第二条，国家坚决反对任何外国和境外势力以任何方式干预香港特别行政区事务，采取必要措施予以反制，依法防范、制止和惩治外国和境外势力利用香港进行分裂、颠覆、渗透、破坏活动。第三条，维护国家主权、统一和领土完整是香港特别行政区的宪制责任。香港特别行政区应当尽早完成香港特别行政区基本法规定的维护国家安全立法。香港特别行政区行政机关、立法机关、司法机关应当依据有关法律规定有效防范、制止和惩治危害国家安全的行为和活动。第四条，香港特别行政区应当建立健全维护国家安全的机构和执行机制，强化维护国家安全执法力量，加强维护国家安全执法工作。中央人民政府维护国家安全的有关机关根据需要在香港特别行政区设立机构，依法履行维护国家安全相关职责。第五条，香港特别行政区行政长官应当就香港特别行政区履行维护国家安全职责、开展国家安全教育、依法禁止危害国家安全的行为和活动等情况，定期向中央人民政府提交报告。第六条，授权全国人民代表大会常务委员会就建立健全香港特别行政区维护国家安全的法律制度和执行机制制定相关法律，切实防范、制止和惩治任何分裂国家、颠覆国家政权、组织实施恐怖活动等严重危害国家安全的行为和活动以及外国和境外势力干预香港特别行政区事务的活动。全国人民代表大会常务委员会决定将上述相关法律列入《中华人民共和国香港特别行政区基本法》附件三，由香港特别行政区在当地公布实施。第七条，本决定自公布之日起施行。

2020年6月30日，十三届全国人大常委会第二十次会议表决通过了《中华人民共和国香港特别行政区维护国家安全法》（以下简称"国家安全法"），国家主席习近平签署第49号主席令予以公布。6月30日晚上23时，香港特区政府已经完成了刊宪和公布实施的程序，国家安全法在香港特别行政区包括全国都已经生效施行。制定国家安全法，是贯彻落实党的十九届四中全会精神和十三届全国人大三次会议精神的重要举措、关键步骤和重要的立法任务。

"明者防祸于未萌，智者图患于将来。"当下香港，修例风波尚未完全平息，外部势力仍然深度干预香港事务、干涉中国内政，反中乱港分子继续对外勾连，屡屡挑衅"一国两制"底线、破坏香港繁荣稳定，止暴制乱任务艰巨，国家安全面临着诸多挑战。国家安全法的公布施行将有效维护国家安全，有效防范、制止和惩治与香港特别行政区有关的危害国家安全的犯罪，堵塞香港特别行政区在维护国家安全方面存在的制度漏洞。对于新形势下坚持和完善"一国两制"制度体系，维护国家主权、安全、发展利益，确保香港长治久安和长期繁荣稳定，具有重大而深远的意义。

2. 汇聚最广泛社会力量，推动香港"再出发"

2020年5月5日，"香港再出发大联盟"在香港中环中心举行成立仪式。大联盟由全国政协副主席、前特首董建华和梁振英作为总召集人，由1545名社会各界人士共同发起成立。大联盟的1545名发起人都是各界精英代表，阵容可谓"豪华"，几乎齐聚香港政商界知名人士力量。大联盟覆盖面之广，体现了"再出发"已成为香港社会共识和最大公约数。

相关链接：
香港再出发

大联盟发布共同宣言，呼吁坚守"一国两制"。大联盟旨在团结香港各界人士，凝聚共识，为香港寻找出路。针对修例风波及新冠肺炎疫情后香港面对的困境，配合特区政府寻找解决方案，支持特区政府依法施政，聚集力量再出发。

大联盟的目标之一是振兴经济，但是又不止于振兴经济。要想办法救经济、保就业、保收入，同时为2020年毕业离校年轻人提供就业实习、担任义工、服务社会和培训计划等机会，从而令年轻人不无所事事，日后待经济恢复、正式申请工作时有一定的工作履历。

支持和配合特区政府持续做好防疫抗疫工作，包括协调各类民生物资的供需，是大联盟另一项重点工作。为支持教育界做复课准备，大联盟从5月9日起启动首个大型活动，1545名共同发起人两日内就在全港各区派发了400万个儿童口罩及600万个成人口罩。

教育、文化、宗教、青年、劳工等各阶层各界别代表也纷纷参与大联盟，香港11所大学，几乎每个大学校长都是大联盟参与者。还有一个特点是专业人士多，代表香港社会中坚力量。未来，这些爱国爱港的专业人士将积极主动发声，引导社会舆论，相信定能匡扶正义、激浊扬清，令香港社会重回正轨。

新冠肺炎疫情总会过去，但社会动荡却未必就此结束，如何团结香港，如何在逆境之中推动香港经济复苏，转危为机，是大联盟未来努力的方向。

香港的历史是一部迎难而上、逆境自强、永不言弃的历史。梁振英指出："缠绕香港的结我们一定可以一个一个解，摆在香港面前的机会，我们一定可以一个一个用好。"千里之行始于足下，"香港再出发"并非一个口号，而是香港同胞可以共同实现，也必须共同实现的目标。

二、更加自信地推进具有澳门特色的"一国两制"成功实践

20多年前，饱经沧桑的澳门回到祖国怀抱，中华人民共和国澳门特别行政区宣告成立，开启了澳门历史新纪元。20多年来，在中央政府和祖国内地大力支持下，在澳门行政长官带领下，澳门特别行政区政府和社会各界人士同心协力，开创了澳门历史上最好的发展局面，谱写了具有澳门特色的"一国两制"成功实践的华彩篇章。

（一）澳门回归祖国20多年来取得的成就

1. 以宪法和澳门基本法为基础的宪制秩序牢固确立，治理体系日益完善

澳门特别行政区坚决维护中央全面管治权，正确行使高度自治权。顺利完成基本法第23条和国歌法等本地立法，成立特别行政区维护国家安全委员会，维护国家主权、安全、发展利益的宪制责任有效落实。行政、立法、司法机关严格依法履行职责，正确处理相互关系，自觉维护行政长官权威，确保以行政长官为核心的行政主导体制顺畅运行。特别行政区民主政制有序发展，澳门居民依法享有的广泛权利和自由得到充分保障。

2. 经济实现跨越发展，居民生活持续改善

"一中心、一平台、一基地"建设扎实推进，人均地区生产总值大幅增长，跃居世界第二。经济适度多元发展成效初显，会展、中医药、特色金融等新兴产业方兴未艾。参与共建"一带一路"和粤港澳大湾区建设取得积极进展。民生福

《2019年国际协会会议市场年度报告》显示，澳门全球城市排名跃升至第48位，较2018年上升23位。

利水平显著提升，免费教育、免费医疗、双层式社会保障等一系列政策惠及全社会，澳门居民获得感、幸福感越来越强。

3. 社会保持稳定和谐，多元文化交相辉映

回归前治安不靖的状况得到迅速扭转，澳门成为世界最安全的城市之一。政府和市民、不同界别、不同族群保持密切沟通，社会各界理性表达各种诉求，形成良好协调机制。中华文化传承光大，多元文化异彩纷呈。

（二）"一国两制"成功实践的澳门经验

澳门地方虽小，但在"一国两制"实践中作用独特。总结澳门"一国两制"成功实践，可以获得以下4点重要经验。

1. 始终坚定"一国两制"制度自信

广大澳门同胞发自内心拥护"一国两制"，认同"一国两制"是澳门保持长期繁荣稳定的最佳制度。在践行"一国两制"过程中，特别行政区政府和社会各界坚持把维护国家主权、安全、发展利益和维护澳门长期繁荣稳定统一起来，意志坚定，从不为一时之曲折而动摇，从不为外部之干扰而迷惘，善于把握国家重大发展战略和一系列政策支持带来的机遇，乘势而上，在融入国家发展大局中实现自身更好发展。

澳门的成功实践告诉我们，只要对"一国两制"坚信而笃行，"一国两制"的生命力和优越性就会充分显现出来。

2. 始终准确把握"一国两制"正确方向

广大澳门同胞深刻认同"一国"是"两制"的前提和基础，旗帜鲜明维护宪法和基本法确定的宪制秩序，尊重国家主体实行的社会主义制度，正确处理涉及中央和特别行政区关系的有关问题。特别行政区行政、立法、司法机关坚持把维护中央对特别行政区全面管治权和保障特别行政区高度自治权有机结合起来，坚守"一国"原则底线，自觉维护中央权力和基本法权威。

澳门的成功实践告诉我们，确保"一国两制"实践不变形、不走样，才能推动"一国两制"事业行得稳、走得远。

3. 始终强化"一国两制"使命担当

广大澳门同胞以主人翁意识,自觉站在国家整体利益和澳门根本利益的立场上考虑问题,把成功实行"一国两制""澳人治澳"、高度自治作为共同使命,并把这一担当同实现中华民族伟大复兴的中国梦紧密联系在一起。特别行政区政府团结带领社会各界人士,积极探索适合澳门实际的治理方式和发展路径,相继提出"固本培元、稳健发展""全面提升澳门社会综合生活素质""传承创新、共建和谐""同心致远、共享繁荣"等施政方针,集中精力发展经济,切实有效改善民生,坚定不移守护法治,循序渐进推进民主,包容共济促进和谐,让澳门焕发出蓬勃向上的生机活力。

澳门的成功实践告诉我们,当家作主的澳门同胞完全能够担负起时代重任,把特别行政区管理好、建设好、发展好。

4. 始终筑牢"一国两制"社会政治基础

广大澳门同胞素有爱国传统,有强烈的国家认同感、归属感和民族自豪感,这是"一国两制"在澳门成功实践的最重要原因。特别行政区政府和社会各界高度重视弘扬爱国传统,坚决落实以爱国者为主体的"澳人治澳",特别行政区政权机关均以爱国者为主组成,爱国爱澳力量日益发展壮大,爱国爱澳核心价值在澳门社会居于主导地位。在行政长官亲自领导、政府部门切实履职、社会各界共同参与下,澳门各类学校的爱国主义教育有声有色,国家意识和爱国精神在青少年心田中深深扎根。

澳门的成功实践告诉我们,不断巩固和发展同"一国两制"实践相适应的社会政治基础,在爱国爱澳旗帜下实现最广泛的团结,是"一国两制"始终沿着正确轨道前进的根本保障。

（三）澳门当前和未来的发展方向

1. 澳门当前的工作方向

受到新冠肺炎疫情影响,全球经济面临严峻考验。以旅游服务出口为主的澳门经济难以独善其身。2020年前两个月旅客入境澳门人次同比下降56.9%;第一季度博彩业毛收入同比下降60%。截至2020年3月,最新一期的总体失业率为2.1%,本地居民失业率为2.9%,就业不足率为0.8%,就业形势仍然大体稳定,但变化隐忧不能忽略。

面对问题,既不能回避经济下行带来的压力,也要对克服当前困难抱有信心。当前内地疫情防控向好态势进一步巩固,为经济社会秩序全面恢复提供有力保障;澳门经济和社会经历过多次考验,已形成一定的韧性,可以抵御疫情冲击,并在疫后较快恢复活力。

澳门特区政府经济财政司司长李伟农表示，澳门2020年经济财政范畴整体的施政目标是"稳信心、纾民困、撑经济、保就业"。基本任务是恢复和稳定疫后经济，防止经济出现硬着陆，部署和赋能未来发展，推动经济适度多元，保护好特区成立以来得来不易的经济基础和发展势头。

自从疫情发生以来，澳门围绕2020年的施政目标和基本任务，分三个阶段开展工作：齐心抗疫保元气（抗疫阶段），稳定经济促内需（恢复阶段），提振经济扩客源（提振阶段）。新冠肺炎疫情的冲击让澳门清醒地看到经济结构较为单一的问题，为推动经济适度多元化发展，要在产业结构上作出改变。

此外，澳门特区政府因应疫情推出的两轮稳经济保就业纾困措施、在百亿抗疫援助基金中预留32亿澳门元的疫后提振经济专款、疫后加大公共投资和加快审批200多项工程项目等，都有助于澳门经济加快转暖。

2. 澳门未来的发展方向

"一国两制"事业任重道远。面对世界百年未有之大变局，面对澳门内外环境新变化，澳门特别行政区新一届政府和社会各界要站高望远、居安思危、守正创新、务实有为，在已有成就的基础上推动澳门特别行政区各项建设事业跃上新台阶。

（1）坚持与时俱进，进一步提升特别行政区治理水平。古人说："善为政者，弊则补之，决则塞之。"要适应现代社会治理发展变化及其新要求，推进公共行政等制度改革，提高政府管治效能，促进治理体系和治理能力现代化。要把依法办事作为特别行政区治理的基本准则，不断健全完善依法治澳的制度体系。要善用科技，加快建设智慧城市，以大数据等信息化技术推进政府管理和社会治理模式创新，不断促进政府决策科学化、社会治理精准化、公共服务高效化。

（2）坚持开拓创新，进一步推动经济持续健康发展。要着眼长远、加强谋划，围绕"一中心、一平台、一基地"的目标定位，坚持规划先行，注重统筹协调，有序推进各项部署。要结合澳门实际，在科学论证基础上，选准经济适度多元发展的主攻方向和相关重大项目，从政策、人力、财力等方面多管齐下，聚力攻坚。要积极对接国家战略，把握共建"一带一路"和粤港澳大湾区建设的机遇，更好发挥自身所长，增强竞争优势。当前，特别要做好珠澳合作开发横琴这篇文章，为澳门长远发展开辟广阔空间、注入新动力。

（3）坚持以人为本，进一步保障和改善民生。要坚持发展的目的是为广大市民创造更加美好的生活，采取更加公正、合理、普惠的制度安排，确保广大市民分享发展成果。要结合发展需要和市民需求，加强交通、能源、环保、信息、城市安全等公共基础设施建设，改善市民生活环境，提升市民生活质量。要积极回应市民关切，着力解决住房、医疗、养老等方面的突出问题，更加关注对弱势群体的帮助和扶持。要不断提高教育水平，打造高标准教育体系，为青少年成长成才创造更好条件。

（4）坚持包容共济，进一步促进社会和谐稳定。要坚持和弘扬爱国爱澳核心价值，广泛凝聚共建澳门的社会共识。要加强社团建设，充分发挥众多爱国爱澳社团在政府和市民之间的沟通桥梁作用。要保持澳门社会讲团结、重协商的传统，有事多商量，做事多协调，妥善处理社会矛盾，共同维护社会祥和。要发挥澳门中西文化荟萃的优势，助力国际人文交流，促进世界文明互鉴。

20世纪80年代初，邓小平等老一辈领导人提出"一国两制"伟大构想时，就坚信这个方针是对头的，是行得通、办得到、得人心的。30多年来，"一国两制"实践取得的成功举世公认。当然，"一国两制"的制度体系也要在实践中不断加以完善。我们坚信，包括港澳同胞在内的中国人民完全有智慧、有能力把"一国两制"实践发展得更好，把"一国两制"制度体系完善得更好，把特别行政区治理得更好。中华民族伟大复兴的前进步伐势不可挡，香港、澳门与祖国内地同发展、共繁荣的道路必将越走越宽广！

相关链接：
1949、1999、2019，跨越70年的爱国密码

香港、澳门回归祖国后，处理这两个特别行政区的事务完全是中国内政，用不着任何外部势力指手画脚。中国政府和中国人民维护国家主权、安全、发展利益的意志坚如磐石，我们决不允许任何外部势力干预香港、澳门事务！

三、坚决反对"以疫谋独"，坚定不移推进祖国统一大业

新冠肺炎疫情不仅影响了大陆和台湾的经济社会发展，更有一些"台独"分子想要借疫情达到与大陆"脱钩""以疫谋独"的政治目的。对此，我们在坚持对台工作大政方针的基础上，坚决反对和遏制"台独"分裂行径，完善促进两岸合作交流、深化两岸合作发展、保障台湾同胞福祉的制度安排和政策措施，团结广大台湾同胞共同反对"台独"、促进统一，相信我们一定能开创民族复兴的美好未来。

（一）疫情影响下台湾的经济社会形势

新冠肺炎疫情对台湾经济与产业的影响逐步扩大，其中对不同产业与行业的影响程度有所不同，疫情第一阶段（到2020年2月底）对台湾制造业产业影响并不显著，但对航空运输等服务业影响则尤为明显。随着疫情的持续蔓延与发

展，对台湾产业尤其是支柱性电子科技产业的影响会逐步增大。

2019 年，台湾电子科技产业表现优异，是台湾经济增长与股市上涨的最大亮点。台积电、联发科、大立光、鸿海等一大批电子科技企业支撑着台湾贸易出口与经济增长。特别是 2019 年台湾半导体设备投资总额达 155.8 亿美元，超过中国大陆跃居全球第 1 位，更是美国半导体设备投资金额的 2 倍。2020 年年初疫情发生后，就第一阶段观察，对台湾电子科技产业影响不大。1—2 月电子科技产业企业营业收入同比普遍增长，甚至显著增长，只有少数出现负增长。

然而，第二阶段开始，疫情在全球蔓延，全球经济受到影响，对台湾产业尤其是电子科技产业的影响逐步扩大。一方面，对台湾电子科技产业影响重大的大陆市场，在经历近两个月时间停产及对台湾相关产业原物料零件等一度出现供需紧张状态后，3 月中旬开始逐步复工复产，在一定程度上缓解台湾电子科技产业的原物料零件供应与市场需求，对台湾电子科技产业的影响有所缓和。另一方面，疫情向全球蔓延，美国经济受到影响，对台湾电子科技产业的影响逐渐浮现，但具体影响程度目前尚难以准确评估。随着国际市场需求下降，全球经济与外贸衰退，台湾电子科技企业的营业收入普遍下调将成为不可避免的趋势，进而影响台湾整体产业与经济表现。

首先，疫情对航空运输业影响重大。疫情发生后，台湾当局率先对大陆采取红色旅游警告，大幅停飞两岸航班，后又严格控制两岸往来人员，使台湾航空运输业率先受到打击。到 2 月 20 日，桃园机场每日客运量暴跌只剩 4.5 万人，仅是 2019 年同期的 30%。3 月 8—14 日，国际航线取消航班达 64.8%，载客人次为 18 万，与 2019 年 12 月相比跌幅达 84%，即仅剩 16% 的旅客。随着全球疫情大暴发，许多国家或地区进行出入境人员管制，停航范围扩大，影响进一步加剧，台湾航空运输业进入最严峻的寒冬期。

疫情下的台湾旅游业盼人来，却又怕人潮。

其次，观光旅游业受到巨大冲击。2019 年，台湾观光旅游平稳增长，全年赴台旅客为 1184 万人次，同比增长 7%。2020 年年初，疫情暴发后，台当局率先对两岸旅游与人员往来采取严厉管制措施。随着疫情的蔓延与发展，台湾管制地区逐步扩大，台湾旅游行业受到重大影响。2 月，境外赴台旅游人数衰退 60%；饭店营业收入下降 30% ～ 40%。随着疫情的扩大，台湾于 4 月起全面停止出境与入境的观光旅游，对旅游行业是沉重打击，预计全年入境人数可能衰退 50% 左右，将会减少 500 多万人次，将重创旅游观光产业。

旅游行业企业出现倒闭潮，预计上半年有 500 多家旅行社停业，下半年可能有 3500 家。

最后，疫情对餐饮、娱乐、百货商场等商业影响显著。受疫情影响，不能聚集或聚会，各餐厅、酒店、娱乐场所等一片冷清，业绩大幅下滑，如远东百货 2 月营业收入同比下降 23.5%。台湾经济部门评估，3—4 月，百货、夜市等业绩最差，下降 2～5 成。台湾商业研究院调查显示，疫情暴发以来，影响消费者信心，宴会、春酒等纷纷取消，预估大型宴会餐饮企业营业收入同比下滑 60%～70%，一般餐饮企业下滑 20%～30%，百货零售企业营业收入下滑 20%。台经济主管部门统计，2 月，餐饮业营业收入 584 亿元新台币，同比下降 17%，创 2003 年"非典"以来最大减幅。随着疫情在全球蔓延，对这些行业的影响将会进一步扩大，可能会有越来越多的餐厅、酒店等歇业或倒闭关门。

不过，疫情暴发也带动或催生了平台、共享、云端与居家等新业态、宅经济与新经济发展。一是生物医疗产业，如口罩、呼吸机与相关物料产业得到发展；二是大数据、云产业、物联网等科技服务产业，如防范新冠肺炎疫情，避免人与人接触，带动大数据、云计算与物联网服务加速普及与应用；三是生活超市、外卖与宅经济。但这些新业态与新经济发展，以及台当局采取的一系列纾困措施，无法从根本上解决新冠肺炎疫情对经济尤其是航空运输、观光旅游与餐饮等行业的重大冲击，无法改变疫情对整体经济与广大产业带来的影响。

（二）大陆再出惠台新措施

为进一步帮助广大台商台企应对疫情和复工复产，为台商台企提供更多发展机遇、同等待遇，对台商台企在大陆投资兴业给予更有力支持，助力台商台企取得更好发展，继"惠台 31 条"和"惠台 26 条"之后，大陆再出惠台新措施。2020 年 5 月 15 日，国家发展改革委、国务院台办等十部门联合印发《关于应对疫情统筹做好支持台资企业发展和推进台资项目有关工作的通知》（以下简称"惠台 11 条"）。具体内容如下。

1. 持续帮扶台资企业复工复产

根据地方统筹做好疫情防控和复工复产总体安排，协助解决台资企业在生产经营过程中遇到的供应链协同、达产等方面困难，确保台资企业同等享有中央和地方出台的各类援企稳岗政策。

2. 统筹协调推进重大台资项目

参照重大外资项目有关机制协调推进重大台资项目，密切跟踪在谈项目进展，充分发挥各类涉台产业园区等发展平台优势，出台具有竞争力和针对性的招商引资政策，加强各级联动和部门协同，建立项目绿色通道，做好工程建设保障、审批事项衔接，开展全流程对接服务，促进台资项目加快落地见效，为台资企业参与本地重大项目提供同等待遇。

3. 积极支持台资企业增资扩产

根据地方实际，在法定权限内研究出台用地、用能、用工等方面具体措施，为台资企业增资扩产提供政策支持。全面落实境外投资者以分配利润直接投资暂不征收预提所得税政策规定，支持台资企业以分配利润进行再投资。支持台资企业参与海南自由贸易港建设、粤港澳大湾区建设、长三角一体化发展等区域发展战略和各地自贸试验区建设。支持有产业转移需求的东部地区台资企业优先向中西部和东北地区转移。

4. 促进台资企业参与新型和传统基础设施建设

支持台资企业发挥自身优势，与大陆企业共同研发、共建标准、共创品牌、共拓市场，以多种形式参与大陆5G、工业互联网、人工智能、物联网等新型基础设施的研发、生产和建设。对台资企业和台湾高端人才从事新型基础设施相关的集成电路、工业软件、信息系统等，提供与大陆企业和同胞同等待遇。继续支持台资企业参与交通、能源、水利等传统基础设施建设。

5. 支持台资企业稳外贸

鼓励台资企业发展跨境电商，开展线上供采对接，扩大出口业务。指导台资企业充分利用中欧班列开展进出口贸易。落实相关纾困政策，支持台资加工贸易企业统筹内外贸发展。进一步扩大出口信用保险对台资企业的覆盖面。

6. 有效引导台资企业拓展内销市场

支持台资企业适应大陆"互联网＋"发展和消费升级趋势，借助大陆电商平台开展线上市场营销推广，拓宽对接内需市场的渠道，充分挖掘大陆市场潜力。

7. 全面落实税费减免政策

落实好阶段性减免企业社会保险费政策，对符合条件的台资企业按规定免征或减半征收社会保险单位缴费部分。有条件的地方可研究出台减免物业租金、降低生产要素成本、加大企业职工技能培训补贴等支持政策，符合条件的台资企业可同等申请享受。

8. 强化金融支持台资企业疫情防控和复工复产

落实金融支持防控疫情相关政策，为受疫情影响较大的台资企业提供优惠的金融服务。发挥国有控股小额贷款公司等地方金融组织的作用，加大信贷支持力度，满足台资企业差异化金融需求。鼓励符合条件的台资企业在大陆上市融资，为符合条件的科创型台资企业在科创板上市提供支持。鼓励台湾金融机构把握大陆金融领域自主开放新机遇，参与两岸金融合作。

9.充分保障台资项目合理用地需求

对于台资企业复工复产、重大投资项目，坚持"要素跟着项目走"，合理安排用地计划指标，按照《国务院关于授权和委托用地审批权的决定》（国发〔2020〕4号）等政策文件和"放管服"要求依法依规做好用地保障服务。鼓励探索推行"标准地"供应改革，通过区域评价统一化、开发标准公开化、权利义务合同化、履约监管闭环化等方式，加快台资项目落地。

10.有力支持台资中小企业发展

充分发挥各级中小企业公共服务示范平台作用，通过线上培训等形式，为台资中小企业提供政策、技术、管理等方面服务。积极帮助台资中小企业解决受疫情影响造成的合同履行、劳动关系等法律问题。鼓励台资中小企业利用好本级相关资金等支持政策。

11.主动做好台资企业服务工作

对台资企业一视同仁，着力为台资企业办实事、做好事、解难事。加强与本地台资企业协会、重点台资企业等沟通交流，宣传解读有关政策法规，通报疫情防控和复工复产有关工作要求，认真听取台资企业意见建议，积极回应台资企业关切诉求，妥善化解涉台纠纷，切实维护台资企业合法权益。

对于"惠台11条"，台湾商圈一片叫好声。他们纷纷表示，这些措施是帮助企业应对疫情和复工复产的及时雨，将为台商在大陆的发展注入强大的推动力。

相关链接：
台湾经济增长最大动力来自大陆

（三）坚持"九二共识"，继续推进祖国统一

2016年民进党执政以来，拒不承认体现一个中国原则的"九二共识"，两岸交流交往失去共同政治基础。美国更是以所谓"修昔底德陷阱"为由，大打"台湾牌"，企图扼制中国大陆发展。2020年年初，新冠肺炎疫情暴发，民进党当局却"以疫谋独"，利用新冠肺炎疫情趁机全面压缩两岸交流交往，煽动台湾民众的"恐中""反中"情绪，给两岸关系发展带来严重损害。两岸关系复杂严峻的局面逐渐从官方交流蔓延至两岸民间社会的交流交往。

在两岸关系问题上，说一套做一套，玩弄蹩脚的政治骗术，注定是不可能得逞的。而且，为谋一党一己之私，制造和升高两岸对立对抗，切割台湾与大陆的关系，充当外部反华势力的马前卒，企图通过"修法""公投"推进"法理台独"，都是严重损害台湾同胞福祉、严重损害中华民族根本利益、严重威胁台海和平稳定的极危险行径。谎言可笑、可耻，但不可怕。大陆方面多次强调，祖国统一是中华民族伟大复兴的历史必然，是任何人任何势力都无法阻挡的。"台独"是逆流，是绝路。我们坚持"和平统一、一国两制"基本方针，愿意为和平统一创造广阔空间，但绝不为各种形式的"台独"分裂活动留下任何空间。

1. 坚持一个中国原则，坚决维护"九二共识"

坚持体现一个中国原则的"九二共识"，是两岸关系和平稳定不可动摇的基础。民进党当局对此拒不承认，公然推动"台独"分裂活动，阻挠限制两岸交流，肆意抹黑攻击大陆，妄图实现"法理台独"，煽动敌意，升级对抗，是导致两岸关系恶化、台海局势严峻的根本原因。在此正告民进党当局和别有用心之徒：两岸人民绝不允许你们挟洋自重走"台独"绝路，绝不允许你们肆意妄为断送台湾同胞福祉，绝不允许你们把疫情当炒作资本蒙骗民众，绝不允许你们逆势蠢动做有损两岸感情之事。"撼山易，撼'九二共识'难"，任何分裂祖国的企图和行径绝不会得逞！

2. 践行"两岸一家亲"理念，顺应历史发展大趋势

同宗同源，骨血相连，命运与共，俱损俱荣，两岸同胞是一家人，祖国大陆无时无刻不牵挂着台湾同胞。我们理解台湾同胞因特殊历史遭遇和不同社会环境而形成的心态，尊重台湾同胞选择的社会制度和生活方式，也诚挚盼望台湾同胞拨开重重阴霾，正确认识和看待两岸关系：充分认清台湾是中国不可分割的一部分，既是法理历史事实，也是国际社会共识；充分认清"台独"是穷途绝路，只会给台湾民众带来深重灾难，一意孤行只能让台湾沦为棋子；充分认清两岸走近、走亲，有利于台湾经济社会繁荣发展，台湾将会一直是璀璨的"宝岛"；充分认清大陆是台湾最大出口市场、最大进口来源地、最大贸易顺差来源地和最大投资目的地，蕴含着宝贵机遇，是广大台胞发展事业的最佳选择。

3. 深化两岸融合发展，努力促进民心相通

大陆和台湾是休戚与共的命运共同体。亲人就要彼此包容、相互走动、心心相通，本着相互理解、相互尊重的原则，尽可能地化异聚同；坚定不移推进祖国和平统一进程，不断完善保障台湾同胞福祉的制度安排和政策措施，使其涵盖政治待遇、生活待遇等方方面面，特别为台湾青年在大陆学习、创业、就业、生活提供同等待遇；坚定不移推动两岸交流合作，深化两岸经济社会融合发展，将促进两岸经济文化交流合作的"惠台31条""惠台26条""惠台11条"等进一步落到实处，解决"最后一公里"问题；坚定不移深化两岸同胞情感融合与心灵契

合，共同实现民族复兴，不断增加台湾同胞的获得感、荣誉感、幸福感，满足台湾同胞对美好生活的新期待。

正如习近平总书记在《告台湾同胞书》发表40周年纪念会上指出的："台海形势走向和平稳定、两岸关系向前发展的时代潮流，是任何人任何势力都无法阻挡的！"当前两岸关系虽然受到岛内外各种因素的干扰，但两岸关系和平发展始终是两岸同胞的最大共识。对此，我们必须坚定立场、创新思维、突出重点、因势利导，以最终实现祖国和平统一与中华民族的伟大复兴！

拓展阅读

全面准确贯彻"一国两制"方针的重要制度保证

6月30日，十三届全国人大常委会第二十次会议表决通过《中华人民共和国香港特别行政区维护国家安全法》（以下简称《香港国安法》），并决定将该法列入香港基本法附件三，由香港特别行政区在当地公布实施，这是一件合民情、顺民意、奠定香港繁荣稳定之基的重大举措。《香港国安法》的颁布实施是"一国两制"制度实践进程中具有里程碑意义的事件，体现了以习近平同志为核心的党中央坚决维护香港繁荣稳定的坚定决心和坚强意志。

整治香港乱局的出鞘利剑

《香港国安法》具有"刚性"的一面。国家安全是中央事权，中央政府对国家安全负有最大和最终的责任，也享有和行使一切必要权力。综观当今世界各国，均将以维护国家主权和领土完整为核心的国家安全置于国家治理的核心地位，无论是联邦制国家，还是单一制国家，各国在国家层面都将国家安全立法作为第一要务。《中华人民共和国宪法》和《中华人民共和国香港特别行政区基本法》（以下简称《香港特别行政区基本法》）共同构成香港特别行政区的宪制基础，其中《香港特别行政区基本法》第23条规定："香港特别行政区应自行立法禁止任何叛国、分裂国家、煽动叛乱、颠覆中央人民政府及窃取国家机密的行为，禁止外国的政治性组织或团体在香港特别行政区进行政治活动，禁止香港特别行政区的政治性组织或团体与外国的政治性组织或团体建立联系。"由此明确了香港特别行政区负有维护国家安全的宪制责任和立法义务。然而，香港回归20多年来，由于反中乱港势力和外部敌对势力的极力阻挠、干扰，23条立法一直没有完成，特别是2003年23条立法受挫以来，这一立法在香港已被一些别有用心的人严重污名化、妖魔化。除了法律制度外，香港特别行政区在维护国家安全的机构设置、力量配备和执法权力等方面存在明显缺失。尤其是2019年香港发生"修例风波"以来，"港独"、分裂国家、暴力恐怖活动等各类违法犯罪活动愈演愈烈，一些外国和境外势力公然干预香港事务，利用香港从事危害我国国家安全的活动，使香港成为其推行"颜色革命"的前沿阵地，严重挑战"一国两制"原则底线，严重危害国家主权、统一和领土完整。而《香港国安法》规定中央人民政府对香港特别行政区有关的国家安全事务负有根本责任，香港特别行政区负有维护国家安全的宪制责任，应当履行维护国家安全的职责。香港特别行政区行政机关、立法机关、司法机关应当依据有关法律规定有效防范、制止和惩治危害国家安全的行为和活动。同时该法对分裂国家罪、颠覆国家政权罪、恐怖活动罪、勾结外国或者境外势力危害国家安全罪四类犯罪行为的具体构成和相应的刑事责任、处罚规定以及效力范围亦作出明确规定。因此，《香港国安法》就是一把高悬的利剑，一旦出鞘，一切危害国家、危害香港繁荣稳定的"祸港""乱港"行为将会无所遁形。事实上，《香港国安法》刚刚颁布，那些反中乱港、制造恐怖、内外勾连出卖国家利益的"港独""黑暴""揽炒"势力就作鸟兽散，丑态毕现，香港实现"由乱而治"指日可待。中国政府维护国家主权、安全、发展利益的决心坚定不移，反对任何外部势力干涉香港事务的决心坚定不移，美方通过所谓制裁阻挠中方推进香港国家安全立法的图谋绝不会得逞。在当今复杂的国际环境下，各方"乱港""祸港"势力还会伺机反扑，维护香港安全工作也面临具有许多新的历史特点的伟大斗争，我们必须发扬斗争精神，增强斗争本领。 为"一国两制"行稳致远保驾护航

《香港国安法》体现了"柔性"的一面。"一国两制"是历史遗留的香港问题的最佳解决方案，也是香港回归后保持长期繁荣稳定的最佳制度安排。《香港特别行政区基本法》第18条规定："全国人民代表大会常务委员会决定宣布战争状态或因香港特别行政区内发生香港特别行政区政府不能控制的危及国家统一或安全的动乱而决定香港特别行政区进入紧急状态，中央人民政府可发布命令将有关全国性法律在香港特别行政区实施。"因此，即使运用全国性法律在香港处理极端情况下的国家安全问题也符合《香港特别行政区基本法》的规定。尽管如此，《香港国安法》制定过程中依然充分尊重香港特别行政区的高度自治权和香港广大居民的现实感受，充分兼顾香港法律制度和司法体制的特殊性。许多专家指出：《香港国安法》体现了中央对特别行政区最大限度信任和依靠，尤其是《香港国安法》明确特别行政区担负维护国家安全主要责任，维护国家安全的绝大部分工作由特别行政区承担，绝大多数案件交由特别行政区办理。香港特别行政区设立维护国家安全委员会，负责香港特别行政区维护国家安全事务，承担维护国家安全的主要责任，并接受中央人民政府的监督和问责。驻港国家安全公署和国家有关机关在特定情形下对极少数危害国家安全犯罪案件行使管辖权，是中央全面管治权的重要体现，有利于支持和加强香港特别行政区维护国家安全执法工作和司法工作。同时，《香港国安法》明确规定香港特别行政区维护国家安全应当尊重和保障人权，依法保护香港特别行政区居民根据《香港特别行政区基本法》和

《公民权利和政治权利国际公约》《经济、社会及文化权利的国际公约》适用于香港的有关规定享有的包括言论、新闻、出版的自由以及结社、集会、游行、示威的自由在内的权利和自由。《香港国安法》在实施过程中突出法治原则，尤其是防范、制止和惩治危害国家安全犯罪时明确界定：法律规定为犯罪行为的，依照法律定罪处刑；法律没有规定为犯罪行为的，不得定罪处刑；任何人未经司法机关判罪之前均假定无罪；保障犯罪嫌疑人、被告人和其他诉讼参与人依法享有的辩护权和其他诉讼权利。

港澳携手践行"一国两制"，澳门国安立法也为香港提供了范例。澳门特区自 2009 年初完成维护国家安全的本地立法、制定《维护国家安全法》以来，特区政府有序开展相关执法工作和配套立法工作。2018 年，澳门特区政府成立统筹和协调执行澳门维护国家安全事务的机构——澳门特别行政区维护国家安全委员会。因此，得益于宪法和基本法权威的牢固树立，澳门回归祖国以来的 20 年是历史上经济发展最快、民生改善最大的时期，也是澳门同胞共享伟大祖国尊严和荣耀感最强的时期。

助力香港保持长期繁荣稳定的定海神针

《香港国安法》的制定统筹了发展和安全的辩证关系，被誉为保持香港长期繁荣稳定的"守护神"。2019 年"修例风波"以来，香港经济遭受重创，大量员工失业，一批企业倒闭，一系列暴恐事件使社会陷入动荡，海内外投资者止步，众多被"黑暴"势力所裹挟的青少年误入歧途，关心香港的人士都发出疑问：香港怎么了？香港向何处去？许多人甚至担心"东方之珠"将会黯淡无光。事实雄辩地证明，"一国"是根，根深才能叶茂；"一国"是本，本固才能枝荣。香港只有维护国家安全，才能保持自身的自由和活力。唯有依法有效防范、制止和惩治危害国家安全的违法犯罪行为，才能更好保障香港绝大多数居民的生命财产安全和各项基本权利自由。

香港的命运从来同祖国紧密相连。"一国两制"构想提出的目的，一方面是以和平的方式对香港恢复行使主权，另一方面就是为了促进香港发展，保持香港国际金融、航运、贸易中心地位。香港既是改革开放的贡献者，也是受益者。"苏州过后无艇搭"，2017 年习近平主席在香港用这一粤语俗语叮嘱香港同胞珍惜机遇、抓住机遇。2019 年以来，香港经济陷入衰退，其中最重要的原因在于：香港在国家安全领域长期"不设防"，持续发生的激进暴力犯罪行为，严重践踏法治和社会秩序，严重破坏香港繁荣稳定。习近平主席指出，香港虽有不错的家底，但在全球经济格局深度调整、国际竞争日趋激烈的背景下，也面临很大的挑战，经不起折腾，经不起内耗。

发展是永恒的主题，是香港的立身之本，也是解决香港各种问题的金钥匙。2019 年 2 月，中共中央、国务院正式印发了《粤港澳大湾区发展规划纲要》，香港首次被纳入国家整体发展战略规划，并专门提出打造粤港澳三地紧密合作的结合点和经济发展的支撑点，切实抓好改善民生福祉这个出发点和落脚点，使大湾区建设成果更多惠及广大民众，尤其要让港澳民众特别是年轻人有获得感。

维护国家主权、统一和领土完整是包括香港同胞在内的全中国人民的共同义务。良法为善治之前提。以法律为武器，有效震慑违法犯罪，有力遏制外部干预，才能为解决香港深层次矛盾问题、集中精力发展经济和改善民生营造良好社会环境，也才能更好保障所有来港投资者的发展利益。香港社会今后需要大力开展维护国家安全的教育，普遍增强民众维护国家安全的意识。

（资料来源：《学习时报》2020 年 7 月 22 日 A1 版）

阅读推荐

1.《新华时评：西方某些媒体，请学会放下"剧本"看事实》，新华网，2020 年 5 月 27 日。

2. 贺一诚：《坚定践行"一国两制"，全面守护国家安全》，人民网，2020 年 4 月 15 日。

3.《"台湾参加世界卫生大会"是彻头彻尾的伪命题》，新华社，2020 年 5 月 17 日。

思考题

1. 你如何看待国家安全立法？
2. 澳门"一国两制"实践的成功经验有哪些可借鉴之处？
3. 你认为我们应如何推进两岸关系发展？

专题 八

推动全球抗疫合作，构建人类命运共同体

人类文明史也是一部同疾病和灾难的斗争史。病毒没有国界，疫病不分种族。当前，人类正在经历第二次世界大战结束以来最严重的全球公共卫生突发事件。新冠肺炎疫情突如其来，截至 2020 年 6 月已波及 200 多个国家和地区，影响 70 多亿人口，夺走了 50 余万人的宝贵生命。面对来势汹汹的新冠肺炎疫情，国际社会没有退缩，各国人民勇敢前行，守望相助、风雨同舟，展现了人间大爱，汇聚起同疫情斗争的磅礴之力。在人类社会的共同努力之下，这场全球战"疫"终将取得胜利。

在全球深度互联的今天，人类越来越成为你中有我、我中有你的命运共同体。面对新冠肺炎疫情的威胁，没有哪个国家可以孤军作战，也没有绝对安全的"世外桃源"，只有每个国家都控制住疫情，全球才有共同安全可言。习近平主席在 2020 年 3 月 12 日同联合国秘书长古特雷斯通电话时指出，新冠肺炎疫情的发生再次表明，人类是一个休戚与共的命运共同体。在经济全球化时代，这样的重大突发事件不会是最后一次，各种传统安全和非传统安全问题还会不断带来新的考验。国际社会应该秉持人类命运共同体理念，守望相助，携手应对风险挑战，共建美好地球家园。

一、世界其他国家和地区疫情及应对

自新冠肺炎疫情发生以来，经历了从局部发生到多地多发再到全球蔓延的变化。自 2020 年 1 月疫情发生以来，尽管中国率先采取了在武汉实施"封城"、在全国范围内启动公共卫生一级响应等重大举措，举全国之力全面抗击疫情，但由于各国对病毒和疫情发展的认识不同、应对公共卫生危机的机制和效率不同，以及相关资源的生产和储备能力不同，疫情仍呈现出全球多地区多发性的蔓延态势。截至 2020 年 6 月 30 日，全球累计确诊病例超过 1000 万，累计治愈病例超过 560 万，累计死亡病例超过 50 万。

（一）欧洲国家的疫情及应对

欧洲国家采取的抗疫思路和措施从一开始就体现出自身的特点。从对病毒的认识和自身的体制能力出发，多数欧洲国家都在朝着和新冠疫情"长期共存"、打持久战的方向做准备。在打持久战的总体思路下，欧洲国家的抗疫措施也体现出多样性：有从一开始就采取严厉措施的意大利—西班牙的遭遇战模式，也有根据疫情步步升级措施的法国—德国的防御战模式，还有一度被认为是"无所作为"、招致误解和批评的英国—瑞典的消耗战模式。

意大利—西班牙遭遇战。最早成为欧洲疫情暴发点的意大利也是最早采取较严厉防控措施的欧洲国家。从 2 月 7 日发现首例当地人感染病例到 2 月 22 日确诊病例剧增前，意大利对于新冠疫情的认识局限于强流感应对方案，虽然有所行动但政策信号不够明确，防疫措施较为宽松，民众对病毒的认识也不足，许多大规模聚集活动照常举行。前期的认识不足和措施宽松，导致在 2 月 22 日疫情暴发后出现医疗资源挤兑现象，轻症患者无法被及时隔离或治疗、重症患者难以被及时收治，进而出现大范围传染和死亡率增高，引发社会恐慌。意大利政府随后采取了较为果断的措施，于 2 月 22 日当晚发布了应对疫情的紧急措施，对疫情严重的北部地区实行"封城"隔离，继而暂停伦巴第大区、威尼托大区、艾米利亚—罗马涅大区和皮埃蒙特等 9 大区的学校活动。3 月 5 日宣布全国范围停课，8 日开始在北部伦巴第大区及邻近 14 个省采取封闭措施，限制全国约四分之一的人口流动。10 日开始在全国范围内"封城"，防疫措施不断升级。与意大利相邻且往来密切的西班牙紧接着出现疫情集中暴发的态势，并在 4 月 5 日超过意大利成为欧洲确诊病例最多的国家。在 3 月 11 日疫情出现暴发后，西班牙政府改变防疫策略，密集出台措施。13 日宣布全国停课，14 日宣布全国进入为期 15 天的紧急状态，除食品店、药店、理发店等必需服务外，其余商店停工，并颁布禁足令。扩大政府职能，对防疫资源进行统一调配。由于初期对疫情估计不足，意大利和西班牙的抗疫更像是一场和新冠病毒的遭遇战。

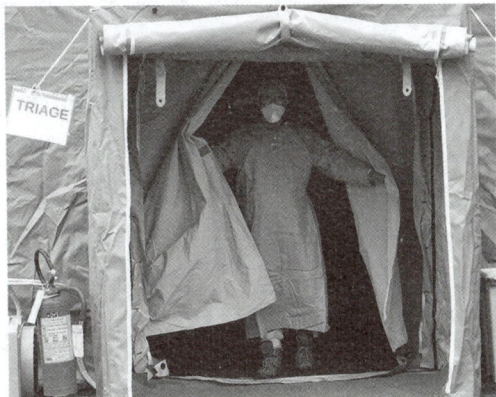

图为 2020 年 3 月 3 日，在意大利布雷西亚，医务人员在医院外搭建的帐篷中工作。截至当地时间 3 月 3 日下午 6 点，意大利的新冠肺炎累计确诊病例增至 2263 例。意大利已经对北部出现确诊病例的若干城镇采取了封闭措施。同时，各地医院外搭建临时帐篷，方便分流、诊断和隔离。

法国—德国防御战。欧洲最早出现确诊病例的法国，由于检测范围有限，疫情发展相对缓和，政府早期应对相对宽松。但在进入 3 月以后，随着周边邻国疫情扩散和检测范围扩大，法国疫情陡然加重、形势严峻。法国历史上经历过多起公共卫生事件，具备相对完备的卫生防疫机制。在疫情初期，法国政府有计划地推进防疫"三步走"策略，即从 1 月底首次出现确诊病例到 2 月 28 日期间，处于疫情防控的"第一阶段"，防疫重点是"阻断病毒入境"。2 月 29 日当天新增确诊病例 16 例，累计达到 73 例，法国卫生部随即宣布进入防疫"第二阶段"，出台的具体措施包括"启动卫生与社会紧急事务接报与调度指挥操作中心"，并依托大区医疗卫生署展开医疗体系的响应活动。但在疫情继续蔓延和集中暴发的形势下，法国疫情在 3 月中旬急转直下，确诊人数增长迅速，医疗系统接近饱和。马克龙总统于 12 日发表电视讲话，认为新冠疫情是 20 世纪初西班牙流感大暴发后 100 年来，人类面临的"最严重的公共卫生危机"，并宣布关闭所有学校。法国卫生部于 14 日宣布进入疫情防控最后阶段，关闭所有"非必需"场所，马克龙总统于 3 月 16 日宣布全国进入"战争状态"，严格限制居民出行并关闭申根区边境。德国抗疫措施也基本按照三阶段来制定，德国疫情第一阶段始于 1 月 27 日巴伐利亚州的首个确诊病例。从 2 月初到中旬，德国防疫重点主要是针对亚洲返回人员进行检测、追踪和隔离，病毒传播链清晰并基本被切断。但自 2 月底随着意大利疫情暴发并通过狂欢节等国内大规模人群聚集传播，德国防不胜防，疫情由局部境外输入转为境内大规模社区传播。3月16—19日短短3天内，德国累计确诊数量翻番，仅19日单日新增确诊病例就超过2000人，总计确诊病例破万，进入疫情高发阶段，防疫策略由此进入第二阶段。与其他欧洲国家相比，德国凭借其相对完善的应急医疗体系和较强的救治能力，重症死亡率长期保持在很低水平。法德根据自身防疫条件和政治动员能力采取的防疫措施，更像是一场随疫情变化随时调整、且战且守并不断增加投入但又尽量保持平衡的防御战。

英国—瑞典消耗战。英国对新冠疫情采取的是以应对大流感为基本模型的思路，也是阻断、延缓和止损的三阶段措施。早期英国错失了阻断传播的时机，在3月中旬被迫提前转入第二阶段，并提出了一些较为宽松的防疫措施，包括不禁止社会聚集、不封闭学校和不强制隔离等。当时作为一种流行病学说的"群体免疫"被解读为英国政府采取这些措施的根据和逻辑，导致英国政府在国内外招致强烈批评。尽管英国政府随即否认将"群体免疫"作为其抗疫方案并升级了防疫措施，但英国根据其民众对政府措施的配合度、"国民医疗体系"应对疫情的能力和资源储备等现实条件，主要防疫思路是拉平疫情峰值曲线、避免峰值来得过早过猛压垮其医疗体系，同时尽力保障高龄、病弱等弱势群体能获得充足的医疗条件，这与意大利—西班牙模式和法国—德国模式都有所不同。

知识链接

群体免疫，是指人群或牲畜群体对传染的抵抗力。群体免疫水平高，表示群体中对传染具有抵抗力的动物百分比高。因为，疾病发生流行的可能性不仅取决于动物群体中有抵抗力的个体数，而且与动物群体中个体间接触的频率有关。如果群体中有70%～80%的动物有抵抗力，就不会发生大规模的爆发流行。

以瑞典为代表的一些北欧国家与英国的防疫思路和对策更为近似。这些国家平素均以福利国家体制和强健医疗体系著称于世，在疫情初发时并未给予足够重视，如瑞典政府在其他欧洲国家疫情暴发后，仍认为疫情在瑞典传播是"低风险事件"，芬兰等国政府也未及时采取应对措施。在疫情出现社区暴发后，瑞典很快就停止对轻症患者的溯源和检测，力图节约医疗资源。但在疫情进一步扩散后，瑞典等国也开始采取宣布紧急状态、社交限制并关闭边境等措施。因此，英国和北欧一些国家的抗疫对策更像是在打一场尽量不伤筋动骨、尽量不影响正常生活秩序、尽量维持基本经济社会活动并和病毒长期周旋的消耗战。

（二）美国的疫情及应对

截至2020年5月，美国国会、国防部、国务院、疾病控制和预防中心、国家航空航天局等部门均出现了新冠肺炎确诊病例。特朗普的一位侍从官和副总统彭斯的新闻秘书确诊，白宫西翼办公区已要求工作人员在楼内全程佩戴口罩。海外和本土军人中，以及"罗斯福号"航母和多艘海军舰艇上暴发疫情，促使国防部部长埃斯珀下达人员流动限制令并暂停多项军事演习。

因联邦政府未及时发布全国数据和检测不到位，舆论推测美实际疫情比公布的严重。疾控中心主任罗伯特·雷德菲尔德承认，一些"流感"死亡病例可能死于新冠肺炎。3月17日，《纽约时报》指出，疫情流行和物资短缺将持续18个月。3月17日，国家过敏症和传染病研究所所长福奇表示，美新冠肺炎确诊病例将在45天后达到峰值，会有10万人死亡。截至6月29日，美国境内累计确诊超253万例，累计治愈超109万例，累计死亡超12万例。

随着疫情加重，联邦政府和各州不得不升级抗疫行动，"全政府"应对新冠疫情进一步扩散。

一是成立应对工作组。1月29日，白宫成立工作组，卫生与公众服务部部长阿扎任主席，成员包括国安会、卫生与公众服务部、国务院、国土安全部、交通部等多个部门的政府官员。2月26日，特朗普总统任命副总统彭斯全权负责指挥新型冠状病毒工作组。

二是启动"国家紧急状态"。3月13日，特朗普总统宣布，美国进入"国家紧急状态"，启动联邦紧急事务管理局"8号紧急支援功能"，敦促各州立即建立紧急行动中心。18日，特朗普宣布，援引1950年《国防生产法案》，扩大国内防护口罩和防护服生产规模。

三是扩大旅行禁令。1月28日起，美先后从武汉、"钻石公主"号游轮撤侨，对撤回侨民实施隔离，这是美国50年来首次发布联邦隔离令。美国禁止曾前往中国、伊朗、申根国家、英国、爱尔兰的外国人入境，关闭美加、美墨边境。3月19日，美国国务院发布全球旅行最高级别第四级警告。特朗普建议，民众避免10人以上聚会，避免随意外出或赴酒吧、餐馆、体育馆等场所。白宫、国会山、最高法院、国防部等部门对公众关闭。

四是出台多轮救助计划。3月6日，特朗普总统签署83亿美元的应急疫情响应资金法案，用于研发疫苗、治疗药物和检测设备，购买医疗设备，向州和地方发放4亿美元。13日，国会再释放500亿美元政府金，协助各州控制疫情。18日，特朗普总统签署第二轮救助法案，包括免费开展新冠病毒检测、支持疫情期间带薪病假、扩大失业保险、扩大食品补助等措施。23日，美联储宣布出台无限量量化宽松（QE）政策。27日，特朗普总统签署纾困金额高达2.2万亿美元的第三轮经济刺激计划。4月24日，特朗普签署第四轮救助法案，将对小企业和医院提供价值4840亿美元的救助。

五是地方政府自救。全美50个州和华盛顿特区相继进入"灾难状态"，以调动更多医疗及人力资源应对疫情。纽约州设立全美首个隔离区，加利福尼亚州宣布"封城令"。各州颁布不同程度的"居家令"，关闭学校、餐饮设施、文娱场所等。

六是军方介入。美军派遣医院船，修建野战医院，支援抗疫。国防部部长埃斯珀表示，将动员预备役和国民警卫队帮助各州抗疫，调拨 500 万只 N95 口罩及其他防护装备，支援卫生与公众服务部。

七是与私营部门合作。特朗普总统与各大保险公司总裁会晤，达成协定，各类医疗保险承担更多检测治疗费。零售商和药店开设免下车检测站点，汽车厂、酒厂、纺织厂等转向生产呼吸机、洗手液、口罩等物资，谷歌公司推出筛查网站。白宫和能源部与 IBM、亚马逊、微软、谷歌、惠普等企业，及麻省理工学院等院校联合设立"COVID-19 高能运算联盟"，动员超级计算机为抗疫提供服务。

（三）俄罗斯的疫情及应对

2020 年 1 月 31 日，俄罗斯首次出现两例新冠肺炎患者，皆为赴俄中国公民，两患者被及时隔离救治，于 2 月中旬治愈出院，未感染他人。2 月 5 日，俄方派军机从武汉撤侨，共计 144 人，隔离观察后无人感染。2 月 29 日，莫斯科市出现首例确诊患者，有意大利旅行史。截至 6 月 29 日，俄罗斯境内累计确诊超 63 万例，累计治愈超 39 万例，累计死亡超 9000 例。

疫情初期，俄以严防输入为主。2020 年 1 月底，俄政府成立了新型冠状病毒防控指挥部，由分管卫生工作的副总理戈利科娃牵头，成员包括紧急情况部、内务部、卫生部、外交部、航空公司等部门负责人。2 月 3 日，政府召开应对疫情专门会议，发布了《阻止新冠病毒疫情传播的国家计划》，提出 22 项应对措施，包括入境填表、居家隔离等。俄总理称，已将新冠肺炎添加至特别危险疾病清单，这将允许将感染新冠病毒的外国公民遣送出境。

为阻断疫情输入，俄陆续采取了关闭部分中俄口岸、取消大部分中俄航班和列车、暂停中国旅游团赴俄免签、延长中国留学生假期、限制从中国出发的外国人入境等措施。2 月 18 日，俄政府再次升级入境限制：自 2 月 20 日起，临时限制持工作、学习和旅游签证的中国公民入境，限制俄公民访华。俄方强调，上述措施皆是出于防范疫情考虑，一旦疫情好转，即予以调整或取消。

随着国际疫情蔓延，俄继续升级应对措施。2 月 28 日，停止向伊朗公民发放签证；限制往返韩国、伊朗等国航班；从中国、韩国、意大利、伊朗、法国、德国和西班牙 7 国入境人员需居家隔离 14 天，违反隔离制度者将受严惩。同日，莫斯科市政府宣布，因违反隔离制度，将依法驱逐 88 名外国公民。随着欧洲疫情蔓延，3 月 16 日，俄政府宣布，3 月 18 日至 5 月 1 日临时限制所有外国人入境（个别情况除外）。

在防输入的同时，俄也加强了对内管控。一是避免聚集。3月5日，俄政府宣布取消圣彼得堡国际经济论坛，莫斯科市进入警戒状态，禁止大型活动和集会。二是科研攻关和防疫物资两手抓。为应对可能的疫情，一方面加快生产新型冠状病毒检测试剂，加紧研发相关疫苗；另一方面禁止口罩、医疗防护服等出口，严控口罩价格。三是在收治病患方面，仿效中国的方舱医院，在莫斯科市远郊建设"新冠疫情遏制中心"。

为集中救治可能出现的新冠病毒社区感染者，俄罗斯疫情防控单位参考中国经验，牵头在莫斯科市远郊开始建设此次疫情中该国首个方舱医院。图为2020年3月19日在俄罗斯首都莫斯科郊外拍摄的施工现场。

（四）其他国家和地区的疫情及应对

1. 中东国家的疫情态势及其应对面临的挑战

自2020年2月下旬开始，新冠肺炎疫情在中东地区迅速扩散。伊朗疫情呈暴发态势，成为全球少数几个累计确诊病例破万的国家；土耳其、以色列等国疫情也日趋严峻，确诊病例数迅速攀升。中东地区人口众多但各国发展并不均衡，地缘博弈令中东政治版图长期动荡、战火频发，这些不利因素对中东地区抗击新冠肺炎疫情造成不小的困难与挑战。

（1）中东国家的疫情态势。截至2020年4月13日，中东各国累计确诊病例超过15万例，所有中东国家均有病例报告。其中伊朗疫情最为严重，发展速度快，感染人数众多，且死亡率相对较高。从伊朗报告首例确诊病例，到病例总数突破1万，仅三周时间。截至4月13日上午，伊朗累计确诊新冠肺炎病例71686人，累计死亡4474人，治愈43894人，死亡率较疫情初期有所下降但仍处较高水平。据媒体报道，截至3月15日，伊朗启动的国家动员计划完成了1000万人的疫情排查工作。此外，土耳其和以色列的确诊人数也已破万。

当前中东地区疫情扩散态势并未趋缓，确诊人数持续增长。但除伊朗、土耳其和以色列外，各国确诊病例数尚未"失控"，仍存在防止疫情大规模扩散的机会窗口。中东最早出现新冠肺炎病例的阿联酋，因采取措施得力，迄今其境内病例并未出现暴发式增长。总体而言，各国宜采取适合自身国情的防疫措施，动员全政府、全社会力量应对疫情。

（2）中东国家防疫面临的挑战。受到地区国家发展不均衡、地缘政治博弈复杂多变、极端主义及恐怖主义肆虐、难民问题等多重因素影响，中东各国应对新冠肺炎疫情能力参差不齐，外部干扰因素众多，无法形成区域防疫合力，难以构建区域性联防联控联治体系，因而防疫缺口巨大。

一方面，中东国家普遍存在医疗系统薄弱、民众缺少防护意识、防疫资源严重不足等问题。另一方面，中东多个国家常年政局动荡、经济凋敝、民生困顿，再加上部分西方国家持续施加经济制裁和政治打压，加剧了中东国家防控疫情的难度。以伊拉克和黎巴嫩为例，因为经济发展停滞，两国 2019 年下半年均爆发了严重的民众抗议活动，导致政府倒台，政局动荡。伊拉克卫生部长曾明确表示，"如果新冠病毒在伊拉克的传播像其他国家那样，那伊拉克恐将无力应对"。黎巴嫩政府日前宣布已无力偿还国际债务。每况愈下的经济状况让政府抗击疫情的努力捉襟见肘。受美伊博弈影响，伊朗面临的困难更加现实和艰巨。由于长期遭受美国严厉的经济制裁，伊朗目前缺医少药，防疫装备严重短缺。伊朗外长扎里夫 3 月 15 日会见各国驻伊朗大使及代表团，并请他们转交致各国外长的信件。扎里夫在信件中表示，应制止美国对伊朗的"经济恐怖主义"，美国的单边制裁影响了伊朗的药物、医疗器材交易和人道主义援助，对伊朗抗击新冠肺炎疫情造成阻碍。

更严重的如利比亚、叙利亚、也门等战乱国家，疫情防控难度更大。此外，中东地区存在多个难民营，无论是医疗资源配置还是防疫布控都难以有效落实，已成为中东乃至国际疫情防控的真空地带。3 月中旬，联合国近东救济工程处宣布，为避免难民营暴发疫情，决定将呼吸系统疾病患者与其他患者分开治疗，将前者转移到其下属学校隔离治疗。巴勒斯坦难民事务局宣布将在北部各省难民营建立危机小组，分发宣传手册，组建公共场所消毒志愿小组。

2015 年，中东地区曾发生中东呼吸综合征疫情，与此次新冠肺炎疫情有诸多相似之处。中东各国普遍希望从中东呼吸综合征的防范与治疗经验中得到借鉴。在此次防疫过程中，中东多国努力避免在中东呼吸综合征疫情防范过程中出现过的各部门信息沟通不畅的现象，特别加强了医院、实验室和各政府部门之间的沟通，避免了信息传送迟滞和应对懈怠。然而，由于此次新冠肺炎具有易传播及无症状感染特性，部分国家在初期仍未能予以足够重视。目前，各国正努力补救前期防控短板，如利用全媒体渠道向公众及时提供疫情信息和防范指导、全面排查各医院收治相关病例情况、加强实验室对病毒的甄别效率等。当前，中东各国对与中国开展防疫合作均有十分迫切的需求和愿望，希望能与中方加强合作，分享疫情防控救治经验，积极探索开展联防联控。

2. 南亚国家的疫情态势及其应对面临的挑战

当前南亚新冠肺炎疫情正处在过渡阶段，截至 2020 年 4 月 13 日确诊病例总数超过 1.5 万例。但鉴于南亚人口规模庞大而防疫治疫能力有限，不排除该地区疫情扩散加重可能，且确诊人数准确性也有待观察。以印度为主的南亚国家以严控境外输入为防疫重心，并逐步升级内部防控措施，以期遏制疫情发展。未来一段时期将是南亚疫情发展的关键阶段。检测能力不足、政策协调性差及公共医疗水平落后等将使南亚国家面临严峻考验。

（1）南亚国家的疫情态势。南亚疫情目前处在过渡阶段，实际情况有被低估的风险。由于人口众多，医疗卫生条件较差，南亚国家若暴发大规模疫情将造成灾难性后果。世界卫生组织已将印度列为新冠肺炎疫情感染高风险区。

首先，确诊总数跟欧美相比不算多，但日增量加大。2月下旬，南亚多数国家确诊人数保持在个位数。孟加拉国、马尔代夫、不丹未有确诊病例，印度仅有3例确诊。这对拥有18亿人口的南亚地区显得微不足道。至3月中旬，南亚各国均出现首例确诊病例，确诊人数也逐渐增多，每日新增量攀升。印度4月13日报告确诊病例增至8504例，单日新增507例。同日，巴基斯坦累计确诊病例升至5170例，单日增长278例。孟加拉国累计确诊621例，斯里兰卡203例，马尔代夫20例。尼泊尔、不丹的确诊病例仍保持在12例以下。阿富汗对疫情监测启动较晚，据当地媒体报道，4月13日新增52例确诊病例，累计607例。

其次，监测能力有限，存在漏报隐患。南亚国家普遍医疗基础设施落后，尤其是广袤的农村地区，医疗服务覆盖率极低。印度少数资源优良的私立医院难以服务大众，公立医院医疗设施不完善，多数不具备新冠肺炎检测和治疗能力。普通民众就医意识不强，易延误疫情发现的时机。3月上旬，印度政府表示国内保持病例零增长，但一些国家和地区却发现来自印度的输入性病例。人口大国巴基斯坦和孟加拉国的医疗状况与印度类似甚至更差。仍处于震后恢复期的尼泊尔医疗设施匮乏，检疫防控手段十分有限。战火纷飞的阿富汗几乎不具备抗疫医疗条件，目前全境只有首都喀布尔有三台新冠肺炎检测设备。显而易见，南亚各国对新冠肺炎疫情监测能力不足，可疑病例排查与确诊存在漏洞，实际情况可能并不乐观。

最后，人口规模庞大，潜在威胁上升。随着全球疫情发展，各界对南亚暴发大规模疫情担忧有增无减。南亚地区具有疫情暴发的客观危险。一是印度（13.53亿）、巴基斯坦（2.12亿）和孟加拉国（1.61亿）人口规模大，流动性强，一旦疫情迅速蔓延，其感染人数将无法估量。二是南亚国家公共卫生体系薄弱，特别是基层医疗卫生服务不完善，无法投入充足资金和设备应对新冠肺炎疫情。三是多数南亚国家内部社会宗教矛盾复杂，中央和地方利益割裂，疫情管控很难做到"上下一盘棋"，防疫控疫效果将大打折扣。

（2）南亚国家防疫面临的挑战。首先，病毒检测能力不足。印度官方称境内共有52个针对新冠肺炎疫情的定点检测机构，57个采样机构。世界卫生组织数据显示，截至3月14日，印度仅开展了近5000次核酸试剂检测，而同期被采取隔离观察的人数却高达4万多。南亚其他国家存在同样的问题。检测能力不足，将严重制约疑似病例排查力度，易造成短期内大面积传染。由于存在无症状隐性患者，仅靠扩大隔离范围和延长隔离时间，并不能解决问题。

其次，央地政府沟通不畅。南亚国家普遍存在央地矛盾。在疫情初期防控境外输入上，中央政府可统一指挥，统筹部署。而在进入内部防控阶段后，中央政府往往有心无力。防疫具体措施需依靠地方政府层层落实，尤其在城市边缘或远郊农村，中央政令执行难以"一以贯之"。地方政府一般各自为政，相互之间缺乏协调配合。若疫情大规模暴发，政府将面临失控风险。

最后，公共医疗条件堪忧。印度是南亚强国，面对此次疫情，仍严重缺乏重症监护病房、隔离区、呼吸机等医疗设施和专业医护人员。尼泊尔、孟加拉国、斯里兰卡等国医疗资源更加匮乏，阿富汗根本无力应对疫情。由于这些国家公共医疗系统长期投入有限，短期内无法调集更多资源应对疫情。

3. 非洲国家的疫情态势及其应对面临的挑战

目前非洲疫情总体可控，之前抗击埃博拉的经验和世卫组织等机构的提前介入为非洲防控争取了一定时间。但由于非洲自身能力有限等制约因素，非洲疫情的未来走向仍需进一步观察。

（1）非洲国家的疫情态势。一方面，非洲疫情呈现集中暴发特征。2020年2月14日，埃及确诊非洲大陆首例新冠肺炎患者。截至4月13日，南非（2174例）、埃及（1939例）、阿尔及利亚（1825例）、摩洛哥（1617例）、喀麦隆（836例）、突尼斯（685例）、科特迪瓦（574例）、加纳（566例）、尼日尔（491例）、布基纳法索（484例）、毛里求斯（324例）、尼日利亚（318例）、塞内加尔（280例）、刚果（金）（223例）、肯尼亚（197例）等52个非洲国家累计确诊13600多例。

另一方面，埃及、南非、阿尔及利亚三国是防范重点。以上三国已出现与输入病例相关的社区传播，其他非洲国家确诊病例多来自欧洲国家的零星输入，主

在南非索韦托，为防范疫情，乘客上公交车之前须走过"消毒门"。

要是意大利、法国、德国和西班牙。埃及疫情防控关系到整个非洲大陆的公共卫生体系安全。3月9日，埃及政府决定暂停所有大型聚会，提高旅游设施防控措施，将清真寺内的祷告时间限制在15分钟内；埃及政府收紧对机场的检查和消毒程序，为机场提供更先进的快速检测技术。埃及政府发布官方指令，要求民众在公共场所注意卫生，并教育公

民认识到这一点的重要性。南非在 3 月 5 日出现首例确诊病例前就已在所有口岸配备了体温检测设备，并在全国范围内指定了 13 家收治新冠肺炎患者的公立医院，为患者提供免费治疗。

（2）非洲国家防疫面临的挑战。其一，非洲国家疫情防控能力依然有限。影响非洲防控能力的因素包括四个方面：检测能力有限、收治能力有限、防护设备缺乏、与疫情发生国之间人员交流密切。非洲在一段时间内没有报道感染病例，原因之一是试剂不在非洲制造。试剂缺乏拖延了非洲国家的确诊速度。假如新冠肺炎开始在非洲大陆蔓延，非洲卫生体系将难以治疗患者呼吸衰竭、败血性休克和多重器官衰竭等。多数非洲国家的重症监护医疗设施和床位都很有限，危重症患者对重症监护、辅助供氧的需求却很大，这将会给卫生系统带来极大压力。手套、口罩和洗手液等个人防护设备严重不足，这是全球面临的困难，在非洲尤其突出。13 个非洲国家与疫情严重国家有频繁的人员往来。一项针对非洲新冠肺炎疫情的网上调查显示，预计来自欧美的输入型病例将可能是导致非洲疫情的主要原因，特别是欧洲。地理位置上，欧洲距非洲更近，非洲以往的殖民地历史使其在各个领域与欧洲的联系十分紧密，人员流动频繁。

其二，资金不足制约非洲疫情防控。疫情防控的关键挑战是动员国内和国际资金来执行相关计划。疫情严重影响非洲经济，导致非洲政府防疫资金投入不足，陷入恶性循环。由于新冠肺炎疫情，2—3 月的两个月时间，撒哈拉以南非洲的商品出口损失为 40 亿美元，旅游业出口损失为 6 亿美元；肯尼亚小型贸易商已经损失了价值 300 亿肯尼亚先令（合 3 亿美元）的进口，进口下降了 80%。受疫情影响，埃及旅游预订量与 2019 年同期相比下降了 80%。取消预订的大部分是 4 月和 5 月。如果危机继续存在，旅游公司将受到严重影响，由于病毒是全球性的，因此无法对取消预订处以罚款，埃及旅游公司将完全承担这些费用。而旅游业是埃及重要的外汇来源之一，上一财政年度的收入达到 126 亿美元。

其三，新冠肺炎传播性强，防控难度大。非盟委员会主席法基表示，如果不采取严格的防控措施，新冠肺炎一旦扩散，将会对非洲国家的经济、社会与安全造成严重影响。埃博拉传播途径相对来讲是很容易控制的，因为这个病毒是通过体液传播。但新冠病毒一旦扩散起来，防控的难度会非常大。还好非洲在气候因素上相对占了一点优势，气温相对比较高，不利于病毒繁殖。

4.拉美和加勒比地区的疫情及其应对能力

目前，拉美和加勒比地区新冠肺炎的感染人数迅速上涨，疫病蔓延进入暴发式增长阶段，形势已非常严峻。

（1）地区疫情。截至北京时间 4 月 12 日 12 时，该地区共报告确诊病例61062 例，累计死亡病例 2556 例。疫病已扩散至该地区全部 33 个国家及 14 块欧洲国家海外领地。其中，巴西疫情最为严重，累计确诊病例数已高达20962例，且增速很快。更令人忧心的是，巴西贫民窟已经出现确诊病例，意味着更大规模的疫病蔓延已经迫近。厄瓜多尔、智利、秘鲁和墨西哥分列第二至五位，成为巴西之外疫情严峻国家。总体看，整个地区已进入疫病大暴发阶段。

相关链接：
巴西确诊人数升至全球第二，拉美成为新冠疫情新"震中"

（2）地区应对能力。当前，本地区疫情应对能力总体呈相对脆弱性和不平衡状态。

脆弱性表现在一些国家抗疫过于依赖区域组织，自身医疗能力薄弱。安巴、格林纳达等国不具备病毒检测能力。另外，多数国家缺乏疫病在社区大规模传播后的医疗管控能力。牙买加已出现护士短缺问题，不得不向古巴求援100名护士。很多国家的医院重症监控能力太弱，苏里南、格林纳达的重症监护病房只能分别同时承担6个和3个患者。随着疫情不断加剧，这种问题会暴露得更加明显，后果也将非常严重。域内各国还普遍存在医用口罩、防护服等医疗物资短缺现象。此外，域内国家受欧美文化影响，一般民众有在疫情期间拒绝戴口罩的心理，还有些民众强调个人自由和权利，"拒绝隔离或宅家抗疫"。这些对疫情防控都是很不利的因素。

至于面临重大国内外挑战的国家，如委内瑞拉，抗疫形势更加严峻。委内瑞拉传染病学会会长玛利亚·洛佩斯表示，委内瑞拉各类医疗资源供应紧张，医疗卫生体系脆弱，一旦出现新冠肺炎这样的全新疫病，将极难应对。

不平衡状态表现在各个国家应对疫情的能力不一，有的相对较强，有的非常薄弱。古巴宣称国内可生产超过20种有效治疗药物，全国可同时提供约3100个医疗床位、100多个重症监护床位，疫情应对能力远超加勒比域内其他国家。

巴西长期遭受南美洲锥虫病、登革热和黄热病袭扰，2016年还举全国之力成功抗击"塞卡"病毒，使里约奥运会和残奥会如期举办，在应对大规模流行病方面经验较为丰富，能力相对较强。巴西除应对国内疫情外，目前还为"南方共同市场"成员国提供相关培训。

即使如此，巴西应对新冠疫情也存在很多短板。目前，新冠病毒在巴西部分地区已经出现了社区传播，特别是在贫民区，意味着巴西遏制疫病扩散的形势非常严峻。究其原因，首先，巴西民众对新冠病毒的危害认识不足，盲目乐观现象较普遍；其次，巴西政府应对举措多靠民众自觉，缺乏强制性，客观上影响了政策实施效果；最后，政府近年来由于经济和财政所限，对医疗卫生系统投入不足，削弱了应对能力。

智利经济条件较好，卫生预防体系相对完备，对疫情的反应能力也相对较好。虽然2019年10月的大规模暴乱事件对社会造成了撕裂，但政府已和民众达成共识，同意就"制宪"展开全民公投。智利作为南美洲进步论坛临时主席国，也在促进区域公共卫生合作，通过与区域各国召开卫生部协调会议，联手应对疫情。但疫情真正大规模降临后，其医疗卫生体系能否承受住挑战，也是一个现实问题。

乌拉圭的经济发展和医疗卫生实力亦不俗，人类发展指数处于高位，但护理重症患者也是一个重大挑战。在重症治疗护理方面，目前乌拉圭每10万人拥有的病床数为20至21张，与德国（28张）相距不远，甚至高于意大利（18张），但一旦疫情广泛蔓延，这样的水平显然是远远不够的。

整体而言，拉美和加勒比地区依然属于全球社会公共卫生系统的相对薄弱地带，医疗服务覆盖度有限、卫生资源分配不均、公共卫生领域投入长期不足、医疗卫生体系较为松散。在美欧疫病大暴发的背景下，域内各国在外防输入、内防扩散方面都面临着极其严峻的挑战。即使像巴西这样具有应对大规模流行病丰富经验的国家，由于新冠肺炎疫情与巴西以往遇到的其他传染病疫情有非常大的差别（特别是其潜伏期长、患者有无症状现象及感染率极强），巴西医疗卫生体系的承压能力也面临着前所未有的考验。

更不利的是，近年来，拉美和加勒比地区经济发展挑战重重，经济复苏乏力，社会民生问题增多。2019年，拉美多国政局陷入动荡，社会矛盾激化，经济增长进一步放缓。2020年，疫病暴发以来，全球大宗商品价格大幅下跌，进出口贸易受影响，这对依赖能源资源出口和旅游业的拉美和加勒比地区造成直接打击。联合国拉美和加勒比经济委员会发布报告称，拉美经济社会发展处于极为复杂阶段，地区经济增长率可能下滑1.8%～4%。面对疫情，各国还将面临巨大的公共卫生开支和空前的社会治理能力挑战。如果疫情与地区热点、国内政治、经济、民生等问题交织，加上邻近大国继续实施单边主义，地区各国面临的灾难将不可想象。

经过30多年来全球化的迅猛发展，各国各地区在增进了经贸合作的同时也密切了人员往来。人际关系的多元化、国际化和交通基础设施的普及和便利，全球化在造福人类社会的同时，客观上也为病毒的传播提供了便捷通道，疫情在全球范围内的传播和蔓延更为快速、分散，难以追踪溯源、围追堵截，各国抗击疫情的内外环境更为复杂，对于全球防控、阻断和遏止疫情提出了更高的要求。

二、引领政党合作，助力全球抗疫

中国共产党是为中国人民谋幸福的政党，也是为人类进步事业而奋斗的政党，始终把为人类作出新的更大的贡献作为自己的使命。面对新冠肺炎疫情这一重大突发公共卫生事件，在以习近平同志为核心的党中央坚强领导下，我们党在带领全国人民打好疫情防控阻击战的同时，积极参与和引领国际合作，为打赢全球抗疫阻击战作出了重要贡献。在这一过程中，党的对外工作发挥自身特色优势，加强对各国政党的政治引领，为进一步深化全球抗疫合作、推动构建人类卫生健康共同体提供了强大的政治助力，以实际行动彰显了中国共产党的初心、使命和担当，得到国际社会的积极反响和高度评价。

（一）推动世界政党发出共同呼吁

习近平总书记指出，"重大传染性疾病是全人类的敌人"，"新冠肺炎疫情再次表明，人类是一个休戚与共的命运共同体"。我们党依托国际政党交流合作网络，引领各方深刻认识到，面对新冠肺炎疫情全球蔓延，任何国家都无法独善其身，只有携手合作才能打赢这场战役。习近平主席亲自与老挝人民革命党中央总书记、国家主席本扬等多国元首和政党领导人通电话，强调"病毒没有国界，不分种族，国际社会只有形成合力，才能战而胜之"。在我们党的积极推动下，世界上110多个国家的240多个重要政党和政党国际组织联合发出共同呼吁：

面对新冠肺炎疫情在全球范围快速蔓延扩散，各国要根据本国国情制定紧急计划和举措，动员全社会力量共同抗击疫情。中国等一些国家疫情防控已经取得重要进展，为其他国家应对疫情赢得了时间、积累并分享了经验，也为各国战胜疫情提供了希望和信心；

鼓励各国统筹做好疫情防控和经济社会发展，采取特别措施保护脆弱群体和中小企业，努力维护人民生活水平和社会发展进程。同时加强国际宏观经济政策协调，维护全球金融市场、产业链、供应链稳定，减免关税、畅通贸易，防止世界经济衰退；

病毒无国界，人类命运与共，任何国家都不可能独善其身，越是困难的时候越要相互支持和帮助，反对将公共卫生问题政治化，抵制借疫情对他国搞污名化、歧视特定国家、地区和民族的言行。各国政府应采取积极措施保护外国侨民、留学生的健康安全和合法利益；

各国应进一步树立共商共建共享的全球治理观，支持联合国和世界卫生组织在全球公共卫生治理中发挥领导作用，加强二十国集团等框架下的协调合作，努力打造人类卫生健康共同体。

发表共同呼吁的世界政党承诺在这一特殊时期保持密切沟通交流，发挥好政治引领作用，为全球抗疫斗争注入政治动力。相信疫情过后人类命运共同体将更加牢固，人类的未来将更加美好。

这是新冠肺炎疫情暴发以来世界主要政党首次就国际抗疫合作发出共同声音，成为世界政党交往史上的一件大事。与此同时，推动亚洲政党国际会议和二十国集团民间社会会议发表呼吁加强国际抗疫合作的共同倡议和声明，表达了各方携手合作、共克时艰的政治愿望，产生了良好的政治效果。

（二）为助力全球抗疫贡献"中共力量"

习近平总书记强调："中国将秉持人类命运共同体理念，为全球疫情防控分享经验，提供力所能及的支持。"我们党积极探索疫情背景下对外交往的新形态，与各国政党保持密切沟通，为各国政党和人民抗击疫情提供智力支持和物质帮助。按照中央统一部署，我们党分别向60多个国家的110多个政党领导人致信，全面阐述中国防控疫情的经验做法，向近400个政党提供了疫情防控和诊疗方案。通过会见会谈、视频连线、电函来往等方式，与老挝、俄罗斯、古巴、塞尔维亚、委内瑞拉等国政党探讨加强党际合作、携手共抗疫情。与亚洲政党国际会议及其300多个成员党和成员组织共同举办"亚洲政党共抗疫情网络专题会"，积极分享中国共产党领导抗疫的经验举措，推动区域抗疫和经贸合作。在巴基斯坦、尼泊尔、孟加拉国和斯里兰卡等国举办多场"丝路之友俱乐部"抗疫专题活动。向有需要的外国政党、政党国际组织提供必要医疗物资和技术援助。统筹协调国内近30家民间社会组织面向20多个国家开展40多个国际抗疫合作项目。

中国共产党通过党际渠道向部分有需要的外国政党、政党国际组织提供必要医疗物资和技术援助。图为向伊朗确定国家利益委员会所捐赠抗疫物资。

（三）全力争取各国政党理解支持

习近平总书记指出："要主动回应国际关切，讲好中国抗击疫情故事。"我们党利用党际交往渠道，多形式、多层次、多角度开展对外宣介，推动国外政党、政治组织、智库媒体积极声援支持我国抗疫斗争，客观公正评价我国为全球抗疫作出的牺牲贡献及背后体现的制度优势，坚决驳斥少数政治势力的不实言论。目前，已有130多个国家的300多个政党和政治组织共600多人次向习近平总书记和中共中央发来电函或通过发表声明、文章等方式表示慰问支持，还有近百家国外非政府组织负责人、前政要通过民间渠道肯定我国抗疫举措和成效。我国第一时间把国外政党和政治组织的声援和支持传递给广大人民群众，《人民日报》、新华社等主流新闻媒体刊发相关报道百余篇，中央广播电视总台"新闻联播"20多次进行专题报道，引发海内外热烈反响，积极营造国际合作抗疫的良好舆论氛围。

三、在携手抗疫中践行人类命运共同体理念

病毒没有国界，疫情是人类共同的敌人，随着疫情在全球范围内迅速蔓延，各国应该抛弃成见，顺应时势，加强国际合作，将人类命运共同体理念作为全球抗疫的制胜法宝。

（一）全球性问题给人类的启示

法国经济和财政部长勒梅尔此前称，新冠肺炎疫情将是"全球化游戏规则改变者"。其实，在疫情影响下，不只是全球化的规则正在改变，全球化的内容也正在改变。具体来看，疫情在以下三个方面给予了人类启示。

1. 全球化正在进入人的全球化阶段

人们所熟知的资本的全球化，即资本驱动的全球化，追求的是利润最大化；而人的全球化是所有人的全球化，追求的是人的身体健康与生命安全。资本的全球化是有边界、关税等一系列概念的，是世界上部分人群所关注的；而人的全球化则更多体现为地球村的概念，是全世界所有人都需要关注的。疫情正在全球蔓延，没有哪一个人或者哪一个国家能够独善其身，这是全人类与病毒之间的战争。疫情背景下世界各国的关系，也不再是"你与我"的关系或者国与国之间博弈的关系，而是人类与病毒的关系，只有共同战胜疫情，人类才能安全，更加凸显了人类是一个休戚与共的命运共同体。正如习近平主席所指出的："病毒无国界，疫情是我们的共同敌人。各国必须携手拉起最严密的联防联控网络。"

2. 在全球性危机面前需更多关注那些应对能力相对较弱的国家

对于有效防控疫情来说，应对能力相对较弱的国家或者较为薄弱的环节，决定了人类战胜病毒的进程。如同木桶装水，最短的那块木板决定了木桶盛水量的多少。在应对疫情的进程中，发达国家的援助会起到至关重要的作用。有观点认为，发达国家在采取行动自救的同时，也应向脆弱国家和新兴市场国家投入更多的公共卫生资源和经济方面的关注，因为这些国家所受冲击更具破坏性、灾难性、持久性。正因如此，近日，世界银行和国际货币基金组织（IMF）发表联合声明，号召二十国集团采取行动为最贫穷国家提供债务减免，以帮助这些国家应对新冠肺炎疫情。对此，习近平主席强调，"要携手帮助公共卫生体系薄弱的发展中国家提高应对能力"，"要保护妇女儿童，保护老年人、残疾人等弱势群体，保障人民基本生活"。

3. 应对全球性挑战需要全球性协调

当前，世界既面临全球公共卫生危机，又面临世界经济陷入衰退的巨大风险，不少国家已经出现了社会与就业危机。对此，习近平主席呼吁二十国集团成

员"采取共同举措，减免关税、取消壁垒、畅通贸易"。具体来看，需实施有力有效的财政和货币政策，促进各国货币汇率基本稳定；加强金融监管协调，维护全球金融市场稳定；共同维护全球产业链供应链稳定，加大力度向国际市场供应原料药、生活必需品、防疫物资等产品，以此提振世界经济复苏士气。

（二）构建人类命运共同体的迫切性

1. 应对新冠病毒引发的全球公共卫生危机，亟需践行人类命运共同体所要求的团结合作精神

当前，世界抗疫形势不容乐观，全球累计确诊和死亡人数还在大幅攀升，欧美国家疫情拐点尚未到来，非洲、拉美、印度等医疗力量相对薄弱的国家和地区的疫情流行风险巨大，中国外防输入、内防反弹的压力依然很大。同时，我们对新冠病毒的认知比较有限，病毒究竟源自何处，如何传染给人，其分子属性到底是怎样的，是否会发生突变而使传染性变得更强等科学问题还在探索当中，有效疫苗和特效药尚在研制之中。要想彻底战胜病毒，遏制疫情蔓延势头，仅凭一个国家很难实现，要大力践行团结合作精神，就必须积极构建人类命运共同体。

2. 应对抗疫过程中的全球治理危机，亟需强化人类命运共同体所允诺的国际责任意识

此次全球新冠肺炎疫情，是对世界各国尤其是大国责任的一次考验。在这次考验中，中国在以超强的国家治理能力基本控制住国内疫情后，本着对世界人民生命健康负责的态度，立即尽己所能向100多个国家和地区以及相关国际组织提供了紧急物资援助，并通过各种形式分享疫情防控经验，展现出强烈的大国责任意识，体现了负责任的大国担当，践行了构建人类命运共同体的庄严承诺。

面对全球疫情，有的国家国内疫情失控，却频频推责、表现不佳，将更多精力用于"甩锅"推责，并以世界卫生组织未尽责任为由对其"断供"。这些行为造成严重的全球治理问题，扰乱了国际抗疫大局，给疫后国际秩序带来动荡失序的风险。为推动全球治理体系和治理能力向着更完善的方向发展，各国应尽快加入并信守人类命运共同体承诺，勇于担负起共同抗疫的神圣责任。

3. 应对全球抗疫中的人道主义危机，亟需发扬人类命运共同体所蕴含的国际人道主义精神

面对新冠肺炎疫情这个人类共同敌

在物资比较匮乏，储备相对不足的情况下，巴基斯坦依然倾囊相助，向中国捐助抗疫物资。

人，世界绝大多数国家对遭受疫情的其他国家感同身受、真诚援助。围绕共同抗疫，世界许多国家和中国演绎了一个个患难与共、互相帮助的动人故事，反映出人类命运的休戚相关。但也有个别国家出于自身私利和意识形态偏见，对疫情中他国隔岸观火、作壁上观，甚至落井下石、借机敲诈。值此危机之时，世界文明国家都应以冷漠敌对为耻，以怀有深切的人类命运共同体意识为荣，在全球抗疫过程中大力发扬国际人道主义精神，对疫情中的各国，尤其是当前情况严重、防控力量薄弱的国家进行及时有力、真诚无私的援助。

4. 应对全球抗疫中的经济"脱钩"危险和逆全球化危机，亟需弘扬人类命运共同体所秉持的互利共赢理念

在全球共同抗疫的当下，美国一些政客在"经济民族主义"支持下，借疫情炒作"经济脱钩"，鼓噪产业链转移，甚至怂恿人为切断全球产业链供应链，妄图将全球化进程拉到重新选择的十字路口。美国政客这种开历史倒车的行为，反映了他们"零和博弈"的思维方式。这种思维方式不但陈旧而且错误。只要世界上还存在一个疫情仍未被彻底消除的国家，那么，其他国家都会受到病毒传播的威胁。今天，全球化条件下的各国贸易依存度之高、产业链融合程度之深，使得"脱钩"难以实现。为了保障中美和世界各国共同利益，各国应共同抵制反全球化的歪风逆流，旗帜鲜明地在全球抗疫斗争中弘扬互利共赢的人类命运共同体理念。

（三）在携手抗疫中践行人类命运共同体理念

在全球抗疫中践行人类命运共同体理念需要各国明确职责并付诸行动。抗击新冠肺炎疫情不仅是对各国治理体系和治理能力的大考验，也是对国际社会的合作意愿、能力和效率的大考验。国际社会只有各尽其责并通力合作才能经受住这场大考验。

1. 要破除独善其身、以邻为壑的狭隘观念，在全球抗疫中践行"义利平衡、义在利先"的义利观，让同病相怜、同舟共济的国际人道主义成为中国在全球抗疫中发挥积极作用的思想基础和行动方向

习近平总书记在统筹推进新冠肺炎疫情防控和经济社会发展工作部署会议上的讲话中指出，新冠肺炎疫情是新中国成立以来发生的传播速度最快、感染范围最广、防控难度最大的一次重大突发公共卫生事件。这是一次暴露问题和短板的危机，也是一次迎难而上、展现负责任大国形象的大考。在疫情发生之初，中国在全面防控疫情的同时，就积极主动地与世界卫生组织和国际社会开展合作和信息交流，秉持"越是在危难时刻，越是要守望相助，越是在紧要关头，越是要密切合作"的信念，努力防止疫情在世界蔓延，为世界公共卫生事业作出了贡献。日、韩等近邻和其他一些国家、国际组织和民众通过物资捐赠和精神鼓励为中国

抗疫提供了热情的支持和帮助。对于国际社会的支持，中国政府和人民心怀感激，并在疫情出现国际蔓延之后投桃报李：得知日方病毒核酸检测试剂不足，中方紧急捐赠一批检测试剂盒；韩国疫情形势严峻，中方紧急筹备大量医用口罩给予支援；在伊朗、巴基斯坦和部分非洲国家疫情发生后，中方紧急捐赠核酸检测试剂盒及医疗设备，并派出中国专家组驰援疫情危机中的意大利；还向世卫组织提供2000万美元援助……在共同挑战面前，人类社会的命运共同体意识正通过这样的相互同情、馈赠和支援不断得到体现和强化，不断战胜狭隘自私的偏见和歧视，成为命运共同体建设的观念和思想基础。

2. 要在中国率先缓解疫情但全球疫情仍此起彼伏、胶着难下的关键时期，通过信息沟通、经验分享和物资支援来体现中国的责任和担当

习近平主席指出，"公共卫生安全是人类面临的共同挑战，需要各国携手应对。要继续同世卫组织保持良好沟通，同有关国家分享防疫经验，加强抗病毒药物及疫苗研发国际合作，向其他出现疫情扩散的国家和地区提供力所能及的援助，体现负责任大国担当"。中国不仅是这么说的也是这么做的。当前，国际社会在应对疫情时还存在信息不够畅通、资源不够充足和合作不够充分的问题，进一步暴露出当前国际秩序的不公正、不合理状况，各国在经济实力和资源、科研能力和水平、公共卫生体系建设和应急能力等方面存在巨大的发展不充足和分配不平衡问题。一项研究表明，在防控大规模传染性疫情的传播上，当今世界近200个国家中只有10个国家具有作出快速反应、进行有效防御的能力，因此整个世界并没有做好应对大规模疫情传播的准备。各国体制机制不同、资源能力有异，面对的疫情发生方式和变化阶段也不同，因此在应对疫情挑战之初，必须因地制宜、守土有责并且要各尽其责。从目前的情况来看，各国不乏成功的经验，也有失利的教训。随着疫情进入"国际大流行"阶段，各国在力尽守土职责的同时，更需要加强医疗科研合作、抗疫经验分享和应急物资支援。中国国内正进入疫情阻击战的最后关键阶段，其成功经验可以为世界其他正遭受疫情肆虐的国家和地区提供非常有益的借鉴，而且中国也从不吝啬分享和回报。中方最早测定病毒基因组序列、研制成功快速检测试剂盒、研究确定诊治方案，并及时向世界卫生组织通报，和全世界科研机构分享。在世卫组织代表团结束在中国的考察后，第一时间与中方联合发布了《中国—世界卫生组织新型冠状病毒肺炎（COVID-19）联合考察报告》。这是中国与世卫组织积极合作的重要成果，也是向世界分享中国疫情防控经验的重要途径。中共中央对外联络部致函60多个国家的110位政党领导人，在感谢各方提供支持帮助的同时，重点介绍了中方的抗疫做法和经验。中国民航将发布的航空公司、机场疫情防控技术指南提供给韩国、日本等相关国家，并进一步加强与国际民航组织的合作，推动国际民航组织完善

全球民航共同应对疫情的国际标准和指导材料。这些中国主动承担的国际合作义务，是践行人类命运共同体理念的实际行动，在国际社会收到了良好效果，将使得命运共同的观念深入人心、生根开花并带动国际社会共同努力。

3.要在总结新冠疫情国际合作的基础上，从建设人类命运共同体出发，为在全球治理领域加强国际公共卫生合作打下坚实基础

在全球抗疫中通力合作绝非一时一地的权宜之计，人类社会的发展始终伴随着不断同病毒和瘟疫作斗争的历史。在全球化推动下已经形成的"你中有我、我中有你"的命运共同体，需要建立起一个全方位、可持续和有效率的公共卫生机制来祛除疾患、维护健康。近年来，在抗击"非典"、H1N1流感、埃博拉病毒的过程中，国际社会已经形成了一些双边、局部的有效合作并积累了一些积极经验，但距离全球性、可持续和更紧密合作还有差距。新冠肺炎疫情的大范围传播在暴露出现有国际合作的种种问题的同时，也提出了找差距、补短板、增效能的紧迫问题。为了避免灾难重演、危机重现，中国和其他志同道合的国家需要高瞻远瞩、未雨绸缪，从当前的国际合作中总结经验，集思广益、群策群力，找到在公共卫生领域改进和完善全球治理的可行方向和路径。

人类只有一个地球，各国共处一个世界。随着新冠肺炎疫情在全球蔓延，人类社会再一次共同面对重大挑战。在汹涌的疫情面前，中国不仅被赋予了率先抗击病毒的重任，也将在全球抗疫行动中发挥出中流砥柱的作用。中国共产党和中国政府将构建人类命运共同体作为新时代中国外交的原则和方向，在全球抗疫中敢于实践、善于实践这一原则，不仅将有力推动人类命运共同体的建设，也将进一步向世界展示这一方向的正确性、合理性，并不断丰富和完善其理论和实践内涵。

拓展阅读

团结合作战胜疫情　共同构建人类卫生健康共同体
——在第73届世界卫生大会视频会议开幕式上的致辞

大会主席先生，
世界卫生组织总干事先生，
各位代表：

首先，我认为，在人类抗击新冠肺炎疫情的关键时刻举行这次世卫大会，具有十分重要的意义！

人类正在经历第二次世界大战结束以来最严重的全球公共卫生突发事件。新冠肺炎疫情突如其来，现在已波及210多个国家和地区，影响70多亿人口，夺走了30余万人的宝贵生命。在此，我谨向不幸罹难者表示哀悼！向他们的家属表示慰问！

人类文明史也是一部同疾病和灾难的斗争史。病毒没有国界，疫病不分种族。面对来势汹汹的新冠肺炎疫情，国际社会没有退缩，各国人民勇敢前行，守望相助、风雨同舟，展现了人间大爱，汇聚起同疫情斗争的磅礴之力。

经过艰苦卓绝努力，付出巨大代价，中国有力扭转了疫情局势，维护了人民生命安全和身体健康。中方始终本着公开、透明、负责任的态度，及时向世卫组织及相关国家通报疫情信息，第一时间发布病毒基因序列等信息，毫无保留同各方分享防控和救治经验，尽己所能为有需要的国家提供了大量支持和帮助。

主席先生！

现在，疫情还在蔓延，防控仍需努力。我愿提出以下建议。

第一，全力搞好疫情防控。这是当务之急。我们要坚持以民为本、生命至上，科学调配医疗力量和重要物资，在防护、隔离、检测、救治、追踪等重要领域采取有力举措，尽快遏制疫情在全球蔓延态势，尽力阻止疫情跨境传播。要加强信息分享，交流有益经验和做法，开展检测方法、临床救治、疫苗药物研发国际合作，并继续支持各国科学家们开展病毒源头和传播途径的全球科学研究。

第二，发挥世卫组织领导作用。在谭德塞总干事带领下，世卫组织为领导和推进国际抗疫合作作出了重大贡献，国际社会对此高度赞赏。当前，国际抗疫正处于关键阶段，支持世卫组织就是支持国际抗疫合作、支持挽救生命。中国呼吁国际社会加大对世卫组织政治支持和资金投入，调动全球资源，打赢疫情阻击战。

第三，加大对非洲国家支持。发展中国家特别是非洲国家公共卫生体系薄弱，帮助他们筑牢防线是国际抗疫斗争重中之重。我们应该向非洲国家提供更多物资、技术、人力支持。中国已向50多个非洲国家和非盟交付了大量医疗援助物资，专门派出了5个医疗专家组。在过去70年中，中国派往非洲的医疗队为两亿多人次非洲人民提供了医疗服务。目前，常驻非洲的46支中国医疗队正在投入当地的抗疫行动。

第四，加强全球公共卫生治理。人类终将战胜疫情，但重大公共卫生突发事件对人类来说不会是最后一次。要针对这次疫情暴露出来的短板和不足，完善公共卫生安全治理体系，提高突发公共卫生事件应急响应速度，建立全球和地区防疫物资储备中心。中国支持在全球疫情得到控制之后，全面评估全球应对疫情工作，总结经验，弥补不足。这项工作需要科学专业的态度，需要世卫组织主导，坚持客观公正原则。

第五，恢复经济社会发展。有条件的国家要在做好常态化疫情防控的前提下，遵照世卫组织专业建议，有序开展复工复产复学。要加强国际宏观经济政策协调，维护全球产业链供应链稳定畅通，尽力恢复世界经济。

第六，加强国际合作。人类是命运共同体，团结合作是战胜疫情最有力的武器。这是国际社会抗击艾滋病、埃博拉、禽流感、甲型H1N1流感等重大疫情取得的重要经验，是各国人民合作抗疫的人间正道。

主席先生！

中国始终秉持构建人类命运共同体理念，既对本国人民生命安全和身体健康负责，也对全球公共卫生事业尽责。为推进全球抗疫合作，我宣布：

——中国将在两年内提供20亿美元国际援助，用于支持受疫情影响的国家特别是发展中国家抗疫斗争以及经济社会恢复发展。

——中国将同联合国合作，在华设立全球人道主义应急仓库和枢纽，努力确保抗疫物资供应链，并建立运输和清关绿色通道。

——中国将建立30个中非对口医院合作机制，加快建设非洲疾控中心总部，助力非洲提升疾病防控能力。

——中国新冠疫苗研发完成并投入使用后，将作为全球公共产品，为实现疫苗在发展中国家的可及性和可担负性作出中国贡献。

——中国将同二十国集团成员一道落实"暂缓最贫困国家债务偿付倡议"，并愿同国际社会一道，加大对疫情特别重、压力特别大的国家的支持力度，帮助其克服当前困难。

我呼吁，让我们携起手来，共同佑护各国人民生命和健康，共同佑护人类共同的地球家园，共同构建人类卫生健康共同体！

谢谢大家。

（资料来源：新华网，2020年5月18日）

阅读推荐

1.《贡献国际公共产品——中国抗"疫"做法和经验》，中国国际问题研究院，2020年3月26日。

2.《习近平谈全球战"疫"——人类命运休戚与共》，求是网，2020年4月17日。

3.《携手同心 共建人类命运共同体》，《人民日报》2020年5月20日02版。

思考题

1. 对比国内外应对新冠肺炎疫情的举措，我们可以总结出哪些经验和教训？

2. 世界各国应该如何联手战"疫"？

3. 人类命运共同体理念在国际抗疫合作中起到了什么作用？

共同开创合作共赢的
新全球化

专题  九

新冠肺炎疫情已经持续数月，它给世界带来深刻影响。最为直观的是，它在夺去数十万人生命的同时，正严重地冲击着世界经济。几乎所有主要经济体都一度出现经济停摆，而且因疫情导致的产业链中断、供求失衡等问题都难以在短期内解决。不过，正如恩格斯所说："没有哪一次巨大的历史灾难不是以历史的进步为补偿的。"如果回顾历史上人类遭遇的灾难，可以发现灾难过后人类往往大踏步前进了。这次疫情极有可能产生这种"补偿效应"……

新冠肺炎疫情在世界大流行，把原本就存在激烈争论的全球化问题推上风口浪尖。有人甚至提出疫情是压垮全球化的最后一根稻草。在世界百年未有之变局中，在来势汹汹的疫情面前，世界向何处去不仅是时代的问题，更是人类必须面对的现实选择。

一、全球化面临的现实挑战

经济全球化是生产力和科学技术发展的必然结果，从总体上看，它符合经济发展规律，符合世界各国人民的共同利益。一方面，经济全球化促进国际分工和世界市场向纵深方向发展，实现全球资源的优化配置和全球利益的深度融合，推动全球经济向多极化方向发展；另一方面，在全球经济增长的动能换挡期，经济全球化发展面临着来自经济、社会、文化、生态等领域的多重挑战。在经济全球化转型发展的阶段，正确认识经济全球化面临的挑战及其历史成因，有助于采取科学有效的战略举措推动经济全球化健康可持续发展。

（一）经济全球化面临的挑战

当前世界经济发展低迷，新一轮的产业革命正在酝酿，全球经济增长新的动力尚未形成，全球经济治理发展滞后，这为经济全球化的深化发展带来了诸多挑战，而这些挑战构成了经济全球化的现实困境。

1. 全球发展面临的世界经济风险增加

经济全球化的过程是在国际分工推动下，全球资源优化配置和产业链条形成的过程，经济全球化程度越高，全球经济产业链越长，世界经济相互之间的联系越紧密。随着经济金融化时代的到来，金融自由化快速推进，全球金融创新过度发展，在对金融机构监管机制缺失的情况下，当金融泡沫持续膨胀到一定程度就会引发金融危机，并且经济全球化的传导机制将会使爆发于某一国的经济危机沿着全球产业链条的扩展迅速蔓延至全球，从而引发世界经济危机，2008年爆发于美国并扩展到全球的金融危机就是最好的例子。当前世界经济发展仍处于这次金融危机的后危机时代，全球经济发展正在经历着深刻的格局变化，经济增长动力不足，复苏依然乏力，一些国家经济发展的传统优势不复存在，新的增长优势尚未形成，全球产业结构正在进行新一轮的战略重组，世界贸易和投资低迷不前，部分国家甚至出现了贸易保护主义和"逆全球化"的思潮，这些全球性挑战的出现加剧了未来世界经济发展的不确定性。

2. 全球贫富差距和收入不平等程度扩大

经济全球化推动了国际分工和世界经济的发展，为发展中国家提供了发展机遇，促进了发展中国家产业结构优化升级、劳动力就业和劳动者收入水平的提高，但当前发达国家是经济全球化的主导者和规则制定者，它们利用自身的资金、技术等先发优势占据较大的世界市场份额，并通过操纵国际组织制定有利于自身的国际规则从而获取较大的利润，而发展中国家由于在经济全球化过程中处于被动地位，多数在全球经济发展过程中主要是为发达国家提供廉价的原材料和劳动力，在国际分工中以输出原料和劳动力及发展加工制造业为主，处于全球产业链条的最低端，因而获取利润较少，这就形成了南北之间的贫富差距。同时，随着资本在全球范围内的扩张，在资本积累和增殖作用机制下，财富越来越集中于少数资本所有者的手中，劳动收入增长的速度远远慢于资本膨胀的速度，从而加大了居民内部收入的不平等程度，全球最富有的 1% 人口拥有的财富量超过其余 99% 人口财富的总和。

3. 全球文化危机日益凸显

信息化时代，对不同文化和价值观念的全球认同成为制约经济现代化发展水平的重要因素，文化和价值观念成为重要的社会资本，各国之间经济发展实力的竞争越来越转变为文化软实力的竞争与较量。不同于经济全球化和经济一体化的快速推进，不同国家、地区、民族之间的文化价值观念的交流融合则发展得较为缓慢，文化多元性和多样性仍是当今时代的主要特征。伴随经济全球化的快速推进，一方面，全球经济的联动性和全球共同利益的形成推动着不同文化价值观念的交流、渗透和融合，促进了不同文化价值观念的相互认同，一定程度上实现了各国生活习惯、生活方式、消费方式和思维方式的相互交流借鉴；另一方面，在由资本主导的全球化的发展过程中，经济全球化和多元文化之间存在着难以克服的内在张力，资本对利益的追逐常常引起不同文化和价值观念的冲突和对抗，特别是在不同社会制度和不同意识形态的国家之间，由西方社会主导的价值观念在现代化的发展过程中具有先天优势，西方发达国家试图把自己推崇的一整套价值观念上升为"普世价值"，向世界其他国家进行文化和价值观念的输出，抹杀其他一切不同的文化传统和价值观念，忽视人类文化的差异性和多样性，从而使人类文化的发展陷入文化陷阱，甚至出现文化危机。

4. 全球生态环境危机不断加剧

经济全球化的过程推动了资本主义的生产和消费方式的全球扩张，以商品拜物教和拜金主义为主要特征的资本主义生产方式和消费方式在促进全球生产

全球变暖是工业生产造成的全球生态环境危机最典型的表现。

力快速发展的同时也给世界带来了严重的生态危机，正如美国学者维克托·沃尔斯所说："当前全球严重的生态问题完全是资本主义国家，特别是西方发达资本主义国家无节制的生产和无节制的消费造成的。"

资本追逐利润的本性使得资本主义生产把环境成本排除在生产成本之外，并且资本主义的对外扩张既能把国内污染企业向外转移，也能源源不断地从国外市场获取廉价的能源和资源，因而在资本主义生产发展过程中过分注重对利润的获取，忽视对生态环境的保护和治理。同时由资本主义自身弊端所导致的周期性的商业危机也形成了对资源的浪费和环境的污染，在商业危机发生期间，资本家以销毁商品的行为来缓解危机带来的压力。此外，随着资本主义生产方式的不断对外扩张，资本主义消费方式也在全球范围内得以快速发展，消费主义的消费方式在刺激国内消费增长的同时也加剧了资源的浪费。

（二）经济全球化面临挑战的历史成因

经济全球化的发展经历了商品全球化和资本全球化的发展阶段，当前正处于新型经济全球化阶段，在前两个阶段，以资本逻辑主导的现代性获得了快速崛起，当前"第三个阶段则是现代性后果集中爆发的阶段"，从经济全球化发展的历史进程中来看，当前经济全球化发展的现实困境与资本的内在逻辑紧密相关，构成了经济全球化发展的现实困境。

1.资本逻辑的内在否定是经济全球化现实困境形成的根本原因

资本的对外扩张性助力经济全球化。经济全球化以商品、资本、技术、信息、劳动等生产要素在全球范围内的自由流动和优化配置为主要特征，资本对利润的追逐突破了时间和空间的限制，推动着经济全球化的不断发展。马克思、恩格斯认为，人类历史向"世界历史"的转变是资本主义的首创，这种首创根源于资本的本性，生产剩余价值是资本的本质属性和内在要求，是资本主义生产方式的绝对规律，随着剩余价值的不断积累和循环再生产，资本主义社会出现了工人阶级的日益贫困和国内消费需求不足的现状，甚至导致生产过剩和经济危机，在利润的驱使和科学技术的推动下，资本逐渐突破空间的限制，奔走于全球各地、到处落户、到处开发、到处建立联系，不断扩大产品销路，从而"把一切民族甚至最野蛮的民族都卷到文明中来了"，全球经济被纳入统一的市场体系，既缓和了资本主义社会的内在矛盾，也满足了资本对外扩张的内在需求，从而开启了世界历史和经济全球化的发展历程。

资本逻辑的内在否定性形成了经济全球化的现实困境。根据马克思的劳动价值论，资本是生产剩余价值的价值，剩余价值是由雇佣劳动创造而被资本家无偿占有的部分，对利润的追逐推动着生产力的发展和资本的全球扩张，但由于资本逻辑中所包含的资本和雇佣劳动之间难以克服的对抗性矛盾，这种对抗性矛盾的发展最终将会生产出否定和消灭资本的力量，"资产阶级的生产关系和交换关系，资产阶级的所有制关系，这个曾经仿佛用法术创造了如此庞大的生产资料和交换手段的现代资产阶级社会，现在像一个魔法师一样不能再支配自己用法术呼唤出来的魔鬼了"，虽然资本的全球化在一定程度上缓和了资本主义社会的内在矛盾，但随着生产力的不断发展，资本主义生产关系难以适应生产力的发展，因而只能用消灭生产力和进一步全球扩张的方法来缓解危机，但"这不过是资产阶级准备更全面更猛烈的危机的办法，不过是使防止危机的手段越来越少的办法"，资本在发展的过程中生产着自己的否定因素，资本发达程度越高，这种否定因素就会越强烈地表现出来，这种否定性因素反映在经济全球化的过程中，形成了全球发展的无序状态，导致了诸多全球性问题的出现。

2. 新自由主义社会思潮是经济全球化现实困境形成的直接原因

新自由主义是资本主义社会矛盾发展到一定阶段的产物，是当代资本主义的主流意识形态。新自由主义以私有化、自由化、市场化为主要特征，对内主张财产私人所有，发展市场经济，减少政府干预，反对实行社会福利制度，推崇"市场决定论"；对外主张开放国内市场，实行自由贸易，推崇"全球化决定论"，在私有化、市场化和自由化的推动下，资本摆脱了国家和社会力量的控制，实现了在空间上的对外扩张。20世纪70年代，经济全球化由自由资本主义阶段向国家垄断资本主义阶段过渡，资本主义社会的固有矛盾在更大范围内扩展和激化，资本主义世界陷入"滞胀"状态，以需求管理为主的凯恩斯主义对此束手无策，而以自由放任为主要特征的新自由主义则认为国内"滞胀"状态是由于政府政策失灵所导致的，应减少政府干预，主张自由化，这既满足了国家垄断资本全球扩张的内在需求，同时也把资本主义国家的国内矛盾向国际市场转移，缓和了资本主义社会的内在矛盾，新自由主义为缓解国内"滞胀"状态提供了理论支持，由此逐渐上升为资本主义社会的主流意识形态。此外东欧剧变、苏联解体和柏林墙的倒塌似乎昭示着资本主义的胜利，新自由主义的代表人物弗朗西斯·福山提出了"历史终结论"，更夸大了这种意识形态的影响力，福山认为资本主义自由民主制度解决了当今政治领域的重大问题，并把这种政治制度看作具有普遍意义的政治制度，认为没有能够替代这种政治制度的意识形态。

知识链接

> 新自由主义起源于英国，是一种经济和政治学思潮，它反对国家和政府对经济的不必要干预，强调自由市场的重要性。但不同于经典自由主义，它提倡社会市场经济，即政府只对经济起调节及规定市场活动框架条

件的作用。在国际政策上，强调开放国际市场，支持全球性的自由贸易和国际分工。新自由主义者反对社会主义、贸易保护主义、环境保护主义和民粹主义，认为这会妨碍个人自由。

经济全球化的现实困境直接起源于新自由主义的全球扩张。新自由主义所奉行的全球化是以资本为主导的，具有意识形态属性的全球化。在经济全球化的过程中，奉行新自由主义的西方国家作为"中心"国家利用一切机会向"外围"各国输出其经济模式、政治模式、价值观念等，并试图把新自由主义作为垄断资本主义统一世界的主流意识形态。一些发展中国家在西方新自由主义的影响下放弃了本国的价值观念、意识形态和发展模式，照搬照抄西方自由放任的市场经济模式，结果使得国内经济衰退、社会动荡、社会矛盾日益尖锐。同时，新自由主义在推动市场化，开展对外贸易的过程中，对国内和国外实行双重标准，一方面，要求"外围"国家让渡国家主权给由发达国家主导的国际组织，取消贸易壁垒，推行市场自由化；另一方面，处于"中心"地位的发达国家借助于国际组织制定有利于自身的游戏规则，设置重重贸易壁垒，以损害发展中国家利益的手段谋取自身利益，从而导致发达国家和发展中国家之间发展的不平衡。此外，新自由主义所主张的过度自由化，特别是过度放松对金融市场和金融机构的管制，使得金融市场陷入无序状态，催生了金融投机和金融泡沫，实体经济发展呈现出空心化，大批工人失去就业岗位，陷入贫困状态，这些现象累积到一定程度将会引发金融危机。

二、新形势下全球化新动向

2020年，一场突如其来的新冠肺炎疫情迅速席卷全球，成为影响世界政治经济社会发展的最显性因素，也是世界政治经济社会发展面临的最新形势，必将对全球化发展产生巨大而深远的影响。随着全球疫情的逐步缓解，特别是世界力量格局的进一步调整，世界主要大国国内治理的变革，全球化必然会通过转化动力，调整方向，充实内容，进而进入新的发展阶段。而在这一过程中，有四个值得关注的动向。

一是全球化的动力源将更加多元均衡。非西方力量，包括民族国家、资本、社会组织等将更加积极主动，更全面地参与到全球化进程中，发挥更大的推动和塑造作用。它们将把自己关于全球化的愿景投射到全球化发展进程中，加快淡化历史积淀而成的"西方中心""美国中心"倾向，推动各个领域的全球化进程以及相应的治理机制构建继续延续深刻变革的旋律。

二是全球化进程更为复杂。经济全球化将更加受到政治、社会、文化等力量的规约和塑造。全球化的资本利用价值链重组了全球地理空间后，将面临如何与依然坚固并且更加主动的民族国家和解，以确定新的生产场地和生产形态的问题，经济全球化会继续以更为多样、可接受的本土化、区域化方式展开。

三是安全将在全球治理各主体的议程上占据重要地位。一方面，安全将强化民族国家作为安全防护基本单位和核心主体的地位，诱发各国政府扩大安全的界定范围，作出相应的法律制度政策等调整，使国家之间的安全关系更为敏感。另一方面，令人略感欣慰的是，这场危机也提醒每一个治理主体，在全球风险下，没有一个国家可以独善其身，成为"封闭的安全岛"，现有的国际机制在应对全球风险时既能力不足也不完善。

四是国家治理能力将充实新内容。在应对全球风险时，如何平衡国内资源与国际合作意愿，成为衡量主要大国治理能力的重要标准，直接影响着合法性的涨落。应对全球风险的过程，也是国内治理与全球治理互动、互强甚至互弱的过程。只顾及本国利益，推卸应该承担的全球治理责任的大国，必然会丧失国际道义优势，进而恶化国内治理改善

应对全球风险的能力是衡量一个国家治理能力的重要标准。

的外部环境；而不能通过参与国际合作改善国内治理状况，也会在参与国际合作中消耗国内的合法性资源，进而侵蚀其国际声誉。随着世界格局调整，新老大国在面对全球风险应对这场新比赛时，处于同一条起跑线上，一个国家平衡内外治理的能力越强，就可能跑得更远些，更能通过有效推动全球风险的应对来巩固和提升自己的地位。

三、推动实现新全球化是大势所趋

随着大疫情的持续冲击和金融市场的剧烈动荡，全球在共同抗击疫情和防控金融风险的进程中，不时传来"逆全球化"的不和谐声音。这使得人们对未来经济全球化产生了担忧：世界会因为疫情冲击而出现严重的"逆全球化"趋势。

如果换一个视角去看待世界经济中出现的各种贸易和投资摩擦，去看待世界经济历史中出现的分分合合现象，我们也许会发现经济全球化真的变了，但它正在向另一种形式的全球化演变。

（一）全球治理体系亟待改革创新

反全球化浪潮中也可能针对一些全球化过程真正存在的问题，比如全球化

中出现的异化、僵化的因素。美国现政府宣示的大量经济政策主张能否实行并成功尚不得而知，但其包含的制造业发展与保护、振兴基础设施的政策指向，恰恰显示美国有必要延续以前开始的"再工业化"战略，以振兴实体经济特别是制造业，从而优化其失衡的经济结构及产业结构。这不啻为美国版结构性改革的一部分。从这个角度来看，美国总统的反全球化政策主张只是表象，其实质并不是从根本上去全球化或逆全球化，而是基于美国自身利益对全球化的再定位、再修正，以消化全球化推进节奏过快带来的副作用。

而引发英国"脱欧"与欧洲"脱欧"危机的直接原因，除了阶层利益分化这一反全球化的深层次原因外，主要在于对欧盟僵化的经济政治治理体系的反抗。欧盟体制缺乏主权国家所具有的健全政治框架和坚实社会根基，成员国间经济发展水平差距大、社会经济结构异质性高，因此缺乏有效的治理机制。正如有学者指出的，"欧债危机"后欧盟机构对成员国政治决策和经济政策干预空前加剧，加重了与成员国民主政治的冲突，更加凸显其治理能力低下引发的功能合法性危机。在此背景下，英国"脱欧"的诉求在于，摆脱共同财政转移支付的负担，排斥移民和难民问题的冲击，跳出欧盟框架寻求更高的贸易自由度。因此，英国反全球化的现象是对全球化进程中因为过早让渡经济主权导致的路径偏差的纠正。一方面，美英两国对全球化异化、僵化因素的改革诉求，说明在经济全球化进程中，各国应当立足于本国国情，正确选择融入经济全球化的路径和节奏；另一方面，随着经济全球化的深入，各经济体利益分化加大，平等参与、充分协商的制度建设重要性愈发凸显，全球治理体系亟待改革创新以适应当下的新变化。

（二）全球化新的动力源正在形成

从历史发展看，反全球化很可能是短期现象。纵观世界经济近现代发展史的几次反全球化现象的出现，可以证明这一判断的正确性。如1929—1933年的大萧条、1997年的亚洲金融危机等，都引发了贸易保护主义等反全球化现象，但每一次反全球化的逆流消退之后，都开启了更大规模的全球化浪潮。有学者指出，其根本原因不仅在于，每一阶段的危机和反全球化现象都在一定程度上缓解、纠正了前一阶段全球化进程中积累的矛盾和缺陷；更重要的是，每一次危机期间都孕育或催生了新的动力源泉，成为推进下一阶段全球化深化与前进的关键因素。还有学者指出，大萧条具有强烈的再分配效应，大萧条后的世界经济重心由欧洲转向美洲，奠定了美国在世界经济中的主导作用和美元的支配地位，美国替代英国成为新的霸权国家，也成为20世纪以来经济全球化的主导者和最大推动者。石油危机催生了布雷顿森林体系后新的国际货币体系，以美元为主导的国际货币体系成为"大稳健时代"的基石，开启了生产全球化和金融资本大规模跨境流动的序幕。亚洲金融危机加速了以日本为首的东亚"雁阵模式"的式微，但中国加入WTO后亚洲经济重心迅速由日本向中国转移，掀起了本轮经济全球化的高潮。历史经验表明，历次危机后反全球化现象的消退都是因为各种因素为经济全球化注入了新的动力，而在反全球化逆流回潮的当下，新兴经济体的崛起正是经济全球化新的动力源泉。

（三）疫情催生新一轮全球化

疫情对全球供应链影响严重。世界经济论坛数字贸易专家杰西·林表示，受疫情影响，全球贸易遭受重挫，很多地区甚至受到毁灭性打击。疫情暴露了全球供应链的脆弱性。在医疗行业，这一现象尤为明显。抢购防护设备暴露了库存和单一采购模式的固有风险，而这些模式显然是由成本控制驱动的。未来，多途径的采购和数字化将是全球企业能够建立更强大、更智能的供应链和确保持久复苏的关键。

日本国立新潟大学副教授张云表示，突如其来的新冠肺炎疫情不仅对各国公共卫生和经济造成影响，更让人们担忧并反思疫情后全球化的未来。严格的隔离措施让冷战后日益一体化的全球产业链出现前所未有的断裂。在不少国家，口罩、防护服等医疗物资高度依赖进口，这引发要求医用产品国产化的呼声。短期内出现的失业潮，也会加剧一些群体对全球化益处的怀疑。事实上，在疫情发生之前，贸易摩擦和某种程度的技术"脱钩"等已经在全球范围引起人们对"逆全球化"的广泛担忧。疫情将使成本效益驱动型的上一轮全球化走向终结，并推动社会公平公正驱动型的新一轮全球化的开始。

伊朗德黑兰大学研究员古吉特·阿罗若表示，疫情暴露了全球化的脆弱性。在全球一体化过程中，信息通信技术深入渗透到人们生活的各个领域。人工智能、大数据、物联网等领域的技术突破，有可能改变各国之间的力量平衡。需要强调的是，新冠肺炎疫情在威胁人类生命的同时，也对相互关联、相互依存的全球经济造成涟漪效应。疫情警示我们，全球性挑战不分地域、民族、宗教、社区、种族，所有国家都以自己的方式在不同的地方与人类共同的敌人作战。分享最佳实践经验，才会产生积极的溢出效应。人们需要建立全球化思维，更加迫切地意识到地球属于全体人类，是人类共同的栖息地。

（四）技术变革推动全球化深入发展

正如历史不会终止于冷战结束，全球化也不会止步于美国主导下形成的模式。推动全球化的技术变革、发展需求和全球共识仍然存在，虽然支持和保障全球化的政治能量在消退，但从两次世界大战之间以及冷战时代的经验看，推动全球化深入发展的力量会不断寻求冲破政治藩篱，曲折向前并形成新的高潮。

发达经济体可能出于安全考虑加速产业回流，这将引起全球产业链、价值链、供应链重构。但只有主要大国才有条件在国内建立全产业链。对美欧来说，即使结成冷战时那样的同盟，打造一个新体系来重建全产业链，但只要将中国排除在外，其成本就将高得难以承受。

相关链接：

美媒：与中国脱钩只会加剧美国危机

美国已在高科技领域推出与中国脱钩政策，努力削减"国家安全"相关产品对中国的进口依赖，积极寻求替代供应。疫情发生后，美国对华脱钩政策开始向医疗产品领域延伸，正寻求在这一领域替代中国产品。但这只是美国政客的一厢情愿。考虑到美国当前的劳动力供应、技术研发和其他生产条件，要在美国恢复较完整的药品和医疗产品生产线，恐怕需要较长时间，成本也可能高出想象。以口罩为例，医用口罩巨头 3M 公司是美国企业，但因人工成本和利润原因，其生产早已全产迁移海外或外包，加上原料需要进口，美国医用口罩的 95% 需要进口。

数字经济有助于克服限制人员和商品跨境所带来的影响。据一种宽口径统计，预计到 2021 年，全球数字经济规模将达 45 万亿美元，占全球经济的 50%。数字经济具有重构全球产业链的潜力，而中国在数字经济领域已具备一定竞争力。美国举全政府之力在全球封杀华为，但仍未能在其核心盟友圈彻底"清除"华为。这可为未来中美技术全球竞争提供一个参考视角。

数字经济的另一功能是使服务业可贸易化。麦肯锡报告显示，过去 10 年里服务贸易增速比产品贸易快 60%。在商品贸易增速日趋收缩的形势下，服务贸易在全球贸易中的占比日渐增长、服务业的可贸易程度提升，均有助于改善贸易增长放缓态势。有了数字化助力，服务贸易更容易打破地域限制，如远程医疗等数字化服务可绕开通关壁垒，实现一种新型的全球化。

四、新型全球化的中国方案

综合研判世界发展大势，经济全球化是不可逆转的时代潮流，和平与发展是世界各国人民的共同心声，冷战思维、零和博弈、妄自尊大或独善其身只能四处碰壁。只有坚持和平发展、携手合作，才能真正实现共赢、多赢。面对逆全球化浪潮带来的风险和不确定性，中国从构建人类命运共同体的战略高度，统筹国际国内的市场、资源和能力，提出破解全球治理难题、推动世界发展进步的"中国方案"，为处在十字路口的全球化指明新的前进方向，推动世界形成一个新型全球化。

（一）什么是新型全球化

1.新型全球化的特征

新型全球化将是基于区域合作基础上的全球化，是相对势均力敌的全球化。这种全球化更能够迫使经济体不断挖掘不同区域内的分工潜力，刺激区域内的贸易和增长；这种全球化能够向外界表达区域内部相同的声音，有助于全球化中区域利益的维护；这种全球化将激励不同区域贸易标准的不断升级，有助于推进更高层次的全球化；这种全球化也能够更好地挖掘单个经济体内部的竞争潜力，经济体可以在一国内部设立高标准的自贸区来参与高水平的全球竞争（如中国的上海自贸区等），对本国经济参与全球竞争起到以点带面的辐射作用。

新型全球化的特征主要有以下四点：第一，以平等为基础，确保各国在国际经济合作中权利平等、机会平等、规则平等；第二，以开放为导向，不搞排他性安排，防止治理机制封闭化和规则碎片化；第三，以合作为动力，共商规则，共建机制，共迎挑战；第四，以共享为目标，提倡所有人参与、所有人受益。

共建开放型世界经济，推动贸易和投资自由化便利化。

2.新型全球化与传统全球化的区别

新型全球化区别于传统全球化的地方主要表现在以下方面：一是从不平衡到平衡的"新国际秩序"，南方国家将获得与经济实力、贸易实力相称的话语权和利益分配；二是从不安全到安全的"新安全格局"，各国应统筹应对传统和非传统安全威胁，共同维护系统性安全，构筑好政治安全这一根本保障；三是从不开放到开放、不包容到包容的"新经济模式"，共同建设开放型世界经济，继续推动贸易和投资自由化便利化，降低关税总体水平，逐步取消非关税贸易壁垒，并增强经济的包容性，着力降低基尼系数、失业率、贫困发生率，提高女性就业率和人类发展指数；四是从排他到非排他的"新文明交流"，各种文明既不自我优越，也不盲目自卑，更不排挤他国，而应互学互鉴、兼收并蓄，推动人类共同文明实现创造性、创新性发展；五是从不可持续到可持续的"新生态体系"，共谋全球生态文明建设之路，推动节能减排，共同应对气候变化。

（二）新型全球化的中国方案

1.加强国内治理，奠定中国引领新型全球化的国内基础

外交是内政的延续，国内治理水平决定着一国对外战略的空间和成败。当前，我们正处于新旧动能转化的关键期、全面深化改革的攻坚期和"大而不强、将起未起"的爬坡期，各种问题和风险不断交织、相互叠加。只有不断增强国家治理能力，实现市场、政府和社会三者的良性互动，持续提升国家的软硬实力，才能更好地开展对外交往，参与全球治理。具体到对新型全球化的引领，我们尤其需要加强在理念供给、政策执行、理论研究和人才培养等方面的能力建设，使得中国的倡议和行动能够真正改变全球化过程中的失衡与不公，从而激发国际社会的广泛共鸣。

2.凝聚政治共识，纠偏国际社会对全球化的错误认知

政治行动的前提在于确立共识，新型全球化首先需要寻找到国际社会在全球化问题上的最大公约数。我们必须向世界阐明当前世界的矛盾和危机，根源不在全球化，而是战争、贫困和疾病，是现行国际秩序的治理赤字和道义缺失。因此，一味抵制全球化不是解决问题的出路，重新关起国门更不会走向美好的未来。毕竟，20世纪经济大萧条所引发的封闭自守和经济民族主义没有缓解世界危机，反而将国际社会拖入第二次世界大战的深渊。为了防止悲剧重演，国际社会应顺应历史发展潮流，以积极开放的心态拥抱全球化，努力解决全球化过程中不公平、不协调和不可持续的问题，构建起共同协商、平等参与、普遍受益的全球化新模式。

3.坚持均衡发展，努力实现全球化的再平衡

当前，有些国家和人民对全球化充满愤怒的主要原因是世界出现了富者愈富、穷者愈穷的失衡局面，根子在于全球竞争中的失败者没有得到必要有效的安抚。基于此，国际社会应该共同推动全球化的再平衡。在国际层面，权利资源在国家间的分配应更加均衡。应当看到，新兴市场国家和发展中国家已经成为推动世界经济增长的决定性力量，然而他们在全球治理中的话语权仍严重不足，其合理诉求处在说不出、传不开、没人听的尴尬境地。大力提升他们的国际话语权，进而推动全球治理体系更具代表性和包容性是新型全球化的应有之义。在国内层面，发展成果应由社会大众共同享有。一方面，政府应加大公共产品供给力度，通过教育、医疗、就业等方面的政策倾斜来培育社会弱势群体的竞争力。另一方面，政府需要完善利益补偿和转移机制，使得财富蛋糕能够更加公平地分配，让社会大众感受到全球化带来的切实好处。

4.加强机制建设，为新型全球化提供制度保障

一定意义上讲，国际机制的质量决定着全球化的水平和成败。中国参与和引领新型全球化需着力解决当前国际机制在代表性和有效性方面的严重赤字。首先，积极推动传统国际机制（如国际货币基金组织、世界银行等）的变革调整，以适应国际力量对比变化和全球化发展的新要求。其次，努力创设新的国际机制。从金砖国家开发银行到亚洲基础设施投资银行，再到"一带一路"倡议，中国正在通过重塑国际规则加强世界互联互通，推动全球包容发展。未来，在反恐、气候、海洋、太空、极地、网络等新兴问题领域将面临大量的机制空白，中国更需要积极参与并发挥引领作用，使得全球问题的各个领域有规可依、治理有序。最后，加强各类机制之间的衔接整合，努力消除不同机制之间的隔阂，最大限度释放制度性红利，以更好造福世界各国人民。

5.合理管理预期，理性看待中国的全球角色

作为世界第二大经济体和一个负责任大国，中国愿意为完善全球治理、推动全球化转型升级作出积极贡献。在逆全球化浪潮和民粹主义兴起的国际大背景下，国际社会也强烈期待中国承担更多责任，引领新一轮的全球化。然而，为了更好地引领新一轮全球化，我们必须对中国的全球角色进行准确定位。其一，中国引领新型全球化不是另起炉灶。新型全球化不能和现有的全球化彼此割裂，甚至完全对立。其二，中国引领新型全球化不会一蹴而就。全球化的转型是一个复杂多维的系统工程，必须循序渐进、量力而行。其三，中国引领新型全球化不搞一家独大。在经济全球化不断深化和国际权力普遍扩散的条件下，赢者通吃的逻辑日益不可持续。中国在全球治理中主张共商共建共享，努力通过自身发展带动世界共同进步，积极开创普遍参与、共同受益的新局面。其四，中国引领新型全球化不能包办一切。建立更加开放、包容、普惠、平衡、共赢的全球化不是中国一家的责任，而是全人类共同的事业。我们特别需要防止国际社会对中国的期待异化为过度承担责任的陷阱。总之，只有准确诠释自己的全球角色，减少不切实际的政治预期，中国在引领全球化的道路上才能做到行稳致远。

回顾历史，我们从中得到的重要认识之一是，全球化不可能中断，最多是变化一种发展形式。究其原因，是全球化本身并不是由个别国家推动的，而是基于人类社会科技进步、产业变革的必然之举，是市场经济作为一种秩序，一旦展开，就从未主动或被动地回到原点。只要看清这一点，就可明白所谓逆全球化、反全球化不可能成为世界发展的大势和历史潮流，最多是在全球化的舞台上更换一批演员而已。而在新型全球化的大势中，中国正在走近世界舞台的中央。

共同开创合作共赢的新全球化

新冠肺炎疫情已经击垮了这一轮全球化的最后基础：此前我们所亲历并熟知的那个全球化，经此以后，即或并非不复存在，也已面目全非。

关键是如何看待并定义全球化。

如果仅仅从由于科技进步，用铁路、轮船与飞机等交通工具，特别是互联网联系起来的世界看，这样的全球化不会消失。但必须明白，这并不是全球化的根本原因，根本原因是美元的全球流动带来的资源和产品的全球配置，这才是全球化的动机和动力。

如果这一动机和动力，正在悄悄熄火，美国要再工业化，要恢复制造业，不管这动机从美国的角度看如何美好，但通过给美国国内减税和贸易战对外征税的办法恢复制造业，结果都会直接打击美元，继而间接打击全球化。

因为全球化的引擎是美元的全球流动，这是通过美国把中低端产业转移出去，进行全球产业再分工实现的。没有了中低端制造业的美国通过发行国债印发美元，再通过购买别国产品输出美元，由此获得用绿纸换实物的超值红利，其代价必然是美国要承受巨额逆差及大量从事中低端生产的工人失业。在 2008 年金融危机出现之前，这一切看上去没多大问题，无论是美国国家负债还是普通民众举债，都不影响美国的强大和普通人继续过好日子，但次贷危机击碎了这一美国梦。

小布什与奥巴马两位总统都未能把渐入沉疴的美国从危机中拯救出来，用量化宽松的方式，除了支撑美国股市的泡沫繁荣，继续透支美国经济和国力，对解决美国的产业空心化痼疾，完全于事无补。这才有了 2017 年，美国历史上最年长的总统特朗普上台。特朗普与奥巴马几乎在所有政策上都对立甚至冲突，但有一点却是萧规曹随的，那就是想让美国再工业化。

但再工业化，恢复制造业谈何容易？这需要美国要么与中国同甘共苦，同工同酬（产品和劳动力与中国同价），但等于放弃货币霸权和产品定价权，从食物链顶端走下来；要么继续居于顶端让其就业者收入远高于中国，使其产品失去竞争力。有人为美国的再工业化政策辩解说，美国一可以寻找中国劳动力替代国，二还可以大规模使用机器人，都可以支持其经济与中国脱钩。但这仍是个两难问题，即无论是寻找替代国还是机器人替代，都无法解决美国政客最重要的课题——就业率。何况，寻找劳动力替代国，能找到中国这样有超过 1 亿大学大专毕业生的中高端人力资源国么？更不幸的是，当特朗普以为他通过对内减税对外征税，既为制造业回归美国创造了低税收环境，又抬高了别国产品进入美国的门槛时，新冠肺炎疫情暴发了，这对幻想让美国继续伟大又为自己争取连任的特朗普可说是双重打击。

疫情的蔓延凸显出美国缺少起码的中低端制造业的窘境，也使美国政府的救市猛药——6万亿美元的救命钱除了股市和救济金，无处投放。

毫无疑问，疫情过后，美国政府会痛定思痛，更加坚定恢复制造业的决心。但几乎同样没有疑问的是，从现在已显现出来的战略取向看，美国政府在疫后的重大举措上，可能会犯比应对疫情更大的错误，那就是另起炉灶，与其西方伙伴联手另搞一套资本市场和制造业体系，把中国排除在外。这其实是在用冷战思维搞经济，这种开倒车的行为注定走不远。

美国人亲手推动的全球化，早已把世界大半人口带上了同一艘大船，承不承认人类命运共同体这个概念，大家都已是同船乘客，弃船逃生或凿船自沉，都不是可取的救命办法。抛开抗疫这种特殊情况不谈，波音飞机包括垂尾等大量零配件离不开中国供应链，苹果手机主要消费者在中国。更不要说美国超市货架上琳琅满目、供应充足的商品，背后几乎全是中国制造的标签。

一个因全球化而联系如此紧密的世界，你如何与之切割？何况，就算你切割成功，美国工人也愿意接受比过去低一半的工资，企业愿意以微利润或零利润维持在美国的生存，美国消费者也愿意宁可掏比买中国产品更高的价钱购买美国产品，但美元怎么办？美元霸权怎么办？美元霸权可是通过不停向外输出，为全球贸易提供流动性（同时也必须承受逆差）获得的。当美国人自己生产的产品自己消费或有较大量产品出口，给美国人带来顺差时，美元流向境外的数量自然减少，全球就会出现美元流动性不足，而由于各国间的贸易量并未减少，这时，美元不足就会迫使别国必然寻找替代货币。那时，美元还会是全球货币，还会保持住霸权吗？

不考虑这些根本性的问题，一味凭着商人式思维，只追求利润最大化，只考虑美国优先，一味地以邻为壑，甚至连盟友都不放过进行你死我活的零和博弈，结果只能是损人而不利己。何况，即使美国政府一意孤行，在大势面前也未必行得通。最新的例证是，当美国政府禁止通用公司为中国C919大飞机提供大涵道比航空发动机时，其盟友英国就马上表示，美国不卖我们卖。但随后特朗普签署了文件，批准通用电气为中国C919客机提供所需要的发动机。特朗普的干预表明，至少在这件事上，他希望优先考虑经济利益。这就是形势比人强。

当下，新一轮不被美元也不被美国主导的全球化大趋势都已不可改变。面对这一大势，无论是中国还是美国，欧盟还是世界，都应端正自己的价值观，平等善待彼此，善待所有国家，去开创一种合作共赢的新全球化。其路径，除了以包容、诚信、公正的方式进行合作，别无他途。

（资料来源：《光明日报》2020年4月21日02版）

阅读推荐

1. 于荣:《疫情考验下,全球化何去何从》,新华网,2020 年 3 月 28 日。
2. 段风华:《疫情下的全球化新挑战》,中国教育新闻网,2020 年 5 月 30 日。
3. 王煜金:《我们会迎来一个新全球化时代吗? 》,中国普惠金融研究院,2020 年 5 月 1 日。

思考题

1. 有人说,如果没有全球化,新冠肺炎疫情就不会蔓延至全球,所以要"去全球化"。你赞同让全球化"背锅"吗? 为什么?
2. 疫情对新全球化的形成和发展起到什么作用?
3. 全球化是一把"双刃剑"已经是普遍的共识。你认为新全球化会是一把新的"双刃剑"吗? 为什么?

参考文献

[1]《抗击新冠肺炎疫情的中国行动》白皮书，2020 年 6 月 7 日。

[2] 秦刚：《抗疫斗争彰显中国特色社会主义制度优越性》，《求是》2020 年第 12 期。

[3] 陈新宇：《建设高质量的公共卫生体系》，《人民日报》2020 年 5 月 8 日 19 版。

[4] 曲青山：《我国制度优势在抗击疫情中的力量彰显》，《人民日报》2020 年 6 月 17 日 09 版。

[5]《中国共产党第十九届中央纪律检查委员会第四次全体会议公报》，《人民日报》2020 年 1 月 16 日 01 版。

[6] 江金权：《完善全面从严治党制度》，《求是》2020 年第 23 期。

[7] 邵景均：《以全面从严治党新成效推进国家治理体系和治理能力现代化》，《红旗文稿》2020 年第 9 期。

[8] 闻言：《力戒形式主义官僚主义，为决胜全面建成小康社会提供坚强作风保证》，《人民日报》2020 年 6 月 3 日 06 版。

[9] 宁吉喆：《如何全面辩证看待一季度经济形势》，《求是》2020 年第 9 期。

[10] 王仁贵：《冲击下显韧劲 应对中强信心》，《瞭望》2020 年第 17 期。

[11] 盛来运：《如何看待疫情冲击下中国经济形势和后期走势？》，凤凰网，2020 年 3 月 25 日。

[12] 徐飞彪：《世界疫情影响中国经济几何？》，《半月谈》2020 年第 8 期。

[13] 毕吉耀、张哲人：《坚定实施扩大内需战略（经济形势理性看）》，《人民日报》2020 年 5 月 13 日 09 版。

[14] 郭克莎：《挖掘拓展经济增长的巨大潜力（有的放矢）》，《人民日报》2020 年 5 月 13 日 09 版。

[15] 高培勇：《深入理解和把握经济高质量发展（人民要论）》，《人民日报》2020 年 6 月 23 日 09 版。

[16] 欧阳淞：《决战决胜脱贫攻坚：践行初心使命的时代号角》，《人民日报》2020 年第 9 期。

[17] 国家发展改革委：《迎难而上 补齐短板 全面建成小康社会》，《求是》2020 年第 11 期。

[18] 蒋金法、京方程：《严明生态环境保护责任制度》，《人民日报》2020 年 6 月 4 日 06 版。

[19] 陈亮、胡文涛：《生态文明中国之路的实践探索与时代启示》，《光明日报》2020 年 6 月 11 日 06 版。

[20] 李焱:《新时代遇见民法典 每一个人就是整个国家》,中国经济网,2020年5月29日。

[21] 新华社评论:《香港须认清真相"再出发"》,新华网,2020年5月17日。

[22] 王晨:《全国人大关于香港维护国家安全的决定(草案)的说明》,央视新闻客户端,2020年5月22日。

[23] 陈颖:《香港再出发大联盟:凝聚共识为香港寻找出路》,人民日报海外网,2020年5月7日。

[24] 张晓明:《"一国两制"实践行稳致远的重要指引》,《求是》2020年第1期。

[25] 习近平:《习近平在庆祝澳门回归祖国二十周年大会暨澳门特别行政区第五届政府就职典礼上的讲话》,人民网,2019年12月21日。

[26] 任成琦:《"寒潮"来袭,台湾经济何去何从》,人民网,2020年4月28日。

[27] 何报翔:《坚持"九二共识"坚决反对"台独"》,新华网,2020年5月24日。

[28] 《新冠肺炎疫情下中国与欧亚地区守望相助》,中国国际问题研究院官网,2020年4月7日。

[29] 《中国携手发展中国家抗疫:共建人类命运共同体》,中国国际问题研究院官网,2020年4月8日。

[30] 《携手抗疫:推进构建周边命运共同体》,中国国际问题研究院官网,2020年4月9日。

[31] 《中国与拉美和加勒比国家同命运共抗疫》,中国国际问题研究院官网,2020年4月22日。

[32] 《中欧抗疫 命运与共》,中国国际问题研究院官网,2020年4月26日。

[33] 《美国式抗疫:"资本第一"还是"生命至上"?》,中国国际问题研究院官网,2020年5月13日。

[34] 张维为:《推动全球抗疫合作才是人间正道》,求是网,2020年5月2日。

[35] 中共中央对外联络部:《引领政党合作 助力全球抗疫》,《求是》2020年第8期。

[36] 崔洪建:《在全球抗疫中践行人类命运共同体理念》,中国经济社会论坛,2020年4月28日。

[37] 杨雪冬:《疫情危机带来全球化新动向》,光明网,2020年5月7日。

[38] 刘建飞:《疫情将加速世界多极化进程》,2020年5月15日。

[39] 侯丽:《世界呼吁更加公平与多样的全球化》,中国社会科学网,2020年5月28日。

[40] 乔良:《共同开创合作共赢的新全球化》,《光明日报》2020年4月21日02版。

[41] 刘世强:《新型全球化的中国方案》,求是网,2018年8月9日。